Inhalt

Jahrbuch Polen 2024

Modern(e)

Einführung

3 — Ist Polen ein modernes Land?

Ideen

9 — Michał Olszewski — Sicińskis Geist. Gesichter der polnischen Modernisierung

21 — Michał Szułdrzyński — Die Mehrdeutigkeit der Moderne

31 — Michał R. Wiśniewski — Generation Neo. Internet auf Polnisch

43 — Klaudia Hanisch — Die polnischen Symmetristen als Wegbereiter der politischen Erneuerung? Über die schmerzhafte Erfahrung des Dazwischen

Aufbrüche in die Moderne

53 — Tomasz Kizwalter — Polnische Modernität: Eine Genealogie

69 — Ulrich Schmid — Von der »Sławojka« zum COP. Die Zweite Republik als Modernisierungsprojekt

79 — Stefan Garsztecki — Modernisierung und regionale Entwicklungspläne in Polen

Die Großstadt-Avantgarde

97 — Michał Piernikowski — Polnisches Design – Einfallsreichtum zwischen Tradition und Moderne

105 — Joanna Kiliszek — Nur die Kunst wird dich nicht betrügen

117 — Filip Springer / Damian Nowicki — Ich warte auf eine neue Architektur

133 — Marta Żakowska / Anna Diduch — Das Auto im Sumpf der Stadt. Über den polnischen »Autoholismus«

141 — Tomasz Szlendak — Postmoderne Gesellschaft: Die polnische Generation Z oder Im Internet schmelzende Schneeflocken

157 — Bartosz Bielenia / Magdalena Dubrowska — Ich bin ein Z-Boomer. Irgendwas dazwischen

Essay zum Schluss

167 — Olga Drenda — Cyberpolska on Real

175 — Anhang

Jahrbuch Polen 2024
Band 35 / Modern(e)

Herausgegeben vom Deutschen Polen-Institut Darmstadt
Begründet von Karl Dedecius
Redaktion: Andrzej Kaluza, Saskia Metan
in Zusammenarbeit mit Alicja Kurek
www.deutsches-polen-institut.de

Die Bände 1–6 des Jahrbuchs erschienen unter dem Titel Deutsch-polnische Ansichten zur Literatur und Kultur, die Bände 7–16 unter dem Titel Ansichten. Jahrbuch des Deutschen Polen-Instituts Darmstadt.

Das Jahrbuch Polen erscheint jeweils im Frühjahr.

Zu beziehen über den Buchhandel oder beim Verlag: verlag@harrassowitz.de
Einzelpreis € 19,80 / Abonnementspreis € 18

© Otto Harrassowitz GmbH & Co. KG, Wiesbaden 2024

Das Werk einschließlich aller seiner Teile ist urheberrechtlich geschützt. Jede Verwertung außerhalb der engen Grenzen des Urheberrechtsgesetzes ist ohne Zustimmung des Verlages unzulässig und strafbar. Das gilt insbesondere für Vervielfältigungen jeder Art, Übersetzungen, Mikroverfilmungen und für die Einspeicherung in elektronische Systeme.
Gedruckt auf alterungsbeständigem Papier.

Satz und Layout: Andrzej Choczewski, Krakau, www.buchsatz-krakow.eu
Umschlagabbildung: Rafał Stefanowski
Abbildungen: siehe Bildnachweis
Druck und Verarbeitung: Memminger MedienCentrum AG
Printed in Germany
https://www.harrassowitz-verlag.de/

Das Deutsche Polen-Institut dankt der Merck KGaA für die Unterstützung des Projekts Jahrbuch Polen.

ISSN 1863-0278   ISBN 978-3-447-18363-5
eISSN 2749-9197   eISBN 978-3-447-39515-1

Ist Polen ein modernes Land?

Die Fragen rund um das Für und Wider der Moderne in Polen gehören in unserem Nachbarland zu den am meisten und am heftigsten diskutierten Kontroversen. Denn 25 Jahre nach dem NATO- und 20 Jahre nach dem EU-Beitritt sind sich die Polinnen und Polen ihrer Lage und Identität in Europa immer noch nicht sicher. Das ist eine der Konsequenzen der langen Teilungszeit, in der andere Nationen die Chance hatten, sich in einem eigenen Staat entwickeln zu können. Die »Verschiebung« in die Peripherie Europas nach 1945 war auch die Folge der enormen Verluste im Zweiten Weltkrieg und der darauf folgenden Modernisierung im Stil der Sowjetunion: Mit massiven Investitionen in der Schwerindustrie, mit rabiaten Versuchen der Kollektivierung der Landwirtschaft und mit der Knechtung einer Gesellschaft, die zwar nur spärliche demokratische Traditionen hatte, aber die Freiheit über alles liebte. Das Streben der *Solidarność* nach Freiheit war es schließlich, die die Polinnen und Polen in der ganzen Welt als modern erscheinen ließ. Nach dem Sieg über den Kommunismus waren die Dilemmata der letzten 100 Jahre allerdings nicht verschwunden. So scheiden sich die Geister bis heute gerade an der Frage der Identität und Modernität, während nach außen hin alle – Konservative, Liberale und die, die dazwischen sind – peinlich genau beobachten, ob der Westen (Europa? Deutschland? Die USA?) den Partner Polen auf Augenhöhe, das heißt als »in der Moderne angekommen«, ansieht.

Im Land selbst brodelt es. Ständig wollen sich die Intellektuellen des Landes wie ganz normale Bürgerinnen und Bürger vergewissern: Wo stehen wir wirklich? Was macht uns als Polinnen und Polen aus? Welchen Beitrag leisten wir für die Entwicklung des Landes, Europas und der Welt? Was hindert uns, ein erfolgreiches Land, eine effiziente Gesellschaft zu sein? Es stellt sich heraus, dass viele an den bisherigen (vor allem wirtschaftlichen) Erfolgen zweifeln. Sind Polens Errungenschaften am Ende nicht doch nur aus dem Westen »kopierte« Lösungen, die überhastet angenommen wurden?

Das liberale Lager will glauben, zumal nach der gewonnenen Wahl 2023, dass Polen wieder in die erste europäische Liga gehöre und früher oder später in die Gesellschaft der hochentwickelten Länder aufsteige. Wirtschaftlich gestärkt und politisch aufgewertet, überwindet das Land die seit jeher existierende Kluft zwischen europäischem Zentrum und Peripherie. Die Losung ist: »Europas Mitte verschiebt sich in Richtung Osten – nach Polen!« Modern sein? Was für eine Frage! Polen ist in dieser Sicht der Dinge längst unter den großen Playern angekommen: flexible und differenzierte

Wirtschaftsstruktur, eine offene Gesellschaft, liberale Politik - das alles gibt den nach vorne schauenden Polinnen und Polen das Gefühl, modern zu sein. So hat das Land bei Technologie, Digitalisierung und Anpassung der Wirtschaftsstruktur große Schritte gemacht, ja manch eine Stufe übersprungen! Polens junge Generation empfindet wohl zum ersten Mal in der Geschichte keine Minderwertigkeitskomplexe gegenüber Jugendlichen aus anderen Ländern. Mit wachsendem Wohlstand blicken die linksliberalen Eliten des Landes auch auf das »moderne« Erbe der Zwischenkriegszeit – und siehe da, die heutigen Profis sowie Liebhaberinnen und Liebhaber von Kunst, Kultur, Formgebung, Technik oder Architektur wühlen in den Ideen und Entwürfen von damals und finden immer wieder berauschende Beispiele polnischer Moderne.

Nicht alle teilen diese Sicht der Dinge. Große Teile der Gesellschaft, die eher traditionell und konservativ eingestellt sind, sehen die Rolle des Landes anders, viel vorsichtiger in der Einschätzung der eigenen Möglichkeiten oder in Hinblick auf die Öffnung gegenüber anderen – Menschen wie Ideen. Statt die Lyrik der Krakauer Avantgarde oder die Bauhaus-Architektur in Warschau und Gdingen (Gdynia) herauszustellen, hängen sie eher an Projekten, die der »Neue Staat« nach 1918 als eine Art Staatsraison betrachtete: Da stehen Investitionen wie der Hafen von Gdynia und der Zentrale Industriebezirk COP als Bollwerke gegen äußere Feinde da; nicht der freie Markt, sondern staatliche Regulierung und Planung sollten Polens Prosperität damals wie heute garantieren. Sie zählen zu jenen, die die Großinvestitionen der PiS-Regierung befürworten, etwa die Baupläne für einen gigantischen zentralen Flughafen. Heute stehen Polens Konservative vor ähnlichen Dilemmata wie damals: Was soll der Motor der Entwicklung werden? Wie stark soll beziehungsweise darf Polen sich öffnen? Die Ideen kreisen um eine spezifische Angst vor fremder Dominanz, in wirtschaftlicher wie politischer Hinsicht, aber auch vor einer allzu schnellen Liberalisierung und Säkularisierung der Gesellschaft, die heute allerdings schon eine Tatsache ist. Ihr Entwicklungsmodell, das der ehemalige Ministerpräsident Mateusz Morawiecki mit den Worten beschrieb: »Wir werden leben wie im Westen, aber ohne dessen schreckliche Fehler«, deutet auf die Hoffnung hin, man könne die polnische Gesellschaft in den globalisierten Wettkampf um Gewinn und Wohlstand losschicken, ohne sich neuen Entwicklungen, die man selbst für bedenklich hält, öffnen zu müssen. Allerdings hat dieses Modell wohl ausgedient, Polens Gesellschaft – vor allem die jüngeren Generationen – lässt sich nicht in den Ideen von gestern einsperren.

Unser JAHRBUCH POLEN widmet sich 2024 dem Thema »Modernes Polen« in mehrfacher Hinsicht: Wir analysieren in den »Ideen« die wichtigsten Stimmen aus dem liberalen und konservativen Lager und wagen uns auch, das »Dazwischen« aufzuzeigen. Die polnische Modernität hat gegenwärtig viele Facetten, wir widmen uns u. a. der rasanten Entwicklung des polnischen Internets, dessen »Träger« und größte Nutzergruppe heute die junge Generation ist, der wir uns in besonderer Weise annähern. Wir tun das, um zu erfahren, wie technikaffin und zukunftsorientiert sie ist, dabei soll ihre eigene

Stimme auch nicht zu kurz kommen. Wir beschäftigen uns mit ästhetischen und gesellschaftlichen Phänomenen der Gegenwart: mit Design, Kunst und Architektur, die schon immer in Polen Vorreiter modernistischer und freiheitlicher Ideen waren, aber auch mit den verstopften polnischen Straßen. Schließlich knüpfen wir an die Ursprünge der Moderne in Polen an, an die Entstehung der modernen polnischen Nation am Ende des 19. Jahrhunderts, an die Modernisierung des Landes in der Zwischenkriegszeit, an das Erbe des Sozialismus und an die Strategien nach dem Umbruch 1989/90: Nun ging es darum, die Wirtschaft und Gesellschaft zu modernisieren, um zum Westen aufzuschließen und die Lebensverhältnisse langsam, aber unaufhaltsam anzugleichen. Der Stolz, dass Polen es weitgehend aus eigener Kraft schaffte, dahin zu kommen, wo es heute steht, ist allen Polinnen und Polen von links nach rechts gemein. Ich wünsche Ihnen eine angenehme Lektüre!

Andrzej Kaluza

RAFAŁ STEFANOWSKI

In der Galerie des JAHRBUCHS zeigen wir minimalistische Entwürfe moderner Bauten in Polen, ausgeführt von dem Warschauer Grafiker und Architekten Rafał Stefanowski. Er ist Absolvent der Fakultät für Architektur an der Schlesischen Technischen Universität in Gleiwitz (Gliwice). Seit 20 Jahren ist er beruflich mit Warschau verbunden, wo er mit den besten polnischen Architekturbüros zusammenarbeitet. Vor einigen Jahren hat er eine Serie von minimalistischen Plakaten zu architektonischen Themen gestaltet, die seitdem fortgesetzt wird und bereits mehr als 50 Plakate umfasst. Die Motive zeigen die spektakulärsten zeitgenössischen Realisierungen polnischer und internationaler Architektur. Sein Leben bringt er in Einklang mit seiner Familie und seiner anderen großen Leidenschaft – dem Klettern.

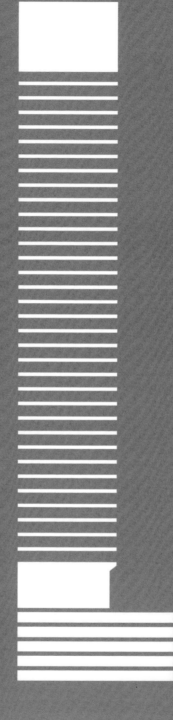

Ideen

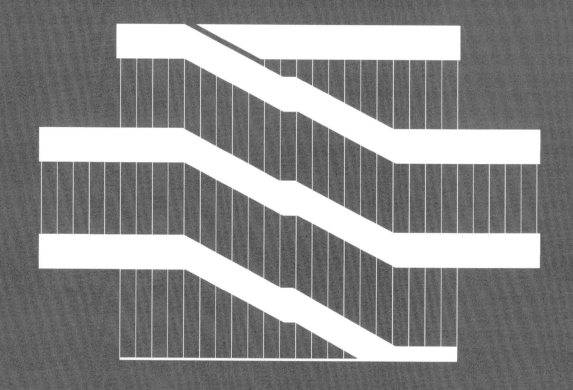

MŁAWA
TRADING HOUSE
STANISŁAW KOLENDO

Michał Olszewski

Sicińskis Geist. Gesichter der polnischen Modernisierung

»Eine Frau taugt nur für den Harem.«
»Es sind die Männer, die den Weg für Veränderungen ebnen. In der Zukunft folgen die Frauen eh den Männern.«
»Frauen Mathematik beibringen zu wollen, ist Zeitverschwendung.«
»Die Östrogene machen die Frauen begehrenswert – aber sie senken die geistigen Fähigkeiten einer Frau auch auf das Niveau eines Kindes.«
»Am schlimmsten ist das gemeinsame Lernen in der Schule. Denn den Jungen wird in solchen Schulen diese Ideologie beigebracht, dass man durchschnittlich zu sein hat. Aber durchschnittlich sind die Frauen, Frauen haben das Pulver nicht erfunden. Nichts haben sie erfunden. Ich mache ihnen das nicht zum Vorwurf, so sind sie einfach.«
»Frauen sollten erst ab dem 55. Lebensjahr wahlberechtigt sein.« (Vorher, also vor den Wechseljahren, seien sie zu emotional – Anm. d. Verf.)

Die Zitate sind authentisch und entstammen nicht etwa einem Podiumsgespräch in Kabul. Es sind keine Meinungsbekundungen von Taliban oder extrem konservativen Mullahs aus dem Iran. Diese in den letzten Jahren zu verschiedenen Anlässen getätigten Äußerungen gehen auf das Konto von Janusz Korwin-Mikke, einem polnischen Politiker, der aus seiner Verachtung für Frauen – zur Tarnung verpackt in einen pseudowissenschaftlichen Diskurs – sein Markenzeichen gemacht hat. Janusz Korwin-Mikke ist auch eines der Gründungsmitglieder der Konfederacja (Konföderation), einer rechtsextremen, migrationsfeindlichen und homophoben Partei.

Am einfachsten wäre es (und so verfährt auch ein Teil der Anhänger und Anhängerinnen der Konfederacja), Korwin-Mikke als klassischen politischen Wichtigtuer vom radikalen politischen Rand abzutun, der gleichwohl ein Narr sei – und sich im Klaren darüber, dass er sich mit seinen Ansichten lächerlich mache. Jedoch ist dieses Herangehen meines Erachtens falsch. Die Saat, die der Politiker jahrelang gestreut hat, geht jetzt auf und treibt Blüten, und da ist es nicht von Belang, dass Korwin-Mikke in letzter Zeit von seinen jüngeren Kollegen eher in den Hintergrund gerückt wurde – als selbst für die Zwecke der Radikalen zu radikal. Jetzt, da ich diese Worte zu Papier bringe (September 2023), schickt sich die Konfederacja an, drittstärkste Kraft im polnischen Parlament zu werden, um dann sehr wahrscheinlich eine Koalition mit der Regierungspartei Recht und Gerechtigkeit (Prawo i Sprawiedliwość, PiS) einzugehen. Erwähnenswert ist auch, dass Korwin-Mikke 2015 bei den Präsidentschaftswahlen 468.000 Stimmen erhielt; bei der Wahl 2019 kam er auf 60.000 Stimmen, während die Konfederacja damals insgesamt 1,25 Millionen Stimmen auf sich vereinte.[1]

Korwin-Mikke, einer der Gründungsväter radikaler Strömungen in Polen, ist für mich ein besonderer Fall: Er war gewissermaßen seiner Zeit voraus und zeichnete in der polnischen Politik eine Richtung vor, die dann von den politischen Rändern ins Zentrum vorrückte, um sich dort – wie es scheint, für längere Zeit – einzunisten. Radikalismus gepaart mit Narretei, Hemmungslosigkeit, Bekämpfung der Demokratie mit demokratischen Mitteln – in Polen ist eine ganze Generation von Politikern herangewachsen, die in seine Fußstapfen treten.

Und mehr noch: In Polen ist es zu einer großen Konfusion gekommen, deren Schirmherr Korwin-Mikke sein könnte. Die Modernisierung Polens ist, wie wir heute deutlich sehen können, das Ergebnis zweier Kräfte, die in scheinbar unterschiedlichen Richtungen verlaufen. Polen hat einerseits einen großen zivilisatorischen Sprung gemacht, das Land hat ein sehr gutes Straßennetz und eine moderne Landwirtschaft (denn heute setzt wohl keine westliche Zeitung mehr auf sentimentale Bilder ärmlicher Bauern auf schiefen Fuhrwerken, wie es noch vor nicht allzu langer Zeit üblich war). Wir sehen sanierte Städte, gigantische Lagerflächen, einen immer effizienter organisierten Transitverkehr – Polen, nonstop am Handy und 24 Stunden am Tag online, prescht voran wie ein Düsenflugzeug. Rafał Matyja beschreibt das in seinem wunderbaren Essay *Wyjście awaryjne* [Notausgang]:

> »Was die Technologie anbelangt, so haben wir sie [die Modernisierung – Anm. d. Verf.] im Grunde mit der ganzen Welt geteilt, durch die Integration von PCs und Mobiltelefonen, DVD-Playern und Mikrowellen in unser Alltagsleben. Wir haben moderne Dämmsysteme für Gebäude eingeführt und Fenster ausgetauscht. So konnten wir Wege finden, Energie zu sparen, um dann noch mehr davon für neue elektronische Annehmlichkeiten zu verbrauchen.«

Zugleich jedoch beschreibt ein großer Teil Polens einen Weg, der auf den ersten Blick mit Modernisierung nichts gemein hat: Dieses Polen hat Angst vor Schwulen und Lesben, akzeptiert schweigend ein restriktives Abtreibungsrecht, ist weiterhin im Trauma des Zweiten Weltkriegs gefangen, betrachtet Frauenrechte mit Argwohn und nimmt ohne Widerspruch den ideologischen und religiösen Druck hin, der auf das

---

1 Bei den Wahlen zum Sejm am 15. Oktober 2023 erhielt die Partei Konfederacja lediglich 7,16 Prozent. Eine Koalition mit der PiS war rechnerisch nicht möglich (Anm. der Red.).

Schulwesen ausgeübt wird. Jarosław Bratkiewicz schreibt in seinem am 9. September 2023 in der GAZETA WYBORCZA veröffentlichten Text *To nie knowania Kaczyńskiego podzieliły Polaków* [Nicht die Machenschaften Kaczyńskis haben die Polen entzweit]:

> »Im Zuge der – ähnlich wie in Deutschland nach 1945 – durch externe Faktoren (besonders durch die EU) stimulierten und beförderten (›bürgerlichen‹) Modernisierungsrevolution in Polen trat zunehmend auch die traditionalistische Gegenrevolution auf den Plan. Sie speist sich aus der Vorstellung, Moderne und Europäismus seien ›unpolnisch‹. Sie stünden im Widerstreit mit der polnischen Souveränität, deren systemische und strategische Gestalt die Traditionalisten – sprich Recht und Gerechtigkeit – gern an die autoritär regierte Zweite Polnische Republik anlehnen würden. Dabei greift die PiS bei der Auswahl ihres politischen Instrumentariums auch durchaus gern in die volksrepublikanische Trickkiste. Und vollführte nach der Machtübernahme im Jahr 2015 die strategische Pirouette der Abkehr von der europäischen Ausrichtung hin zu einem jagiellonisch-sarmatischen Euroasiatismus.«

Es ist an dieser Stelle nicht von Bedeutung, dass Bratkiewicz hier über die PiS schreibt und nicht über Korwin-Mikke und die Konfederacja. Es sind dies Parteien, die hinsichtlich ihres konterrevolutionären Profils Schwesterparteien darstellen. Sie unterscheiden sich lediglich im Impetus (die PiS schlägt zuweilen etwas gemäßigtere Töne an) und dem Durchschnittsalter ihrer Wählerinnen und Wähler, das im Fall der Konfederacja deutlich niedriger liegt. Und sie bringen, ob wir es wollen oder nicht, sich selbst als Bestandteil in die Erzählung über die polnische Modernisierung der letzten 30 Jahre ein.

Ja, die Erzählung über die polnische Modernisierung gibt es nicht ohne die – bleiben wir bei diesem Ausdruck – polnische Konterrevolution, die die Geschicke des Landes auf verschlungene Wege geführt hat, deren weiterer Verlauf unvorhersehbar ist. Dieses Phänomen ist zugleich gefährlich und interessant, vor allem durch seine Flimmerhaftigkeit: Die Angst vor der Moderne – nicht verstanden als technische Errungenschaften – hat sehr viele Gesichter und Spielarten. Im Folgenden möchte ich ganz grob diejenigen skizzieren, die mir am wesentlichsten erscheinen.

***

Das erste Gesicht ist das eines älteren Menschen, was kaum überrascht. Wenn wir unterwegs sind, hören meine Frau und ich oft und aufmerksam den katholischen Sender RADIO MARYJA, der es wie kein anderer erlaubt, das Erscheinungsbild dieses Gesichts zu rekonstruieren. Wir schauen in das Gesicht eines Menschen, der entsetzt ist angesichts der Moderne, der flüchtigen, unklaren Welt, für deren Deutung immer wieder neue Werkzeuge vonnöten sind. Ja, die Welt rast viel zu schnell dahin, erinnert eher an einen Stop-Motion-Film als an die imaginäre Landschaft der Vergangenheit, die zwar unwirklich, aber doch sicher ist und in Erstarrung verharrt. In jener Welt, vom Sturmwind des Wandels restlos hinweggefegt, schienen die Dinge leichter verständlich zu sein: Es gab Fabriken und LPGs, es gab sehr wohl die Engpässe der sozialistischen Wirtschaft, aber es gab auch klare Wegweiser. Kein anständiger Mensch wagte es, schlecht über die Kirche zu reden, es gab keine Gleichheitsparaden in den Straßen, sondern abwechselnd Prozessionen und offizielle Aufmärsche, die Leute gingen um 7 oder um 15 Uhr zur Arbeit, jeder hatte einen Job.

Es ist dies auch das Gesicht eines Menschen, der Linderung (die er im Gebet findet) und einfache Erklärungen für eine komplizierte Welt sucht. Das Phänomen Radio Maryja ist ähnlich wie die katholische Kirche Teil der konservativen Revolution geworden und nimmt den Teil Polens in den Blick, der sich in der flüchtigen Moderne nicht zurechtfand und sich statt der liberalen Eliten oder der über die komplexe Welt erzählenden Philosophen nach anderen Leitbildern umzusehen begann. Geliefert wurden einfache Antworten von den Kirchenoberen, vom Chef des Senders, Pater Tadeusz Rydzyk, sowie von rechten Politikern, die im Radio-Maryja-Milieu (zu Recht) ein großes Wählerpotential sahen. Die negative Rückkopplung zwischen älteren Polinnen und Polen sowie den Kräften, die deren Ängste, Unzufriedenheit und Unmut verwalten, ist offensichtlich: Jede Kritik an der Moderne (die als nackt, vulgär, zu grell, als von außen aufgezwungen, respektlos gegenüber dem Klerus und der Tradition angesehen wird) prallt wie ein Ball zwischen beiden Seiten hin und her, wobei sie keineswegs Energie einbüßt, sondern noch an Kraft gewinnt. Ergebnis ist eine einheitliche ideologische Front mit entsprechendem Führungspersonal, eigenen Kommunikationskanälen und einer kohärenten Botschaft. In dieser Welt wird der Krakauer Erzbischof Marek Jędraszewski, eine Symbolfigur für den Bund zwischen Religion und Staatsmacht, für eine Predigt mit Lob überschüttet, in der er sagte: »Die rote Pest wandelt nicht mehr auf unserem Boden. Was keineswegs bedeutet, dass es nicht eine neue gibt, die die Kontrolle über unsere Seelen, Herzen und Köpfe übernehmen will. Nicht marxistisch, bolschewistisch, aber dem gleichen Geist entsprungen – neomarxistisch. Nicht rot, sondern regenbogenfarben.«

Schaut man jedoch genauer hin, so bröckelt diese kohärente Botschaft immer dann zusehends, wenn die Rede von der Europäischen Union ist. Sowohl die Hörerschaft von Radio Maryja als auch rechte Politiker und Geistliche stellen die EU als gehörnten Teufel dar, der die polnische Gesellschaft mit den Ausdünstungen feindlicher Ideologien vergifte. Die EU ist zum bequemen, weil meist stummen Prügelknaben geworden, zur Ursache polnischer Katastrophen, zur Quelle moralischen Verfalls. Vergeblich sucht man allerdings in dieser Propaganda nach Informationen, wie sie Journalisten der Gazeta Wyborcza recherchiert haben. Allein in den Jahren 2015–2020, so kann man daraus schließen, hat die katholische Kirche in Polen für ihren Großgrundbesitz circa 800 Millionen Złoty EU-Agrarsubventionen erhalten. EU-Gelder helfen auch bei der Rettung historischer Kirchenbauten, und Hunderttausende von

Euro, in Polen auch als »Judaslohn« bezeichnet, flossen an die Unternehmen von Pater Tadeusz Rydzyk.

Und auch das ist ein wichtiger Teil der polnischen Modernisierung: Der Hass auf die EU stellt kein Hindernis dar, wenn es gilt, finanzielle Vorteile in Anspruch zu nehmen. Von Vorteilen sprechen Anti-EU-Kreise jedoch nicht: Das Gesicht des alten Menschen soll weiter gezeichnet sein von Sorge und Abscheu angesichts des vermeintlichen Niedergangs der EU-Länder, im Kreis derer Polen selbstredend der einzige Hort von Normalität und christlicher Ordnung sei.

***

Es gibt aber auch ein anderes Gesicht: jung und gepflegt. Es ist das Gesicht eines Mannes – in relativem Wohlstand aufgewachsen, recht gebildet, der die Welt kennt, sehr technologieaffin ist und von Erfolg träumt. Es ist dies das Gesicht des Konfederacja-Wählers und eines Teils der führenden Konfederacja-Politiker selbst. Laut einem Bericht der Agentur Lata Dwudzieste wollen 31 Prozent der Erstwähler ihre Stimme der Konfederacja geben. Die Partei hat Unterstützung von 48 Prozent der Männer und 16 Prozent der Frauen unter 24 Jahren.[2]

Die Konföderation, eine konterrevolutionäre Partei, die die Herzen und Wählerstimmen der jungen Generation in Polen erobert hat, ist ein ziemlich kompliziertes und heterogenes Gebilde, ein Konglomerat aus Jugendträumen, Nationalchauvinismus, Nationalismus, Homophobie, Frauenfeindlichkeit, Libertarismus und Konservatismus. Für volle Freiheit, zugleich aber gegen das Recht auf Abtreibung; gegen EU-Werte, aber durchaus der Privilegien bewusst, die der Schengen-Raum bietet; fern der Kirche, aber mit erklärter Hochachtung für den Klerus; als Teil des Warschauer Unabhängigkeitsmarsches chauvinistische Lieder singend, aber zugleich gegen die Missstände des PiS-Staates. Mannomann!

Vielleicht hat Anna Rzeźnik recht, die in einem Interview mit dem BUSINESS INSIDER ein Porträt der Generation Z, das heißt der Konfederacja-Wähler, zeichnet. Sie verweist darauf, dass die Politiker dieser Partei einen Weg gefunden haben, junge Menschen zu erreichen – und das sei kein stimmiges, durchdachtes Programm, sondern schlicht und ergreifend Coolness. Sławomir Mentzen, einer der Führer der Bewegung, sei einfach cool – jung, gebildet, weltgewandt, rhetorisch begabt, sympathisch. Die Frauen, die zu seinen Meetings kommen, störe es nicht, den Anführer einer Partei vor sich zu haben, deren Führungspersonal sie als minderwertige Wesen betrachte, bestenfalls dazu geeignet, ihren männlichen Helden zu assistieren – auch dies ein besonderes

---

2   Es gab keine Untersuchung, die das tatsächliche Wahlverhalten der Erstwähler erhoben hätte. In der Altersgruppe der 18- bis 29-Jährigen haben 16,7 Prozent die Konfederacja gewählt.

> **Sławomir Mentzen**
>
> Unmittelbar vor den Wahlen zum Europäischen Parlament 2019 forderte Sławomir Mentzen, Unternehmer und Politiker aus Toruń (Thorn), für seine politische Bewegung, die später in der Partei Konfederacja aufging: »Wir wollen hier keine Juden, Homosexuellen, Abtreibungen, Steuern und keine Europäische Union.« Nach dem russischen Aggressionskrieg gegen die Ukraine sprach er sich gegen die PiS-Regierung aus, die Wirtschaftssanktionen gegen Russland verhängte. Er fordert einfache, pauschale Steuersätze und das Ende teurer Sozialprogramme. Seine Partei predigt ein Weltbild, nach dem jeder Mensch für das eigene Schicksal verantwortlich ist, ohne Rücksichtnahme auf Arme und Schwache. Die Partei Konfederacja wirbt vor allem um junge Wähler und Wählerinnen, hat nach einem Höhenflug im Sommer bei den Sejm-Wahlen am 15. Oktober 2023 allerdings nur 7,16 Prozent der Stimmen erhalten.

Merkmal dieser Wählergeneration. Mentzen gelte als Internet-Star, als erfolgreicher TikToker, als Spaßvogel, als schlagfertiger Redner, als Remedium gegen die Langeweile und den Ernst der alten Politik. Sein Programm sei von untergeordneter Bedeutung.

Es sei daran erinnert, dass vor nicht allzu langer Zeit, als Korwin-Mikke für das Präsidentenamt kandidierte und eine lose soziale Bewegung, die sich aus den immer am 11. November durch Warschau ziehenden Unabhängigkeitsmärschen rekrutierte, an Stärke gewann und schließlich in eine Partei namens Konfederacja umgewandelt wurde, etliche Politiker und Kommentatoren dies als eine Art Eruption adoleszenter Krankheitssymptome betrachteten. Die Jugend müsse sich austoben, das sei doch klar. Sie demoliere einmal im Jahr Warschau, hasse Einwanderer und Einwandererinnen, verachte Ukrainer, Ukrainerinnen, Jüdinnen und Juden und versuche, den Tisch umzuwerfen, an dem die alten Routiniers ihr politisches Pokerspiel treiben. Das sei ihr verdammtes Recht. Sie würde sich wieder beruhigen und dann der einen oder anderen Jugendorganisation einer Partei beitreten. Es ist anders gekommen: Das konterrevolutionäre Projekt namens Konfederacja ist nicht nur nicht erloschen, sondern hat an Stärke gewonnen, sich stabilisiert und steuert selbstbewusst darauf zu, einen Teil der Zügel im Staat selbst in die Hand zu nehmen. Dann bleibt abzuwarten, ob sich angesichts der rapide wachsenden sozialen Probleme in Polen auf dem netten TikToker-Gesicht ein Ausdruck kindlicher Ratlosigkeit zeigen wird oder, was ebenso wahrscheinlich ist, ob wir das rücksichtslose und brutale Gesicht eines extremen Nationalisten erblicken, der die demokratischen Instrumente der Diskussion durch Gewalt und Unterdrückung ersetzen wird.

**

Im Übrigen ist dieses schreckliche Gesicht in der polnischen Politik bereits präsent und wird auch nicht verschwinden. Der 31. August 2023 dürfte in die Geschichte der polnischen Demokratie als ein Moment der Schande eingehen (der wievielte in den letzten Jahren?): Die PiS verkündete, dass auf dem letzten Listenplatz ihrer Partnerpartei

Suwerenna Polska³ (Souveränes Polen) in Radom ein gewisser Robert Bąkiewicz für den Sejm kandidieren werde, ehemaliger Vorsitzender der Vereinigung Unabhängigkeitsmarsch und eine Generation jünger als Janusz Korwin-Mikke. Und wenn nun jemand denkt, die eingangs zitierten Äußerungen seien an Dummheit nicht zu toppen, so wird er hier eines Besseren belehrt. Bąkiewicz, in der geistigen Tradition der polnischen Vorkriegsfaschisten, äußert noch schrecklichere Sätze: »Die PiS kriecht vor den Juden«; »In der Regierung sitzen sie und überlegen, wie sie die Juden besänftigen können. Sie haben es schon versucht: Schabbatessen, Kippa. Fehlt nur noch, dass sie zum Judentum übertreten«; »Das ist Polen, nicht Polin« [hebr. *Polin* = Polen]; »Anstatt Blättern an den Ästen werden hängen Zionisten!«; »Alle Polen stimmen ein: Araber – verpisst euch fein!«; »Uns geht es um die Militarisierung der polnischen Nation, um das hierarchische System. Auch um die Zerstörung der Demokratie. Wir sind gegen den Demoliberalismus. Schließlich ist er eines der dümmsten Systeme, die der Mensch hervorgebracht hat.« Hinzu kommen Äußerungen gegen das »linke Gesocks«, gegen LGBT. Hinter dem Radikalismus von Bąkiewicz, der nun eine politische Karriere auf einem ganz anderen Niveau ansteuert als auf den Straßen Warschaus während des Unabhängigkeitsmarsches, verbirgt sich nichts weiter als physische Gewalt, die wir bereits seit vielen Jahren bei immer neuen Auflagen des Unabhängigkeitsmarsches beobachten können.

Wieder einmal kommen wir zu einem Paradox nicht nur der polnischen Modernisierung: Solch starke antidemokratische Bewegungen gäbe es wahrscheinlich nicht ohne die moderne Demokratie, die es jedem und jeder erlaubt, an der Debatte teilzunehmen, auch den Erben des polnischen Faschismus. Hinzu kommt, dass die Konfederacja oder Bąkiewicz ihre Popularität ultrademokratischen Instrumenten wie den sozialen Medien zu verdanken haben: ohne Zensur, mit nur minimaler und widerwilliger Einmischung von Seiten der Moderation. Orte, an denen Flat-Earther, Nazis, Liberale und Monarchist:innen untereinander um Aufmerksamkeit, Herzen, Likes und Follower buhlen können. Das Schlimmste, was einem Konterrevolutionär widerfahren kann? Die Antwort ist trivial: zum Beispiel die Schließung seines Facebook-Profils. So löste etwa die Sperrung des vielbeachteten Facebook-Profils der Konfederacja wegen Lügen über Covid-19 einen landesweiten Skandal aus, in den sich auch die Regierung von Mateusz Morawiecki einschaltete. Es spielte keine Rolle, ob die Konfederacja gegen Facebook-Standards verstoßen hatte – ein Teil der polnischen politischen Klasse betrachtete die fast anderthalb Jahre währende Sperre des Profils als einen Angriff auf die polnische Demokratie. Plötzlich schien es, dass Individualisten und Anhänger ultraliberaler Marktlösungen sich auf Ideen beriefen, die sie verachteten, und das private Unternehmen Meta wurde zur Zielscheibe hysterischer Angriffe.

---

3 Souveränes Polen ist der neue Name der Partei Solidarisches Polen, mit dem die PiS eine informelle Koalition seit 2015 führte. Das Gesicht der Partei ist Zbigniew Ziobro, ehemaliger Justizminister und Generalstaatsanwalt, der die die Rechtsstaatlichkeit verletzenden Justizreformen in Polen verantwortete.

Auf den Transparenten: Diebe aus Brüssel / Gott, Ehre, Vaterland / Freiheit und Unabhängigkeit. Links unten: Die Demonstration wurde aus Mitteln der Europäischen Union gefördert

***

Im bisher Gesagten habe ich mein Augenmerk auf den Mix aus Moderne und Konservatismus gelegt, da dieser mir spezifisch polnisch erscheint. Bei der Suche nach einer passenden Metapher würde ich bis zum 9. März 1652 zurückgehen, denn dieses Datum steht für einen der Meilensteine in der polnischen Demokratie. Władysław Siciński (lit. Vladislovas Sicinskis), ein Adliger aus dem litauischen Upita (lit. Upytė), hatte erstmals in der Geschichte des polnischen Parlamentarismus einen Abbruch der Sejm-Beratungen herbeigeführt, was zum symbolischen Beginn einer Ära der Destruktion und des Chaos wurde. Siciński machte von seinem Vetorecht Gebrauch, und die Debatte darüber, ob er damals die Gesetze oder die Bequemlichkeit seines politischen Förderers verteidigte, hält in der Geschichtswissenschaft bis heute an. Zweifelsohne nutzte er ein törichtes Privileg, stellte er doch die Freiheit einer adligen Einzelperson über alles andere und öffnete damit dem Untergang der *Rzeczpospolita* Tür und Tor. Die Vermischung von Politik und adligem Freiheitskult erwies sich als tödliches Gift für den Staat.

Vor meinen Augen erscheint mir ein Edelmann mit dickem Schnurrbart, in seinem Kontusz daherschreitend, vielleicht mit einem Handy oder einem Tablet in der Hand. Er berichtet in Echtzeit über den Ablauf des März-Sejms, vielleicht filmt er, vielleicht streamt er. Herzchen werden verteilt, Kommentare abgegeben, Beobachter verbreiten seine Tweets oder TikTok-Videos und schicken sie in die Welt hinaus: »Adliger sprengt Sejm-Sitzung, verlässt daraufhin den Saal.« Die Meldung wird immer öfter aufgerufen und erreicht immer mehr Leute und Follower – ein voller Erfolg. Ohne Rücksicht auf die Folgen. Und ich sehe Sicińskis Widerschein in Korwin-Mikke und seinen idiotischen, auf billigen Beifall abzielenden Thesen. Ich sehe seinen Schatten über der Konfederacja, die jedes noch so individuelle Gut über das Gemeinwohl stellt. Überschattet davon sind auch Bąkiewicz und sein demokratisches Recht auf Hassrede; ebenso die Hörer und Hörerinnen von Radio Maryja, die sich das Recht anmaßen, verletzende, unwahre, hasserfüllte Urteile frei zu äußern. Sie tragen kein Adelsgewand, bis zum Rednerpult im Sejm haben sie es nicht gebracht – aber der anarchische Geist der Freiheit, noch verstärkt durch die Möglichkeiten der neuen Technologien, ja gar einer Freiheit, die sich in eine Karikatur ihrer selbst verwandelt, ist in ihnen allen lebendig.

Wenn man bedenkt, dass sich die Geschichte zuweilen wiederholt (zum Glück nicht zwangsläufig), verheißt das nichts Gutes.

***

Dies ist, versteht sich, nicht die ganze Geschichte der verschlungenen Wege der polnischen Modernisierung. Denn parallel dazu laufen noch ganz andere Prozesse ab.

Es war an einem Novemberabend 2020 – Polen hatte gerade eine Protestwelle gegen einen weiteren Versuch der Verschärfung der Abtreibungsgesetzgebung erlebt –, da ging ich zur Krakauer Bischofsresidenz, einem der heiligen Orte Polens. Ein Fenster, das immer an Johannes Paul II. denken lässt, an den müden Papst zum letzten Mal in diesem Fenster, der voller Rührung durch die Tränen spricht: »Geht schlafen!« – »Wir gehen nicht«, antwortet die ins Gebet vertiefte Menge. So war es, ich erinnere mich doch. Einst hatte ich schließlich selbst unter diesem Fenster gestanden.

In jener Novembernacht waren keine Menschenmassen zu sehen, so als ob die revolutionäre Welle langsam abebben würde. Das nahegelegene Franziskanerkloster wurde von einigen jungen Männern beschützt, die jedoch nicht allzu viel zu tun hatten – der größte von ihnen wies darauf hin, dass an der Kalksteinmauer ein Privatgrundstück beginne und die Eigentümer das Anbringen gottloser Plakate nicht wünschten. Und da Privateigentum etwas Heiliges ist, gingen die Demonstrierenden mit ihren Utensilien an einen anderen Ort. Hinten stand ein erbärmlich aussehender Typ mit einem beschlagenen Visier vor dem Gesicht und einer Sporttasche über der Schulter. Aus der Tasche ragte ein großer Schalltrichter, aus dem sich fromme Lieder ergossen. Ich fragte ihn, ob er den Film über Pädophilie in der Kirche gesehen habe – habe er nicht und beabsichtige auch nicht, es zu tun. In der letzten Zeit sei einfach zu viel los gewesen, klang es zur Begründung melancholisch hinter dem Visier hervor. Einige Verteidiger des Erzbischofs stimmten zur Melodie aus dem Megaphon die *Barka* an, das Lieblingslied des polnischen Papstes.

Es kamen also an diesem Abend keine Menschenmassen in die Franciszkańska-Straße, gleichwohl war die Veränderung mit bloßem Auge wahrnehmbar. In diesem Glaubensstaat mit der verfestigten feudalen Struktur der Gesellschaft – mit Kardinälen und Erzbischöfen ganz obenauf, in einem Land, in dem sich die Entscheidungszentren des gesellschaftlichen Lebens in den Palästen der Bischöfe und nicht des Staatspräsidenten befinden, erschollen nun in Richtung des heiligen Fensters laut und vernehmlich Sprechchöre wie »Jędraszewski, verpiss dich!« Auch unter den Fenstern von Kardinal Stanisław Dziwisz in der Kanonicza-Straße skandierten Hunderte Demonstranten und Demonstrantinnen: »Wojtyła, Dziwisz, bumm – eure Zeit ist um!«, »Dziwisz, komm doch – raus aus deinem Rattenloch!« Und wenn ich nach Beweisen für den Sieg dieser herbstlichen Frauenrevolution suchen wollte, würde ich sie eben dort in der regennassen Kanonicza-Straße suchen, unterhalb der heiligen Wawel-Burg, vor dem Bischofspalast – am Ort des Fensters, der Rührseligkeit, der Erinnerungen an einen altersmüden Papst.

Der Urteilsspruch des Verfassungsgerichts, mit dem eine legale Abtreibung *de facto* unmöglich geworden ist, hat den seit Jahren in der Gesellschaft brodelnden Vulkan zum Ausbruch gebracht – und an die Stelle polnischer Heuchelei (»Den Priester mag ich zwar nicht, aber zur Haussegnung lasse ich ihn doch lieber rein«) trat brutale Ehrlichkeit. Einem Erzbischof in einem Land, das den Katholizismus mit der Muttermilch aufgesogen hat und in dem die Kirche als einzige Institution für eine Art Kontinuität steht, ein »Verpiss dich!« entgegenzuschleudern, ist eine wahrhaft revolutionäre und blasphemische Geste – die Frage, ob darüber auch der Schatten Sicińskis schwebt, vermag ich nicht zu beantworten. Als Reaktion auf die Allianz von Thron und Altar, auf immer neue moralische Skandale und unwürdige Äußerungen erscholl in Polen zum ersten Mal mit derartiger Wucht ein weltliches »Non possumus«, das – übersetzt in eine verständlichere und zeitgemäßere Sprache – genau wie der zitierte Imperativ vor dem Bischofspalast klingt. Auf die weltliche Macht wütend zu sein ist etwas anderes und ist in Polen tief verwurzelt. Die Wut auf die Kirche hat indes eine neue, umstürzlerische Natur und trägt die Züge eines Vatermordes. Ich bin felsenfest davon überzeugt, dass die Eltern etlicher Demonstrierender zu denen gehörten, die einst voller Demut den Ring des Kardinals küssten.

Die PiS hat die gegen die Entscheidungs- und Gewissensfreiheit verstoßenden Bestimmungen nicht etwa wieder zurückgenommen. Das restriktive Gesetz ist in Kraft getreten und hat zu dramatischen Geschehnissen in polnischen Krankenhäusern geführt, bei denen schwangere Frauen zu Tode kamen. Es ist jedoch klar, wer der große Verlierer dieser Auseinandersetzung ist: Das Ansehen der Kirche ist endgültig und irreparabel ruiniert. Was hat das zu bedeuten? In den Träumen von einem postrevolutionären

Polen, denen viele meiner linksgerichteten Kolleginnen und Kollegen anhängen, wird der Katholizismus auf die Rolle einer harmlosen Lachnummer reduziert. In Wanderzirkussen würden für eine Schüssel miserabler Suppe seltsame, in Kleider gehüllte Typen auftreten – in Gesellschaft eines polydaktylischen Mannes und einer Frau mit einem Ohr auf der Stirn. Diesen Platz in der Geschichte habe sich der polnische Katholizismus redlich verdient. In allernächster Zeit wird das allerdings nicht geschehen. Der Katholizismus wird weiterhin eine wichtige Rolle im gesellschaftlichen Leben spielen, auch wenn sein Einfluss vor den Augen aller schmelzen wird wie der Eispanzer der Antarktis.

Aber auf lange Sicht hat der polnische Katholizismus verloren, und früher oder später wird es ein Gespräch darüber geben, zu welchen Bedingungen er die Arena verlassen soll. Die Protestdemonstration vor dem päpstlichen Fenster hat gezeigt, dass an die Stelle kindlicher Rührung eine bemerkenswert nüchterne und reife Einschätzung der Lage getreten ist. Ein solches Gespräch ist unumgänglich, verschafft sich doch nun eine Generation Gehör, für die das Küssen eines Bischofsrings nichts weiter ist als eine komödienhafte Geste, entsprungen einem Märchen aus feudalen Zeiten.

Und auch das ist eine Erzählung der polnischen Modernisierung. Und mit dieser Erzählung, das will ich gar nicht verbergen, wirft für mich die Hoffnung ihren Schatten (wieder einen Schatten) voraus.

Aus dem Polnischen von Gero Lietz

MICHAŁ OLSZEWSKI ist Journalist, Schriftsteller und Publizist. Chefredakteur der Krakauer Ausgabe der GAZETA WYBORCZA. Er veröffentlichte eine Reihe von Prosawerken und Reportagen und erhielt 2015 den Ryszard-Kapuściński-Preis für sein Buch *Najlepsze buty na świecie* [Die besten Schuhe der Welt].

Michał Szułdrzyński

Die Mehrdeutigkeit der Moderne

In der polnischen öffentlichen Debatte – aber das gilt natürlich nicht nur für Polen – ist eine Definition des Begriffs Moderne eine Art Selbsterklärung zur eigenen Identität. Man könnte eine geistige Landkarte der politischen Landschaft in Polen anhand dessen zeichnen, wie sie zur Moderne steht. Verschiedene Fraktionen der Rechten oder auch der Konservativen interpretieren die Moderne unterschiedlich und haben unterschiedliche Idealvorstellungen von der Ordnung, die sie ihr entgegensetzen wollen.

Bevor wir jedoch zu den Unterschieden in der Haltung zur Moderne kommen, sollten wir uns anschauen, wie dieser Begriff nach dem Fall des Kommunismus verstanden wurde. Innerhalb der *Solidarność*, der Bewegung also, die 1988 die Veränderungen einleitete, welche im Februar 1989 zum Kontakt mit der kommunistischen Partei führten und in der Folge die ersten teilweise freien Wahlen nach dem Zweiten Weltkrieg ermöglichten, gab es ein weites geistiges Spektrum, das von der Linken über die Liberalen bis zu verschiedenen Flügeln der Rechten reichte. Allerdings waren diese Unterschiede eher ideologischer und theoretischer Natur, denn niemand konnte vorhersehen, dass man in naher Zukunft die Verantwortung für die Lenkung des Staates übernehmen und eine normale demokratische Politik würde betreiben müssen.

Es ging dann sehr schnell mit den Veränderungen. Am 4. Juni 1989 brachten die Polen – obwohl sie nur über die Besetzung von einem Drittel der Sitze im Sejm sowie über die Zusammensetzung des nach dem Fall des Kommunismus wiederhergestellten 100-köpfigen Senats demokratisch entscheiden konnten – unmissverständlich ihren Willen zum Ausdruck, dass sie jene Macht nicht länger wollten, und so sprengten sie mit Hilfe ihrer Stimmzettel die Gitter, hinter denen sie seit 1945 eingesperrt gewesen waren. Die Erosion des Systems ging so schnell vonstatten, dass bereits im September eine Regierung gebildet wurde, mit einem Vertreter der Opposition als Ministerpräsident, während der Oppositionsführer einige Monate später in den ersten freien Parlamentswahlen zum Staatspräsidenten gewählt wurde.

Die Wirklichkeit des realen Sozialismus war so grau und trist gewesen, dass die Richtung der Veränderungen offensichtlich war. Man wollte den Westen einholen und der Rückständigkeit des Kommunismus entkommen. Debatten über die Zukunft wurden damals praktisch nicht geführt. Der Kommunismus hatte in Polen in vielen Bereichen die Zeit angehalten – der wirtschaftliche und technologische Rückstand war immens. Dabei geriet den Polen jedoch aus dem Blick, dass das kommunistische System in vier Jahrzehnten einen vollständigen Umbau der Gesellschaft vollzogen hatte. Die soziale Schichtung war verschwunden, ein Großteil der Vorkriegseliten war entweder den deutschen Nazis oder den Kommunisten zum Opfer gefallen. Die jüdische Gemeinschaft, die im Vorkriegspolen mehr als drei Millionen Menschen umfasst und eine enorme wirtschaftliche und kulturelle Rolle gespielt hatte, war ebenfalls verschwunden. Der Philosoph Andrzej Leder nannte dies eine verschlafene Revolution – die tiefgreifenden sozialen Veränderungen, die eine völlig neue Gesellschaft geschaffen hatten, waren von den Aggressoren herbeigeführt worden.[1]

In den ersten Jahren der Transformation spielten Personen, die dem rechten Flügel zuzurechnen waren, in der Regel keine wichtige Rolle. Infolge der wirtschaftlichen Turbulenzen gewann die Partei der postkommunistischen Linken 1993 die Wahlen, ihr Kandidat wurde 1995 für zwei Amtszeiten Präsident. Die politische Spaltung verlief zwischen dem Post-*Solidarność*-Lager (dominiert von der Post-*Solidarność*-Linken) und dem postkommunistischen Lager, erst 2005 begann sich diese Linie zu verschieben auf den Gegensatz zwischen dem Lager der Rechten und dem der liberalen Mitte. Daher bezeichneten einige konservative Vordenker die ersten Jahre des Übergangs als Phase einer Copy-Modernisierung. Alles wurde aus dem Westen übernommen und eins zu eins kopiert, ohne sich die Frage zu stellen, ob es zu den polnischen Besonderheiten passte. Damals kam auch die Sorge um die Form auf, die die Moderne annahm.

Eine weitere Quelle der Besorgnis war die Lehre von Johannes Paul II. Während seiner ersten Pilgerreise nach dem Fall des Kommunismus im Jahr 1991 war der Papst äußerst frustriert, als er sah, wie schnell die Polen dem Westen hinterherlaufen wollten, was für ihn einer Verleugnung des christlichen Erbes gleichkam. Deshalb billigte er einerseits den Übergang zu Demokratie und Kapitalismus, wandte sich aber andererseits gegen die Abtreibung sowie die Ausgrenzung von Arbeitslosen und älteren Menschen, die die größten Verlierer der Transformation wurden.

Dennoch herrschte im ersten Jahrzehnt der Transformation ein parteiübergreifender Konsens darüber, dass es notwendig sei, sich in die Strukturen des Westens zu integrieren, also Teil der NATO und Mitglied der Europäischen Union zu werden. Als Letzteres 2004 gelang, entstand in der polnischen Politik eine Art Vakuum. Das wichtigste zivilisatorische Ziel war erreicht – der Fairness halber muss man zugeben, dass auch das postkommunistische Lager die EU-Beitrittsbestrebungen loyal mitgetragen hatte – und nun stellte sich die Frage, wie es weitergehen sollte.

---

1   Andrzej Leder: Polen im Wachtraum: Die Revolution 1939–1956 und ihre Folgen, Osnabrück 2019; siehe auch Ders.: Wer hat uns diese Revolution genommen? In: JAHRBUCH POLEN 2017 Politik, Wiesbaden 2017, S. 59–72.

Zu diesem Zeitpunkt drängte eine Debatte, die zuvor nur am Rande stattgefunden hatte, in den Vordergrund. Vor dem Referendum von 2003, das über den Beitritt Polens zur Europäischen Union entscheiden sollte, wurden auf der rechten Seite Stimmen laut, die heute noch viel stärker sind. Es war die Überzeugung, dass die Richtung, in die der Westen sich entwickelte, keineswegs ideal sei. Dass die Moderne nicht nur traditionellen Auffassungen vom Glauben, sondern auch von der nationalen Identität der Polen widerspreche.

Auch aus diesem Grund bezeichnen Politikwissenschaftler die Wahlen von 2005 als den Moment, in dem der frühere Streit zwischen Postkommunismus und Post-*Solidarność* durch eine neue Spaltung ersetzt wurde, verkörpert von zwei Persönlichkeiten, die auch bei den Wahlen 2023 aufeinandergetroffen sind: Donald Tusk, dem Führer des liberalen Lagers, und Jarosław Kaczyński, dem Führer des nationalkonservativen Lagers. Das Paradoxe daran ist, dass Kaczyński und Tusk 2005 eine gemeinsame Regierung nach den Wahlen geplant hatten, bei denen die postkommunistische Linkspartei schließlich auseinanderfiel. Beide entstammten antikommunistischen Milieus. Kaczyński kam aus einer Familie der Warschauer Intelligenz, Tusk aus einer Arbeiterfamilie, er war von Anfang an mit den Danziger Liberalen verbunden gewesen. Beide hatten sich gut ergänzt.

Doch ihr Bündnis kam 2005 nicht zustande. Im Gegenteil, Tusk und Kaczyński wurden zu erbitterten Gegnern. Kaczyński bewegte sich allmählich von einer großstädtischen Mitte-Rechts-Position hin zu einem volkstümlichen Katholizismus, während Tusk langsam nach links rückte. Kaczyński, der anfangs vor zu kirchennahen Parteien gewarnt hatte, verbündete sich mit katholischen Kreisen, was zu einer Radikalisierung der Rechten führte. Tusk ging zunehmend Bündnisse mit Kreisen der liberalen Linken ein.

Das liberale Lager sah in der Moderne eine Chance, die Gesellschaft zu modernisieren und Merkmale zu verändern, die entweder aus früheren Zeiten in der Gesellschaft übriggeblieben oder unter dem Einfluss des Kommunismus entstanden waren. Das rechte Lager hingegen begann, die Moderne als Bedrohung für seine Identität zu sehen und übernahm das Narrativ von der Copy-Modernisierung, der Nachäffung des Westens und der gedankenlosen Fixierung auf Deutschland als zivilisatorisch überlegener Nation. All dies hat dazu geführt, dass sich die von Kaczyński dominierte Rechte heute in einer zunehmend antiwestlichen, EU-feindlichen und antideutschen Haltung verschanzt.

Ein guter Prüfstein für die Einstellung der verschiedenen rechten Strömungen im heutigen Polen zur Moderne ist die Frage, wie sie sich innerhalb des katholischen Spektrums positionieren. Die traditionalistische Strömung, ideologische Erbin der Philosophie von Joseph de Maistre, ist fest davon überzeugt, dass der Westen vor zwei Jahrhunderten vom rechten Pfad der Entwicklung abgewichen ist und sich mit der Aufklärung verirrt hat. In diesem Sinne hat der Begriff der Moderne etwas grundlegend Böses an sich; er ist ein Kind der Aufklärung, eine Rebellion der überheblichen menschlichen Vernunft gegen die dem Menschen von Gott gegebene Ordnung. In dieser traditionalistischen Strömung vereinen sich somit mehrere für das dritte Jahrzehnt des 21. Jahrhunderts charakteristische Phänomene. Dies sind erstens die Überzeugung vom moralischen und intellektuellen Verfall der katholischen Kirche, die Ablehnung der Reformen des Vatikanischen Konzils, die Treue zur traditionellen Liturgie und der Kampf gegen Erscheinungsformen des Modernismus im Katholizismus. Zweitens herrscht die Meinung vor, dass alles, worauf der Westen so stolz ist, Ausdruck einer neuen Versklavung sei. Es ist kein Zufall, dass gerade in diesen Kreisen – in der weicheren Version – die Protestbewegungen gegen die gesundheitspolitischen Einschränkungen während der Coronavirus-Pandemie populär waren oder gar – in der härteren Version – die Überzeugung vorherrschte, der Coronavirus solle dazu dienen, eine neue Ordnung, ja Weltordnung zu schaffen. Hier verband sich das Misstrauen gegenüber der Wissenschaft – der fehlende Glaube an die Wirksamkeit der Impfungen und die Auffassung, dass mit diesen versucht werden solle, einen neuen Menschen zu schaffen – mit dem Misstrauen gegenüber der Technologie, gegenüber neuen Entwicklungen sowie der Warnung vor der Schädlichkeit der angeblich noch nicht erforschten Wellen, die von Windrädern, WiFi-Routern oder 5G-Mobilfunkmasten der fünften Generation ausgehen.

Diese Fraktion begegnet interessanterweise sowohl der Europäischen Union als auch den Vereinigten Staaten mit Abneigung, denn in diesen beiden Organismen werden die neuen Entwicklungen in überspitzter Form angeblich besonders deutlich.

Das Heilmittel für die Krise der Kirche und der christlichen Identität suchen die Traditionalisten eher in einer Rückkehr zur Orthodoxie als in Versuchen, sich der Moderne »anzudienen«. Deshalb entscheiden sich traditionalistische Kreise, die gar nicht so marginal sind, für eine Art Eskapismus. Sie glauben nicht, dass es möglich ist, von der Moderne infizierte Systeme zu heilen und versuchen daher, sich so weit wie möglich aus ihnen zurückzuziehen. Dies gilt insbesondere für den Bildungsbereich, der für die Traditionalisten der kritischste Bereich ist; deshalb ist die Heimerziehung in diesen Kreisen populär, bedeutet sie doch, dass man keine Kompromisse mit der Realität eingehen muss, vor nichts zurückweichen muss, nicht so tun muss, als sei es möglich, etwas so Wichtiges wie die Erziehung und Bildung von Kindern nach einem die Moderne ablehnenden Modell mit einem Bildungssystem zu vereinbaren, das Teil der Moderne ist. Das Paradoxe in Polen ist jedoch, dass die Organisationen des Bildungssystems durch und durch veraltet sind. Diese Art des Denkens ist typisch für die rechtsnationalistische Konföderation und den rechten Flügel von Jarosław Kaczyńskis Partei Recht und Gerechtigkeit (Prawo i Sprawiedliwość, PiS), der mit Zbigniew Ziobro, dem Vorsitzenden der Partei Souveränes Polen verbunden ist, mit der Kaczyński von 2015 bis 2023 regierte.

Einen anderen Zugang zur Moderne hat das einflussreichste konservative Lager um die PiS. Für dieses Lager sind Katholizismus oder Patriotismus lediglich Mittel zum

> Nietzsche versteht unter Ressentiment das, was die Schwachen, Benachteiligten, Diskriminierten und Erniedrigten gegenüber Menschen in höheren sozialen Stellungen empfinden – den selbsternannten besseren Menschen, die ihre Überlegenheit zelebrieren: die als Reiche, Mächtige und Selbstbewusste den Respekt beanspruchen, den sie denjenigen verweigern, die sie als unterlegen betrachten. Würden Letztere (das gemeine Volk …) die Tugenden und Rechte der Höhergestellten anerkennen, räumten sie zugleich ihre untergeordnete Stellung, ihre geringere oder nicht vorhandene Würde ein. Folglich erscheint Ressentiment hier als eine seltsame, inhärent doppeldeutige Mischung aus Kniefall und Verbitterung, aber auch Neid und Trotz.
>
> Zygmunt Bauman: Leben in der flüchtigen Moderne, Frankfurt am Main 2007, S. 12.

Zweck politischer Mobilisierung. Die Kirche wird hier als ein Instrument zur Kontrolle der Gesellschaft und als Organisatorin der sozialen Ordnung gesehen, nicht als Hüterin der Wahrheit oder des Glaubens im metaphysischen Sinne. Insofern dient die in Polen vorherrschende Auffassung von der Moderne eher politischer Funktionalität als dem Glauben an eine zeitlose Ordnung. Die Angst vor dem Westen, vor Modernisierung und Säkularisierung, entspringt eher der Überzeugung, dass es einfacher ist, eine Gesellschaft zu regieren, in der es klare moralische Prinzipien gibt und deren Ordnung hauptsächlich auf der Religion basiert, als eine Gesellschaft, in der Vermassung, Säkularisierung oder andere Merkmale der Moderne so weit fortgeschritten sind, dass die bisher bestehenden Normen gewissermaßen verkümmert sind. Die Moderne, die mit der Europäischen Union, mit Brüssel und Berlin verbunden wird, wird als Bedrohung dieser traditionell polnischen Ordnung und der polnischen Identität gesehen.

So betrachtet ist diese Identität jedoch vor allem reaktiv. Ein derartiger Konservatismus ist ohne missionarischen Eifer, entgegen dem Anschein will er niemanden bekehren. Sehr gern erklärt er sich jedoch zum Verteidiger der christlichen Welt, die angeblich vom Westen, der Europäischen Union, der progressiven Linken und allen anderen Bedrohungen – der LGBT-Ideologie, Gender u. ä. – attackiert wird. Das ist das Ergebnis einer spezifischen Mixtur aus einem volksnahen, gegenüber sittlichen »Neuerungen« misstrauischen Konservatismus und einem populären Katholizismus, der daran gewöhnt ist, dass die Religion die Basis einer bestimmten Ordnung ist; und selbst wenn Konservative persönlich nicht im Einklang mit der christlichen Moral leben, verteidigen sie die Kirche als sicheren Hort der Ordnung.

Gemäß dieser Vorstellung ist der Umgang mit der »Moderne« eher paradox. Auf der einen Seite steht eine deutliche Faszination für die Effizienz der Moderne, für moderne Methoden der Unternehmensführung, für die Kultur der Start-ups und der modernen Technologie, welche als Verheißung erscheinen, um die zivilisatorische Entwicklung nachholen zu können, aus der Rückständigkeit auszubrechen, in die Polen im 19. Jahrhundert, in der Zeit der Teilungen durch Preußen, Österreich und Russland verfiel, aber auch im 20. Jahrhundert infolge der Kriegszerstörungen durch Nazideutschland und der daraufolgenden Konservierung in den Absurditäten der kommunistischen Wirtschaft. Wenn es also möglich wäre, eine moderne, digital basierte Wirtschaft zu kopieren und diese aus Finnland, Estland oder direkt aus dem Silicon Valley zu importieren, aber gleichzeitig den moralischen Wandel einzufrieren, die Säkularisierung zu verlangsamen und Polen zu einer Art gesellschaftlichem Reservat zu machen, dann wäre dies die Vision der Moderne, von der die Anhänger der PiS-Partei träumen.

Ich habe die Kriegszerstörungen erwähnt, weil in diesem Narrativ die Forderung nach Reparationen von Deutschland oder generell ein starkes Eintauchen in ein identitätszentriertes Geschichtsbild paradoxerweise nicht von einer Fixierung auf die Vergangenheit zeugt, sondern gerade den Versuch darstellt, eine einigermaßen faire Wettbewerbssituation für eine Wirtschaft wiederzuerlangen, die zur Isolation im Ostblock verurteilt war und nach der Katastrophe des Zweiten Weltkriegs ohne Marshallplan oder externe Hilfe aufgebaut werden musste.

Übrigens spielt die Vergangenheit für die polnische Rechte generell eine ziemlich paradoxe Rolle. Diverse Jahrestage wichtiger Ereignisse, historische Feierlichkeiten und die Eröffnung neuer Museen dienen nicht der Aufarbeitung historischer Traumata, sondern dazu, nationales Heldentum nachzuerleben. Indem sie die Jahrestage der Schlacht vom 15. August 1920 feiert, als die Truppen von Marschall Józef Piłsudski die bolschewistische Armee besiegten, die die kommunistische Revolution in den Westen tragen wollte, besiegt die Rechte Russland erneut. Indem sie den Jahrestag des Ausbruchs des Warschauer Aufstands vom 1. August 1944 feiert, triumphiert die Rechte einmal mehr moralisch über die Deutschen, obwohl dieser Aufstand mit dem beispiellosen Niedermetzeln Zehntausender Warschauer Zivilisten und der fast völligen Zerstörung einer der größten Städte in diesem Teil Europas sowie zahllosen Kriegsverbrechen endete. Mit einer solchen Einstellung zur Vergangenheit ist es jedoch schwierig, aus Fehlern zu lernen; eher geht es darum, sie nachzuerleben. Doch dieses paradoxe Verhältnis zur Vergangenheit spiegelt die Haltung zur Moderne wider. Sie erscheint einerseits als Möglichkeit, all dem zu entkommen, was in der Vergangenheit misslungen ist, aber zugleich weckt sie Ängste angesichts des rasenden Tempos, in dem sich der Wandel in den westlichen Gesellschaften vollzieht.

Diese Art des Denkens war im Übrigen im letzten Wahlkampf in Polen gut zu beobachten. Der stellvertretende Vorsitzende der Regierungspartei PiS, Ministerpräsident Mateusz Morawiecki, sagte in einem Interview mit dem Fernsehsender Polsat News: »Wir wollen, dass das Leben in Polen wie das Leben im Westen ist, aber ohne die dortigen Fehler.«

Bei anderer Gelegenheit äußerte er auf einer Wahlveranstaltung im ostpolnischen Kraśnik: »In vier bis acht Jahren werden wir in der Lage sein, auf dem Niveau der westlichen Länder zu leben, aber ohne ihre entsetzlichen Fehler, ohne Horden muslimischer Migranten, ohne ideologisch bedingte Revolutionen.«

Solche Gedanken werden in der polnischen Rechten immer populärer. Ihnen zufolge hat Europa aufgehört, Europa zu sein, und der Westen ist nicht mehr der Westen, sondern ist zu einer Art post-europäischem und post-westlichem Gebilde mutiert. Das Erbe des Westens, Europas usw. bleibe jedoch in der polnischen politischen Kultur unverändert erhalten. Daher rührt die Überzeugung eines großen Teils des PiS-Lagers, dass der Westen sich unnötig um den Zustand der Demokratie in Polen sorge und sich zu Unrecht in die eigenständige polnische Politik einmische. Deshalb fühlt sich die Rechte vom Westen verfolgt und hält die Kritik an der Rechtsstaatlichkeit oder an den Versuchen, einen demokratischen Staat mit illiberalen Mitteln aufzubauen, für eine Art Strafe der einflussreichsten Akteure in der EU, also von Berlin oder Paris, dafür, dass Polen katholisch bleibe und von einer Rechtskoalition regiert werde, die stolz darauf ist, sich nicht den Grundsätzen der politischen Korrektheit zu beugen, was aber in Wahrheit nur die Duldung einer immer stärkeren politischen Radikalisierung kaschiert.

Dieser Teil des rechten Lagers ist davon überzeugt, dass das aktuelle Modell der Moderne, das wir in vielen Ländern des Westens sehen, eine Art Betriebsunfall ist, eine Entgleisung des Zugs der Geschichte. Er ist nicht so radikal wie de Maistres Ultra-Traditionalisten, hält aber dennoch ständig Ausschau nach Anzeichen für eine Ermüdung dieser Richtung der Moderne auch in anderen Ländern. Mit Bewunderung blickt er auf die amerikanische Alt-Right, die sich gegen den Einfluss der Gender-Ideologie wehrt und den Wokeismus bekämpft, das heißt die auf der Linken verbreitete Überzeugung, dass die Kultur, Tradition und Religion der westlichen Welt mit der Diskriminierung verschiedener Gruppen einhergehe – von Frauen über nicht-weiße, nicht-heteronormative Menschen bis hin zu religiösen und kulturellen Minderheiten. Mit anderen Worten, dass Religion, politische Traditionen und kulturelle Muster dafür da seien, die Vorherrschaft heterosexueller, weißer, christlicher Männer zu stärken. Deren Interessen seien auch die Institution der Familie, die Sexualmoral, Ethik und Religion, der Kult der Arbeit, die Einstellung zur Sklaverei und die Ausbeutung der Arbeitskraft von Menschen anderer Hautfarbe untergeordnet. Deshalb hört dieser Teil der Rechten so gerne auf jene republikanischen Politiker, die davor warnen, die Linke wolle Amerika seiner Identität, seiner Geschichte, seiner Traditionen und seiner Kultur berauben, und dieses solle sich für alles schämen, was Amerika zu Amerika macht. Denn genau die gleichen Tendenzen sehen sie in Westeuropa, in der Europäischen Union.

Und wenn in den USA die radikale Rechte das Kapitol stürmt, Literatur aus Schulbibliotheken wirft, die ihrer Meinung nach schädlich ist, wenn sich Proteste gegen die Geschlechtsumwandlung von Transgender-Jugendlichen erheben, dann reibt sich dieser Teil der Rechten die Hände und überlegt, ob vielleicht der geeignete Zeitpunkt gekommen ist, an dem die westlichen Gesellschaften »aufwachen« und genug haben von ideologischen Umwälzungen, moralischen Revolutionen und all dem, was schlecht ist an der Moderne.

Einer der Triebkräfte für diesen Kreuzzug ist die Ablehnung der Migration. Ob in Polen, den Ländern Westeuropas oder den USA, gerade der Widerstand gegen unkontrollierte Migration ist eines der wichtigsten Motive der identitären Rechten. Im radikalen Flügel der amerikanischen Alt-Right herrscht der Glaube vor, es gebe einen Plan, die gegenwärtige amerikanische Bevölkerung durch Neuankömmlinge aus anderen Ländern zu ersetzen, die – nach der Theorie des Wokeismus – eine völlig neue Gesellschaft und Kultur schaffen und den Boden für eine neue, diskriminierungsfreie Zivilisation bereiten sollen. Aber auch die polnische identitäre Rechte ist davon überzeugt, dass es einen geheimen Plan gibt, die Polen zu entnationalisieren, sie ihrer eigenen Identität zu berauben und polnische Straßen in No-go-Areas zu verwandeln, in denen arabische Banden herrschen und polnische Frauen sich nach Einbruch der Dunkelheit aus Angst vor Gewalt nicht mehr auf die Straße trauen. Hier erscheint wieder das Motiv eines gescheiterten Europas, das nicht in der Lage ist, mit den Neuankömmlingen aus den arabischen oder allgemein aus muslimischen Ländern fertig zu werden, ein Motiv, das den bevorstehenden Zusammenbruch des Westens belegen soll.

Es gibt aber auch eine andere Strömung des polnischen Konservatismus, die heute politisch eher isoliert scheint. Diese ist – wenn auch immer seltener – am Rand von Tusks Partei zu finden, auch am Rand der PiS oder des von der Polnischen Bauernpartei (Polskie Stronnictwo Ludowe, PSL) gebildeten Bündnisses aus christlichen Parteien und denen der politischen Mitte. Sie ist ein mit dem Katholizismus verbundener Teil des Konservatismus, der glaubt, dass ein Bündnis mit der nationalpopulistischen Rechten von Jarosław Kaczyński sehr schlecht für die Kirche ist. Erstens, weil sich ein Teil der Konservativen nicht mit dessen Programm identifizieren kann, zweitens, weil viele Polen, die die Verstrickung des Klerus mit der Politik der identitären Rechten sehen, aus Opposition gegen die Politik der PiS auch Kirche und Katholizismus ablehnen, obwohl sie in der christlichen Tradition aufgewachsen sind.

Diese Ablehnung geht jedoch viel tiefer als ein rein taktisch bedingter politischer Schachzug. Denn es gibt konservative Kreise, die mit der Radikalität von Kaczyński, Orbán oder Trump nichts zu tun haben wollen. Manchmal bewusst, manchmal unbewusst, berufen sie sich auf das Denken von Edmund Burke, der den gesellschaftlichen und zivilisatorischen Wandel für unvermeidbar hielt.

Die gesellschaftliche Realität müsse sich ändern, so ihre Haltung, und die Rolle der Konservativen bestehe darin, dafür zu sorgen, dass diese Veränderungen evolutionär und nicht revolutionär ablaufen. Der Glaube, dass jede Veränderung ein Übel sei und eine Entscheidung für etwas Schlechteres bedeute, ist nicht das einzige Verständnis von Konservatismus. Eben für diese Gruppe der polnischen Rechten gibt es einen gewissen Spielraum für den Dialog mit der Moderne. Diese Strömung begreift, dass auf soziale Veränderungen auch Wandlungen von Moralvorstellungen folgen, und glaubt daher nicht, dass man den zivilisatorischen Fortschritt des 21. Jahrhunderts mit einer Gesellschaftsordnung aus dem 19. Jahrhundert kombinieren kann. Sie kritisiert beispielsweise die Radikalität der Neudefinition der sozialen Rollen unter dem Einfluss des Genderismus, leugnet aber nicht, dass die Rolle der Frau in der Gesellschaft jahrhundertelang völlig zu Unrecht eine untergeordnete war. Daher könne man heute nicht behaupten, dass es möglich sei, die alte Gesellschaftsordnung wiederherzustellen und gleichzeitig die von den Frauen für sich selbst erkämpften Rechte und Freiheiten zu bewahren. Diese Strömung bekennt sich zur Rolle der Familie und zur Ehe als Verbindung zwischen Mann und Frau, lehnt aber die homophobe Sprache des dominierenden Teils der Rechten ab, der das LGBT-Milieu zum Hauptfeind macht. Sie zieht es vor, über die sozialen und kulturellen Folgen eines gesellschaftlichen Wandels zu diskutieren, demzufolge jeder Mensch seine eigene Geschlechtsidentität definiert, wodurch schwierige Situationen im Sport, in Krankenhäusern usw. entstehen. Sie hält das Leben für etwas Heiliges, unterstützt aber deswegen nicht unbedingt das Lager der PiS, das aus rein politischen Gründen Restriktionen im geltenden Abtreibungsgesetz eingeführt und damit schwere soziale Unruhen hervorgerufen hat.

Deshalb stört sich diese Strömung am Radikalismus der rechten Mehrheit, aber sie ist auch in der Lage zu erkennen, dass dies das Ergebnis eines umfassenderen Phänomens ist, nämlich der Radikalisierung der identitären Rechten, mit dem wir es in den USA, Großbritannien, Frankreich oder Deutschland (in Gestalt der AfD) zu tun haben. Dieser Teil der konservativen Rechten glaubt – im Gegensatz zu den katholischen Traditionalisten oder der mit der PiS verbundenen Rechten – nicht, dass die christliche Ordnung heute wiederhergestellt werden kann. Dafür haben sich die Gesellschaften zu sehr verändert. Deshalb glaubt er, dass in den wichtigsten Fragen ein politischer und gesellschaftlicher Konsens gefunden werden muss. Für die radikale Rechte hingegen ist ein solcher Konsens ein Zeichen der Schwäche, des Nachgebens, eines Zurückweichens vor der Gegenwart. Und wenn diese böse ist, so die vorherrschende Meinung der Radikalen, dann dürfen mit dem Bösen keinerlei Kompromisse eingegangen werden. Der gemäßigte Konservatismus lehnt ein solches Schwarz-Weiß-Denken ab. Doch solange die Polarisierung zwischen der identitären radikalen Rechten und dem linksliberalen Lager anhält, wird es für einen gemäßigten Konservatismus nicht viel Raum geben.

Aus dem Polnischen von Ulrich Heiße

MICHAŁ SZUŁDRZYŃSKI studierte Philosophie an der Jagiellonen-Universität in Krakau und war danach als Publizist, Journalist und politischer Kommentator in Presse und Fernsehen tätig. Derzeit ist er stellvertretender Chefredakteur der Zeitung RZECZPOSPOLITA und Herausgeber der Beilage PLUSMINUS.

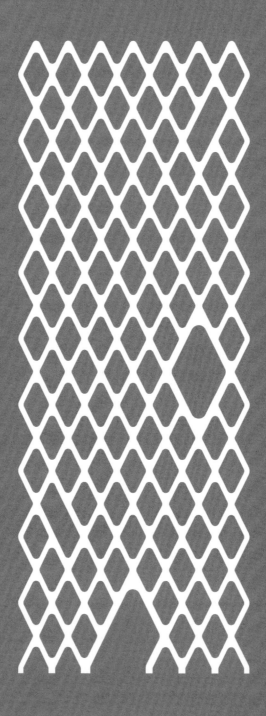

Michał R. Wiśniewski

Generation Neo.
Internet auf Polnisch

Wenige Wochen vor der Parlamentswahl 2023 gaben Politiker und Politikerinnen aller Parteien eine Erklärung zu Influencern ab. Denn es hatte sich herausgestellt, dass unter jungen Usern beliebte Content-Produzenten weibliche Fans ausgenutzt hatten, indem sie eine sexualisierte Korrespondenz mit ihnen führten oder Treffen in Hotels organisierten. Populistische Politiker und Politikerinnen sagten kurzerhand der Pädophilie den Kampf an, progressive erinnerten hingegen an die mangelhafte Sexual- und Medienerziehung. Junge Menschen sind komplett unvorbereitet auf das, was sie im Internet erwartet. Das ist die recht überraschende Zusammenfassung nach mehr als drei Jahrzehnten Internet in Polen – eine Erzählung davon, was es sein sollte und zu was es wurde.

DAS NETZ VOR DEM NETZ

Welches Ereignis kann man als den Anfang des Internets in Polen ansehen? Ein symbolisches Datum ist der 20. November 1990, als die erste E-Mail in Polen ankam, verschickt vom CERN in Genf an das Institut für Physik in Krakau. Nur einen Tag zuvor hatte das Institut eine eigene IP-Nummer erhalten, vergeben vom Verteidigungsministerium der USA. Der Eiserne Vorhang war endlich gefallen. Zuvor war Polen, so wie andere Länder des Ostblocks, von einem Embargo des Westens [sogenannte CoCom-Liste – Anm. d. Red.] betroffen. Zwar ging es dabei um große Maschinen, die sowohl in der Industrie als auch in der Waffenproduktion Verwendung finden konnten, doch wegen der unklaren Vorschriften hatten auch gewöhnliche Nutzer und Nutzerinnen Probleme, wenn sie auf eigene Faust versuchten, Hardware aus dem Westen einzuführen. Einer von diesen war Sławomir Łosowski, der Gründer der populären Musikgruppe Kombi, der einen Commodore-64-Computer samt musikalischem Zubehör in Westberlin erwarb. Alles hing vom guten Willen der Zöllner ab.

Die Unterhaltungselektronik war in der Volksrepublik Polen Gegenstand von Wunschträumen über den mythischen Westen. Großer Beliebtheit erfreuten sich aus der BRD mitgebrachte Versandhauskataloge, andächtig wurden Fotos von Kühlschränken, Mikrowellen (als ich so eine 1983 zum ersten Mal sah, dachte ich, es sei ein kleiner

Schwarz-Weiß-Fernseher), Fernsehgeräten und Videokonsolen studiert. Die 1980er Jahre brachten Computerspiele, mit denen man sich in münzenfressenden Spielsalons oder in von Schulen und Kulturhäusern organisierten Computerclubs amüsieren konnte. Wenige Glückliche hatten eigene Geräte: Computerbörsen, auf denen geschäftstüchtige Händler sowohl Hardware als auch Software verkauften, förderten die Vernetzung. Dort nahmen viele Karrieren ihren Anfang – an der »Börse« begannen zum Beispiel die Gründer der Firma CD Projekt, die heute auf der ganzen Welt für

Polnischer Exportschlager: *The Witcher*

The Witcher ist eine Fantasy-Action-Rollenspielserie, die von der polnischen Game-Entwicklerschmiede CD Projekt Red entwickelt und veröffentlicht wurde. Die Story basiert lose auf der gleichnamigen Buchreihe des international erfolgreichen Autors Andrzej Sapkowski und fungiert als nicht-kanonische Fortsetzung der in den Büchern erzählten Geschichte. Das Spiel war als *The Witcher*, *The Witcher 2: Assassins of Kings* und *The Witcher 3: Wilde Jagd* der Grundstein für den kommerziellen Erfolg von CD Projekt Red, das mit einer Börsenkapitalisierung von etwa neun Milliarden Dollar (2020) zeitweise zum wertvollsten europäischen Unternehmen der Gaming-Industrie avancierte. Allerdings konnte die Firma mit einem neuen Produkt, dem Spiel *Cyberpunk 2077*, das zu einem weiteren weltweiten Zugpferd von CD Projekt Red werden sollte, technisch nicht überzeugen.

Die Hexer-Saga (*Saga o Wiedźminie*) ist eine Reihe von Büchern des polnischen Fantasy-Autors Andrzej Sapkowski, die auf mittelalterlichen slawischen Legenden beruht. Im Zentrum der Abenteuer steht der Hexer Geralt von Riva. Neben den Computerspielen wurde der Hexer-Stoff von Sapkowski mehrmals verfilmt. Eine erste abendfüllende Fassung kam 2001 als *Wiedźmin* in die polnischen Kinos (Regie: Marek Brodzki), allerding ohne großen Erfolg. Seit 2019 wurden drei Staffeln der polnisch-amerikanischen Netflix-Serie unter dem Titel *The Witcher* mit insgesamt 24 Episoden gedreht.

die Spiele *Witcher* und *Cyberpunk 2077* bekannt ist. Der Westen gelangte auch in Form von VHS-Raubkopien und dem Satellitenfernsehen nach Polen. Weil kaum jemand eine eigene Antenne hatte, wurde im staatlichen Fernsehen das Programm *Okno na świat* (Fenster zur Welt) ausgestrahlt, in dem Auszüge aus Bildungs-, Informations- und Unterhaltungsprogrammen vom Satelliten-TV gezeigt wurden.

INFORMATIONSHUNGER

Um zu verstehen, wie sehr die Polen den Systemumbruch 1989/90 und all das, was er mit sich brachte, mit offenen Armen empfingen, ist es absolut notwendig, jenes Bedürfnis zu erklären, das in der Volksrepublik Polen alle Bereiche betraf. Die Polen waren ausgehungert nicht nur nach materiellen Gütern, sondern auch nach Kultur, insbesondere nach westlicher Populärkultur. Zum Beispiel war das Angebot an Kinofilmen nicht bloß eingeschränkt, auf die Premiere von Importfilmen wartete man nicht selten mehrere Jahre. In den 1990er Jahren schien dieser ersehnte Westen schon zum Greifen nahe, man konnte ganze Tage damit verbringen, sich die Musiksender MTV und VIVA anzusehen, aber auch englische und deutsche Sender – Sky, RTL oder SAT1. Musik, Serien, Filme und Erotik – alles, was es zuvor nicht gab. Es war aber immer noch ein gewisser Rückstand im Vergleich mit dem Westen zu spüren. Außerdem beschenkte auch der frisch implementierte Kapitalismus nicht alle gleichermaßen. Während die einen die neuesten Spiele auf dem eigenen PC spielten (was meine Bekannte aus der ehemaligen DDR in Erstaunen versetzte), mussten den anderen Nintendo-Konsolenklone aus den 1980er Jahren genügen.

Ganz ähnlich war es mit dem Internetzugang, den hatte anfangs die Elite: Geschäftsleute, Journalistinnen und Journalisten, Studentinnen und Studenten. Unter Letzteren fehlte es nicht an Personen, die man heute als Geek oder Nerd bezeichnet – sie begeisterten sich für das Internet, weil sie Informatik oder Naturwissenschaften interessant fanden, aber sie liebten auch Fantasy oder ein exotischeres Hobby, etwa japanische Animation – etwas damals in Polen völlig Unbekanntes. Die japanischen Pendants der eeks, die *otaku*, heben ihre Vorliebe für die Informationsbeschaffung hervor. Und genau dieses Bedürfnis stillte das Internet in den 1990er Jahren. Es gewährte Zugang zu Dingen, von denen die Allgemeinheit keine Ahnung hatte; es erlaubte Informationen über Lieblingsserien zu erhalten oder Kontakt mit Fans in anderen Ländern aufzunehmen, die bereit waren, ein Paket mit VHS-Kassetten von in Polen nicht erhältlichen Dingen zu schicken. Die Mehrheit konnte vom Internet jedoch nur träumen – so wie man ein Jahrzehnt zuvor von Videospielen träumte, während man sich Labyrinth-Karten in Computermagazinen ansah, so träumte man jetzt von der endlosen digitalen Autobahn.

NORMALE LEUTE

Das Internet hätte sich aber nicht allein in Spezialbereichen entwickeln können, was die Internetpioniere auf der ganzen Welt übrigens bemerkten. Hollywood versuchte einerseits, unterschiedlichste Dinge zu zeigen, die das Internet in unser gewöhnliches Leben einführte (den E-Mails wurde 1998 sogar die romantische US-Komödie *E-m@il für Dich* gewidmet), zugleich nutzte es die neue Technik, um die Menschen zu erschrecken (*Das Netz* von 1995 oder *Matrix* von 1999). Hier sieht man übrigens den Unterschied zwischen den verschiedenen Kulturen – während im Amerika der 1990er Jahre Verschwörungstheorien in Mode waren, was auf natürliche Weise zu einer Technikphobie beitrug, waren die Polinnen und Polen so ausgehungert nach Fortschritt, dass sie sich darüber keine Gedanken machten. Diesen Unterschied sieht man bis heute, wenn man die vorsichtige Digitalisierung Deutschlands mit der Turbodigitalisierung Polens vergleicht. Dass die Misstrauischen recht hatten, sollte sich erst noch herausstellen.

Unterdessen brachte das 21. Jahrhundert endlich den Anschluss der Gesellschaft ans Internet – den Platz der teuren Zugangsnummer, die es erlaubte, sich mit Hilfe eines Telefons einzuwählen, nahm der relativ billige Breitbandanschluss Neostrada ein. Die bisherigen internetaffinen »Eliten« reagierten ärgerlich auf den Zustrom von (insbesondere jungen) Nutzerinnen und Nutzern – den neuen »Digitalbürgern« fehlte der Schliff, sie waren nicht mit der Netiquette vertraut, also dem Verhaltenskodex im Internet; von Neostrada nannte man sie abfällig die »Kinder Neo«. Sie bevölkerten die Internetforen und die virtuellen Chat-Räume der Kommunikationsprogramme; es war die erste Generation, die im Netz aufwuchs.

Den älteren Polinnen und Polen brachte der 2002 veröffentlichte melodramatische Roman *S@motność w sieci* [Eins@mkeit im Netz] von Janusz L. Wiśniewski das Internet näher. Die heiße Affäre, die sich über ein Kommunikationsprogramm im Internet

> **Nowa Fantastyka**
>
> Nowa Fantastyka (deutsch: »Neue Phantastik«), bis 1990 Fantastyka, ist die älteste Zeitschrift in Polen, die sich ausschließlich dem weitgefassten Begriff »Phantastik« widmet, insbesondere der Science-Fiction und Fantasy-Literatur. Die erste Ausgabe von Fantastyka erschien im Oktober 1982 und wurde sofort zum absoluten Renner. Vor allem junge Männer, auch viele mit höherer technischer Bildung, interessierten sich in den Jahren nach der Verhängung des Kriegsrechts für die SF-Gattung. Trotz hoher Auflagen waren die Monatshefte ständig ausverkauft. In dieser Zeit erschienen in Polen auch Romane ausländischer Autoren wie Frank Herbert und Philip K. Dick, populär waren auch sowjetische Autoren wie die Strugatzki-Brüder. Wichtig für die Zeit waren zudem einige Hollywood-Filme, die die SF-Ästhetik prägten und bis heute noch einen Kult-Status in Polen haben wie *Blade Runner* (1982), *Die Klappenschlange* (1981) und *Terminator* (1984).
>
> Das Monatsmagazin erscheint heute in der Auflage von circa 15.000 Exemplaren und veröffentlicht verschiedene Textsorten: Romane und kürzere literarische Formen polnischer und ausländischer Fantasy- und Sci-Fi-Autor:innen, aber auch Kritiken von Filmen und Büchern dieser Gattung.

entwickelt, machte den Menschen bewusst, dass das Netz nicht nur ein Ort ist, an dem man Interessantes über Schauspieler lesen oder die Börsenkurse prüfen, sondern vor allem einem anderen Menschen begegnen kann (wir von der Internet-»Elite« wussten das natürlich seit Langem, die Erfahrung unserer Generation brachte die Science-Fiction-Erzählung *Cyber Joly Drim* von Nina Liedtke zum Ausdruck).

WORLD WIDE WEST

Das Internet der 1990er Jahre war nicht groß, errichtet von Menschen, die ihr Hobby mit der Welt teilten. Das Ausmaß des polnischen Internets kann man sich beispielsweise vor Augen führen, wenn man sich die damaligen Magazine ansieht, die sich mit dem Netz befassten. In ihnen wurden ... Rezensionen von Internetseiten publiziert. Als Antwort auf eine dieser Rezensionen erhielt die Redaktion einen Brief des neuen Webmasters (also der Person, die für die Gestaltung und Pflege der Seite verantwortlich war), in dem er erklärte, die Seite habe nun ein neues Aussehen und neue Inhalte. Aus der heutigen Perspektive unendlicher Datenströme, denen wir den ganzen Tag lang ausgesetzt sind, klingt das wie eine Erzählung vom Beginn der Autoproduktion, als vor dem Automobil ein Mensch mit einem Fähnchen herlief, um vor dem nachfolgenden Auto zu warnen. Dabei ist das gerade einmal ein Vierteljahrhundert her!

Für diesen »Wilden Westen«, dieses unbestellte Land, interessierte sich natürlich die Wirtschaft – alle wollten Geschäfte im Internet machen, doch den Geschäftsideen (vielleicht ja Hundefutter verkaufen im Internet?) folgten keine Überlegungen, wie damit eigentlich Geld verdient werden soll. Die Investoren waren sich dessen nicht bewusst, deshalb wuchs die börsengehandelte Internet-Blase 1999 an und platzte mit einem Knall. Es überlebten diejenigen, die wie die Firma Google verstanden, wo im Netz die Kohle sitzt – im Handel mit Nutzerdaten. Aber woher nimmt man diese?

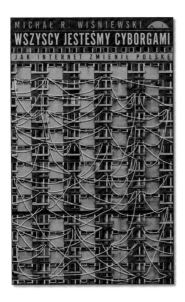

Google lockte mit Gmail, einem »kostenlosen« Postfach mit großer Speicherkapazität; das aufkommende Facebook hatte dafür eine andere Idee – die Verbindung zwischen den Menschen. Das soziale Netz. Die Monetarisierung von Nostalgie und Emotionen.

Die westlichen Konzerne interessierten sich damals nicht für Polen, was zur Folge hatte, dass viele heimische Äquivalente entstanden. Der Auktionsservice Allegro, nach dem Vorbild von eBay entwickelt, wuchs zu einem solchen Giganten heran, dass die amerikanische Firma, als sie sich endlich an Polen erinnerte, keine Chance hatte, seine Position anzutasten. Anders war es mit solchen Diensten wie blip.pl, also der an die polnische Infrastruktur angepassten Antwort auf Twitter, die auf natürliche Weise verschwanden, als sie nicht mehr mit der Konkurrenz mithielten. Die größte Geschichte eines solchen Aufstiegs und Niedergangs war das soziale Netzwerk Nasza Klasa (Unsere Klasse).

WAS GESCHAH MIT NASZA KLASA[1]

Zu Beginn des Internets dominierte die Anonymität. Sie erlaubte es, eine eigene Persönlichkeit im Netz zu erschaffen, die überhaupt keine Beziehung mit der Realität haben musste, zudem war sie nützlich in emotionalen Diskussionen, bei denen keinerlei Regeln herrschten. Symbolisch dafür steht das bekannte Bild, auf dem ein am Computer sitzender Hund zu einem Kumpel sagt: »Im Internet weiß niemand, dass du ein Hund bist.« Nasza-klasa.pl, ein im Jahr 2006 von einigen Studenten gegründetes Portal, sollte hingegen wirkliche Menschen katalogisieren – ehemalige Schüler und Schülerinnen polnischer Grundschulen, Gymnasien usw. Hatten Foren die Menschen bisher aufgrund ihrer Interessen oder Überzeugungen zusammengebracht, so zählte hier einzig die Bekanntschaft.

Es zeigte sich, dass der Dienst die Herzen der Polen eroberte und authentische Rührung auslöste. Besonders bei älteren Internetnutzern und -nutzerinnen, die sich bisher vom Netz fernhielten und nun die Möglichkeit bekamen, nicht selten vor Jahrzehnten verlorene Kontakte wieder aufzunehmen. Jemand fand seine Liebe aus der Schulzeit

---

1 Anspielung auf *Unsere Klasse* (im Original *Co się stało z naszą klasą?*), Liedtext von Jacek Kaczmarski (1983), der nach dem Verbleib seiner Schulkameraden nach Verhängung des Kriegsrechts fragt, die es zum großen Teil in die ganze Welt verschlagen hat. Siehe JAHRBUCH POLEN 2010 Migration, S. 155–156 in der Übersetzung von Manfred Mack.

wieder, im Netz und den Medien machten Anekdoten von Scheidungen die Runde, ausgelöst durch das Portal. Das Thema war so heiß, dass sich Künstler und Künstlerinnen damit befassten. In dem oberschlesischen Schlager *Nasza Klasa S* beschrieb Mirosław Jędrowski, inspiriert durch das Portal, ein Treffen nach vielen Jahren, und das Lied mit dem Titel *Tak się bawi nasza klasa* [So vergnügt sich unsere Klasse] präsentierte die Gruppe *Leszcze* auf dem jährlichen Musik-Festival in Oppeln (Opole).

Als sich aber alle wiedergefunden und genug erinnert hatten, waren die Flitterwochen vorüber und das gewöhnliche Leben begann. Das neue Internet beruhte darauf, laufend etwas zu teilen – Urlaubsfotos zu zeigen, Fotos von Autos, Kindern, Tieren und Mittagessen. Anonyme Avatare wurden ersetzt durch herausgeputzte Nutzerprofile, die keine wahrhaftige, sondern eine »bessere« Version von sich selbst präsentierten. Viel schlimmer aber war, man konnte von ehemaligen und aktuellen Bekannten mehr erfahren, als man wissen wollte – zum Beispiel, was sie für politische Ansichten hatten.

Als Facebook nach Polen kam, verlor Nasza Klasa an Bedeutung – es hatte keine Chance und konnte nicht Schritt halten beim Wettrüsten mit neuen Funktionen, die den Nutzerinnen und Nutzern Endorphine bescherten. Nach mehreren missglückten Metamorphosen wurde das Portal 2021 endgültig geschlossen.[2]

DIE SMARTPHONE-REVOLUTION

Das Antlitz des Internets veränderte sich im Jahr 2007 für immer, als Steve Jobs von der Firma Apple das iPhone präsentierte – eine Kreuzung aus einem kleinen Computer mit einem Telefon, einem Fotoapparat, einem MP3-Player (die vorherige Erfindung von Apple war der iPod) und, was am wichtigsten war, ohne eine physische Tastatur. Anstatt fleißig auf die Ziffern der klassischen Handys zu tippen, damit sie sich mühsam in Buchstaben verwandelten, erlaubte es das iPhone zu schreiben, indem man auf einer virtuellen Tastatur tippte, die auf dem Bildschirm erschien.

Damit kehrten wir wieder ins Wunderland zurück – das iPhone erinnerte die Einwohnerinnen und Einwohner Polens daran, dass, auch wenn sie schon im globalen Dorf lebten, was den Zugang zu virtuellen Gütern und digitalen Inhalten betraf, nicht alle darin einander gleich waren. Das iPhone wurde, genau wie das ziegelsteingroße Mobiltelefon der Yuppies aus den 1990er Jahren, zu einem Symbol von Status und Reichtum. Die wahre Internetrevolution brachten in Polen erst die billigen Modelle anderer Firmen mit Android-System, die den Zugang zum Internet demokratisierten. Der

---

2 Zur Geschichte des Portals Nasza Klasa siehe auch Katarzyna Kulczycka: To go or not to go. Nach Schottland sollte er nur für ein Jahr gehen. In: JAHRBUCH POLEN 2010 Migration, S. 117–129.

Heimcomputer wurde lange Zeit als Jungsspielzeug betrachtet, deshalb dominierten in diesem ersten Internet auch die Jungs.

Die Smartphones veränderten gänzlich die Art und Weise, wie man das Internet nutzt. Sie wurde impulsiv und pausenlos, das Symbol hierfür war Twitter, ein Portal zur Versendung von Kurznachrichten. Dank der eingebauten Fotoapparate und Kameras entstanden Portale, in denen die textuelle Kommunikation ersetzt wurde durch Bildchen, Animationen und Filme wie bei Instagram, Snapchat und schließlich TikTok. In all diesen Bereichen kamen Frauen viel besser zurecht, was der Hauptgrund dafür war, weshalb sie von der Community feindselig behandelt wurden. Die Selfie-Kultur – sich selbst zu fotografieren – verband man nicht mit einem persönlichen Ausdruck, einer Mode oder Make-up-Kunst, sondern unterstellte ihr Narzissmus und Werbung für ein künstliches Leben. Dabei liegt es auf der Hand, dass die Schuld einfach in den kapitalistischen Werten lag. Das Träumen von einem schönen Instagram-Leben unterschied sich kein bisschen von der Sehnsucht nach einem Leben wie in der amerikanischen Serie *Der Denver-Clan* (Dynastia), die in den 1990er Jahren in Polen andächtig von ganzen Familien geschaut wurde.

KUNST UND POLITIK

Die großen Plattformen waren krönender Abschluss der Evolution des Netzes zu einer Form, die von Big-Data-Unternehmen geprägt ist. Eine wichtige Etappe auf diesem Weg war das Web 2.0 – ein Paradigma, nach dem die Nutzerinnen und Nutzer für die Lieferung der Inhalte verantwortlich sein sollten. Eine der Ausdrucksformen waren Blogs: Online-Tagebücher, die anfangs tatsächlich diese Funktion erfüllten – junge Menschen schrieben darin über ihr Leben.

Es zeigte sich jedoch schnell: Das war ein hervorragender Raum, um über alles zu schreiben, was man nicht in den Zeitungen lesen konnte. So entstand ein alternativer Umlauf neben dem Mainstream – der Journalismus verlor das Monopol auf die Wahrheit. Das hatte gute und schlechte Seiten: Rezensionen und Analysen von Science-Fiction-Filmen, geschrieben von Fans, hatten einen größeren Wert als kurze Notizen professioneller Rezensentinnen und Rezensenten, die mit der Gattung nichts anfangen konnten; aber es entstand auch ein »Bürgerjournalismus«. Seine Blütezeit erlebte er in Polen 2002 während der Beratungen des Untersuchungsausschusses zur größten polnischen Korruptionsaffäre über ein Angebot, das der Medienmogul Lew Rywin dem Chef der GAZETA WYBORCZA Adam Michnik machte. Das politische Spektakel im Fernsehen war der Nährboden für Blogger, die Äußerungen analysierten und eigene Hypothesen aufstellten. Das damals entzündete Feuer des politischen Kampfes lodert bis heute im Internet und trägt in bedeutendem Maße zur Polarisierung der Gesellschaft bei. Niemand war darauf vorbereitet, im Netz über so ernste Themen zu diskutieren – die meisten Menschen ziehen es schließlich vor, zuzuhören. Interessant ist, dass die politischen Blogs von den traditionellen Medien beworben wurden, die damals noch

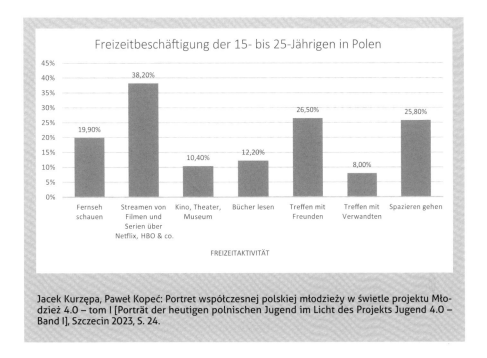

Jacek Kurzępa, Paweł Kopeć: Portret współczesnej polskiej młodzieży w świetle projektu Młodzież 4.0 – tom I [Porträt der heutigen polnischen Jugend im Licht des Projekts Jugend 4.0 – Band I], Szczecin 2023, S. 24.

nicht verstanden: Der Schritt ins Internet und die Transformation von Zeitungen zu Portalen sägte an dem Ast, auf dem sie saßen.

Die Blogosphäre war nicht nur ein politischer Raum – es kamen dort zum Beispiel Künstlerinnen und Künstler zu Wort, die ein neues Publikum und neue Ideen fanden. Es fehlte nur die Idee, wie man an all dem etwas verdienen könnte. Das Internet stand zwar am Anfang vieler Karrieren (insbesondere musikalischer), aber Erfolg im Internet war nicht vielen vergönnt. Der neueste Trend ist Literatur, die im Internet in der App Wattpad publiziert wird, sie zieht das Interesse von lesenden und schreibenden Teenagern auf sich. Der gigantische Erfolg von kitschigen Romanen wie *Start a Fire* von Katarzyna Barlińska oder *Rodzina Monet* [Familie Monet] von Weronika Marczak versetzte die Literaturwissenschaft in Erstaunen. Für viele Kinder sind das die ersten Bücher, die sie freiwillig in ihrem Leben gelesen haben. Und seien wir ehrlich: Schlechte Literatur ist nicht das Schlimmste, was jungen Menschen im Netz widerfahren kann.

SCHLECHTER EINFLUSS

Der Skandal um das unsittliche Verhalten von YouTubern gegenüber jungen Fans, der im Herbst 2023 bekannt wurde, scheint alle Probleme des Internetkapitalismus zu illustrieren. Das Netz schuf eine neue Art von Stars – gerühmt für das Produzieren einfältiger Filmchen, die dank des Algorithmus von Plattformen wie YouTube, ohne sich um Ethik zu scheren und einzig darauf bedacht, Reklame zu verkaufen, Ruhm und Geld erlangen. Während sie sich diese YouTuber ansahen, wurden die Kinder zur nächsten »natürlichen Ressource« des Internets. Verführt von Filmchen aus populären Spielen wie *Minecraft* oder *Fortnite* wurden die Teenager zu ergebenen Fans erzogen, die parasoziale Beziehungen mit ihren Idolen eingingen. Die Influencerinnen und Influencer spielten, obwohl sie immer älter wurden, nach wie vor die Rolle von Teenagern und mimten den virtuellen Kumpel.

Es lohnt sich, auf das Wort »Influencer« einzugehen, das sich zu einem Synonym für »Internetstar« und das damit verbundene »Internetmarketing« entwickelt hat – niemand verheimlicht, dass es sich um eine Figur aus einem kapitalistischen Märchen handelt. Auch wenn sich jener Einfluss (*influence*) auf verschiedene Bereiche beziehen kann (Sport, Mode, Popkultur), so geht es am Ende einfach um den Verkauf von Reklame oder Produkten. Im kapitalistischen Polen wurde das jedoch nicht kritisiert, sondern als Tugend angesehen. Als der Film *Mutant Giant Spider Dog* von Sławomir Wardęga zu einem internationalen Hit wurde, in dem der Hund Chica, verkleidet als eine Riesenspinne, wahllos Passanten erschreckte, waren Presse (der Schöpfer und sein Hund schafften es sogar auf die Titelseite der polnischen Ausgabe des Forbes-Magazins) und Politik begeistert, sie sahen in dem Onlinebusiness eine Chance für Polen. Eine ähnliche Begeisterung rief die Popularität von *Lody Ekipy* [Team Eis] hervor, einer limitierten Edition von Sorbet-Eis mit dem Logo eines populären YouTuber-Kollektivs. Um zu zeigen, dass sie mit der neuesten Mode gehen, kauften Kinder von ihren Bekannten die Papierverpackungen der schwer erhältlichen Süßigkeit. Wer Influencer sind und was sie genau tun, zeigte sich erst bei zahlreichen Skandalen.

Wer trägt Schuld an der Vernachlässigung der Sicherheit von Kindern im Netz? Ich denke, dass viele Faktoren Anteil daran haben. Der Hauptfaktor ist die fehlende Sexual- und Medienerziehung, an der rechte Regierungen überhaupt nicht interessiert sind (erstere halten sie für sittenwidrig, zweitere erschwert das Heranziehen gehorsamer Bürgerinnen und Bürger). Der nächste Faktor ist die fehlende Verantwortung der Internetplattformen. Aber es ist auch eine Frage der Erziehung – die Mehrzahl der polnischen Kinder vertraut gewöhnlich ihren Eltern nicht und fürchtet eine Ermahnung für begangene Fehler. Als globale Gemeinschaft haben wir hingegen zu leicht an die digitalen Kompetenzen der jungen Menschen geglaubt – dass sie ihr ganzes Leben lang Zugang zum Internet hatten, bedeutete noch lange nicht, dass sie sich darin zurechtfinden würden. Der Mythos »Die Jugend kennt sich mit Computern aus« hatte sich durchgesetzt.

DAS NETZ DER ENTTÄUSCHUNG

Blickt man mit zeitlicher Distanz zurück, so bemerkt man rasch, dass das Internet die Hoffnungen nicht erfüllt hat – die Revolution, die es bringen sollte, hat ganz einfach unser Leben verändert, bei der Gelegenheit hat sie ihre Kinder gefressen. Das ist ein globales Problem, nicht nur ein polnisches, obwohl die Polinnen und Polen ihm deutlich stärker ausgesetzt waren. Das Internet, errichtet von Enthusiast:innen,

Wissenschaftler:innen und Idealist:innen, vertrug den Zusammenprall mit der gewaltigen Macht nicht, die der Kapitalismus darstellte. Während die Vernachlässigung dieser Macht im Falle des Westens eine gewisse Art von Naivität war – ebenso das Ignorieren von warnenden Stimmen wie der von Paul Baran (dem Erfinder der für das Funktionieren des Internets unerlässlichen Paketvermittlung) –, so sehnten sich die Polen geradezu nach diesem Kapitalismus. Selbstverständlich deshalb, weil er sie an die bunten Bildchen aus den amerikanischen Filmen und den deutschen Versandkatalogen erinnerte, an den unbegrenzten Zugang zu Kaugummis, Jeans und Disney. Dieses Vertrauen und diese Freude an der Teilhabe sah man deutlich im Fall von Google Maps. Während die Autos, die die Aufnahmen für den Dienst Google Street View machten, von den Straßen Berlins vertrieben wurden, freuten sich die Menschen in Polen daran, ihre Häuser im Netz wiederzufinden. Endlich sah man uns!

Derweil kam anstelle von Mickey Mouse Mark Zuckerberg, und das Netz wurde kolonisiert von einigen Big-Data-Unternehmen, die diktierten, wer darin was machen durfte. Vor Verzweiflung über die Flut an Fake News, verschiedenste Bewegungen (z. B. Impfgegner), inspiriert von Agenten fremder Einflussnahme (das ließ sich insbesondere während des russischen Überfalls auf die Ukraine beobachten), vergisst man leicht all die Dinge, die das Netz gerade in Polen mit sich gebracht hat. Das Internet erwies sich als Hauptwerkzeug im Kampf um die Rechte von Minderheiten, den Feminismus oder LGBT. Als die polnischen Mainstream-Medien die Lügen der amerikanischen Rechten über die *political correctness* kolportierten und der katholischen Kirche Einfluss auf die Form der öffentlichen Debatte zugestanden (auf den Kult um Johannes Paul II. antworteten Internetnutzer:innen übrigens mit Spottbildchen), wurde das Netz zu einem sicheren Hafen für den persönlichen Ausdruck, den Kampf um die eigenen Rechte und den eigenen Platz auf der Welt. Die durch die digitale Revolution unterstützte Transformation brachte nicht nur den Kapitalismus, sondern auch wirkliche Freiheit.

Aus dem Polnischen von Benjamin Voelkel

MICHAŁ R. WIŚNIEWSKI Romanautor, Essayist und Publizist, Förderer der japanischen Popkultur in Polen, arbeitet mit vielen polnischen Medien zusammen. Er schreibt u. a. für die GAZETA WYBORCZA, den TYGODNIK POWSZECHNY und NOWA FANTASTYKA. Autor von viel beachteten Büchern über Telekommunikation, das Internet und die Nutzung von Apps in Polen.

BYDGOSZCZ
BRE BANK
BULANDA MUCHA

Klaudia Hanisch

Die polnischen Symmetristen als Wegbereiter der politischen Erneuerung? Über die schmerzhafte Erfahrung des Dazwischen

Die Beschreibung der Moderne gleicht oft dem Versuch, einen Pudding an die Wand zu nageln: So wie der Pudding sich jeder Festigkeit widersetzt, entzieht sich auch die Moderne einer festen Definition und Kategorisierung. Sie fordert uns vielmehr heraus, die Vielschichtigkeit und den stetigen Wandel menschlichen Erlebens in unserer dynamischen Welt in den Blick zu nehmen und zu erforschen. Diese Betrachtung führt unweigerlich zur Frage nach den prägenden Subjekten der Moderne, nach den Akteuren und Akteurinnen, die diesen ständigen Wandel vorantreiben und gestalten.

Die Soziologen Robert Park und Everett Stonequist unternahmen Anfang des 20. Jahrhunderts mit der gesellschaftlichen Figur des *marginal man* (ins Deutsche als »Randseiter« übersetzt) einen Versuch, die charakteristischen Merkmale und Herausforderungen des modernen Lebens verdichtet zu umschreiben.[1] Robert Park, einer der Gründerväter der Chicagoer Schule der Soziologie, beschrieb in den 1920er Jahren mit dem Begriff des *marginal man* Personen, die sich an den Schnittstellen verschiedener Kulturen, Gemeinschaften oder Identitäten befinden. Das Besondere für ihn war, dass diese Individuen dauerhaft in einem Spannungszustand zwischen zwei oder mehreren sozialen Welten leben, ohne sich vollständig einer zugehörig zu fühlen.

Robert Park entwickelte seine Ideen zum *marginal man* in einem bestimmten zeithistorischen Kontext. In einer Zeit der verstärkten Migration und Urbanisierung sowie großer sozialer und politischer Veränderungen, einschließlich der Kämpfe um Bürgerrechte

---

1 Robert E. Park: Human Migration and the Marginal Man. In: Richard Sennett (Hrsg.), The Classic Essays on the Culture of Cities. Appleton-Century-Crofts, New York 1969, S. 131–142; Everett V. Stonequist: The Marginal Man. A Study in Personality and Culture Conflict. Charles Scribner's Sons, New York 1937 (Neudruck: Russell & Russell, 1961).

und Gleichstellung, wurden Vorbilder für diese soziologische Figur zunehmend sichtbar und relevant. Nicht zuletzt die industrielle Revolution hatte tiefgreifende Auswirkungen auf die Gesellschaftsstruktur: Sie veränderte die Arbeitswelt, führte zu neuen sozialen Klassen und beeinflusste das tägliche Leben von Millionen von Menschen. Diese Veränderungen hatten wiederum Auswirkungen auf die sozialen Beziehungen und das Selbstverständnis von Menschen. Die Individuen, die Park und Stonequist als *marginal men* beschrieben – oft Migranten und Migrantinnen oder Angehörige ethnischer Minderheiten – erlebten diese Konflikte und Spannungen besonders intensiv und standen vor der Herausforderung, sich in einer sich rasch wandelnden Gesellschaft zu positionieren und ihre Identität zu verhandeln.

Die polnische Geschichte zeugt von vielen illustren Beispielen des *marginal man*. Adam Mickiewicz, Polens Nationaldichter, spiegelte in seinen Werken die Spannungen und Identitätskonflikte eines unterdrückten und geteilten Landes wider. Joseph Conrad, geboren als Józef Teodor Konrad Korzeniowski in einer polnischen Familie im russischen Teilungsgebiet, thematisierte in seinen englischsprachigen Werken die Komplexität kultureller Identität und Entfremdung. Marie Skłodowska Curie, die in Frankreich wirkte, fern ihrer polnischen Heimat, ist ein weiteres Beispiel für die Herausforderungen der Identitätssuche in einem multikulturellen Rahmen. Angesichts seiner Geschichte, die durch Teilung, Fremdherrschaft, massive Emigration und politische Veränderungen, geprägt ist, hat Polen eine signifikante Anzahl solcher »Randseiter« hervorgebracht.

Everett Stonequist, ein Schüler Parks, erweiterte und vertiefte die Idee in seinem Werk *The Marginal Man* von 1937. Stonequist fokussierte die psychologischen Aspekte des Lebens in der Marginalität, insbesondere die Identitätskonflikte und das Gefühl der Entfremdung, das Menschen erleben, die zwischen verschiedenen kulturellen Welten leben. Er sah den marginalen Menschen als symptomatisch für die modernen Gesellschaften an, die durch raschen sozialen Wandel gekennzeichnet sind.

In der Gegenwart nun könnte diesem *marginal man* im Zusammenhang mit der sich in den letzten Jahren vertiefenden politischen Polarisierung in Polen besondere Bedeutung zuteilwerden. Die sogenannte affektive Polarisierung bezieht sich auf die zunehmende Feindseligkeit und Abneigung zwischen Mitgliedern unterschiedlicher politischer oder ideologischer Gruppen. Im Gegensatz zur ideologischen Polarisierung, die unterschiedliche politische Überzeugungen betrifft, geht es bei der affektiven Polarisierung um emotionale Reaktionen und Einstellungen gegenüber Menschen aus anderen Gruppen. Dieses Phänomen hat in vielen modernen Gesellschaften an Bedeutung gewonnen und wird oft durch politische Rhetorik sowie mediale Inszenierungen und Berichterstattung verstärkt. Dabei zeigt die empirische Forschung zur affektiven Polarisierung, dass mit der sich vertiefenden Spaltung der Gesellschaft Identitäten, die sich zwischen den Polen einordnen, zunehmend unter Druck stehen, sich auf einer der beiden Seiten zu positionieren.

Randseiter, die zwischen verschiedenen kulturellen, sozialen oder politischen Welten leben, bieten gerade an dieser Stelle eine besondere Perspektive auf die politische Gemengelage. Da sie oft Einblicke in mehrere Milieus und Gesellschaftskreise haben, können sie dazu dienen, zwischen polarisierten Gruppen zu vermitteln. Ihre Erfahrung des Lebens »zwischen den Welten« erleichtert es ihnen, Empathie für verschiedene Standpunkte zu entwickeln und zur Verringerung von Missverständnissen und Feindseligkeiten beizutragen. Randseiter erleben häufig die Komplexität und Mehrdimensionalität von Identitäten, indem sie keine feste Position in einem polarisierten Umfeld einnehmen. Ihre Erfahrungen können helfen, die oft vereinfachenden Narrative, die zur affektiven Polarisierung beitragen, herauszufordern und in Frage zu stellen.

In der polnischen politischen Diskussion ist seit circa 2015 eine spezifische Gruppe sichtbar geworden: Journalist:innen, Kommentator:innen und Politiker:innen, die eine kritisch distanzierte Haltung gegenüber den zwei vorherrschenden politischen Lagern – der Partei Recht und Gerechtigkeit (Prawo i Sprawiedliwość, PiS) sowie der Bürgerkoalition (Koalicja Obywatelska, KO) – einnehmen, werden häufig als Symmetrist:innen bezeichnet. Dabei ist es von Bedeutung, die Diversität dieser Gruppe hervorzuheben. Polnische Symmetrist:innen formen keine homogene Einheit, sondern umfassen Individuen mit verschiedenen Hintergründen, die sowohl linke als auch konservative Ansichten vertreten. Dieses Spektrum reicht von Mitgliedern der linken Partei Razem über den liberalen *think tank* Kultura Liberalna bis hin zum konservativen Klub Jagielloński.

Die Mehrheit dieser Gruppe gehört zu den jüngeren Angehörigen der Generation X (geboren zwischen 1970 und 1980) sowie zu den Millennials (geboren Anfang bis Mitte der 1980er Jahre). Es sind Kohorten, die den politischen Umbruch 1989 miterlebt haben und gleichzeitig ein kritisches Verständnis der ökonomischen und politischen Transformation Polens pflegen. Typischerweise zeichnen sich diese Personen durch eine hohe Bildung aus, häufig ergänzt durch Auslandserfahrungen.

Im Herbst 2023, kurz vor den polnischen Parlamentswahlen, wurde das Buch *Symetryści. Jak się pomaga autokratycznej władzy* (Symmetristen. Wie man autokratischer Macht hilft) von Mariusz Janicki und Wiesław Władyka veröffentlicht.[2] Es handelt sich um eine Polemik rund um das Phänomen des Symmetrismus in der polnischen Politik. Die Autoren, die beide für das Wochenmagazin POLITYKA schreiben, führten den Begriff »Symmetrismus« bereits 2016 in den politischen Sprachgebrauch ein, kurz nachdem die PiS an die Macht gekommen war. Die Debatte intensivierte sich weiter, insbesondere im Kontext der Parlaments- und Präsidentschaftswahlen 2019 und 2020. Die Kritik

---

2 »Symetryści. Jak się pomaga autokratycznej władzy«. Publikujemy fragment książki [»Symmetristen. Wie man autokratischer Macht hilft«. Wir veröffentlichen einen Ausschnitt aus dem Buch]. Publiziert auf POLITYKA.PL (19.12.23).

am Symmetrismus wurde nun auch von einigen internationalen Beobachter:innen und Medien aufgegriffen.

Das Buch befasst sich wie bereits frühere Artikel der Autoren seit 2016 mit der Bedeutung von Journalismus und Expertentum, aber auch von Wähler:innen und politischen Gruppierungen, die nach Ansicht der Autoren eine gleichmäßige Distanz zu den zwei politischen Hauptkräften PiS und KO in Polen wahren, ohne die negativen Besonderheiten der Regierung der PiS zu erkennen. Dies wird als Beitrag zur »Normalisierung« eines Systems betrachtet, das offen von den Prinzipien der liberalen Demokratie abweicht. Die Autoren argumentieren, dass die PiS die liberale Demokratie schrittweise demontiert – ähnlich wie Viktor Orbán in Ungarn – und das auch gar nicht verhehlt. Sie sehen in den Handlungen der PiS eine ideologische, verfassungsmäßige und wertemäßige Kluft im Vergleich zu anderen Parteien, die sich im Rahmen des demokratischen Systems bewegen und im Falle von Vergehen durch dieses System verfolgt beziehungsweise bestraft werden können. Sie gehen hart ins Gericht mit den Symmetrist:innen und ihrer Sichtweise, die nach Meinung der Autoren dazu beiträgt, ein zunehmend autokratisches Regime zu legitimieren.

In Bezug auf den Symmetrismus wird der Begriff der Oikophobie verwendet, den der britische Philosoph Roger Scruton geprägt und in der polnischen politischen Debatte Jarosław Kaczyński popularisiert hat. Dieser Begriff bezeichnet eine Art der Selbstablehnung oder Geringschätzung der eigenen Kultur, Nation oder Tradition. Janicki und Władyka verwenden ihn, um eine Haltung zu beschreiben, die sie als übermäßig kritisch oder ablehnend gegenüber der Bürgerkoalition als aussichtsreichem Bündnis des demokratischen, oppositionellen Lagers wahrnehmen.[3] Der bedeutendste Politiker der Bürgerkoalition, Donald Tusk, kritisierte die Haltung der Symmetrist:innen als Heuchelei und argumentierte, dass eine rein symmetrische Sichtweise die realen Unterschiede und Konflikte zwischen den politischen Parteien verschleiere und dadurch zu einer gefährlichen Relativierung der politischen Realität beitrage. Tusk forderte die Symmetrist:innen auf, nicht nur die PiS zu kritisieren, sondern auch die eigene politische Haltung zu überprüfen.

Die Publizistin Karolina Wigura, eine prominente Vertreterin des *think tanks* Kultura Liberalna, hebt in ihren Diskussionsbeiträgen zum Symmetrismus die Bedeutung eines unvoreingenommenen und distanzierten Ansatzes im Journalismus hervor. Sie argumentiert, dass diejenigen, die den Symmetrismus kritisieren, dazu neigen, die Welt in Schwarz und Weiß zu sehen. Diese Sichtweise ignoriert jedoch Grautöne und Nuancen in politischen Diskussionen. Sie bemerkt, dass es keine klare Definition des Symmetrismus gibt – auch in Janickis und Władykas Polemik bleibt diese eher kryptisch. Die Zuschreibung als »Symmetrist« bleibt oft subjektiv und kontrovers. Es handelt sich

---

3 Mariusz Janicki, Wiesław Władyka: Symetryści. Jak się pomaga autokratycznej władzy [Symmetristen. Wie man autokratischer Macht hilft], Warszawa 2023, S. 185f.

also nicht um eine offizielle oder allgemein anerkannte Kategorisierung, sondern eher um einen Begriff, der in politischen Auseinandersetzungen verwendet wird. Weiter versteht Wigura es als die Verpflichtung eines jeden Journalisten und jeder Journalistin, analytische Kühle und Distanz zur Realität zu bewahren, um ohne emotionale Beteiligung oder parteipolitische Bindung berichten zu können.[4]

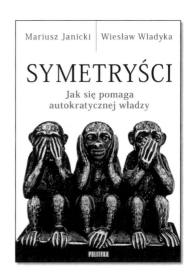

Wigura betont auch das Spannungsverhältnis zwischen Polarisierung und Pluralismus in den Medien und stellt fest, dass die polnische Medienszene eher polarisiert als pluralistisch ist. In polarisierten Medien treten selten Inhalte auf, die von der vorherrschenden Linie abweichen, was für einen objektiven Journalismus problematisch ist. Sie spricht auch die Tendenz an, Journalist:innen in bestimmte politische Lager einzuordnen, was von der Öffentlichkeit erwartet werde. Diese Tendenz führt dazu, dass Journalist:innen, die sich nicht eindeutig einer Seite zuordnen, wie die Symmetrist:innen, als störend empfunden werden und kognitive Dissonanz verursachen.[5]

Die seit 2016 in Polen geführte Debatte um die sogenannten Symmetrist:innen, die sich hauptsächlich um Neutralität und Ausgewogenheit in Journalismus und politischer Analyse dreht, sah auch Akteure wie Szymon Hołownia und seine politische Bewegung Polska 2050 sowie die polnische Bauernpartei (Polskie Stronnictwo Ludowe, PSL) in einer wichtigen Rolle. Diese wurden vor allem durch ihre zentristische Positionierung als politische Kraft des »Dritten Weges« und ihre Ablehnung einer gemeinsamen Oppositionsliste relevant. Hołownia, bekannt für seine moderaten Ansichten und seinen Fokus auf soziale Belange und Umweltthemen, wurde oft als Beispiel für symmetrische Tendenzen in der polnischen Politik angeführt, indem er konsequent eine Mittellinie zwischen den etablierten politischen Polen verfolgte.[6]

Die Stoßrichtung der Kritik an den polnischen Symmetrist:innen lässt sich gut in die Diskussionen um den *marginal man* einordnen. In beiden Fällen führt die Position in

---

4   Symetryzm to dziennikarski obowiązek [Symmetrismus – eine journalistische Pflicht]. Beitrag auf KULTURALIBERALNA.PL (19.12.23).

5   Vgl. Wyznaję: jestem symetrystą czyli »współczesnym szmalcownikiem« [Ich bekenne: Ich bin Symmetrist, d. h. ein »moderner Judenverräter«]. Gespräch auf REGIONALNY PORTAL OLSZTYNA (19.12.23).

6   Czy partia Szymona Hołowni jest symetrystyczna? »Pod pewnymi względami odpowiedź brzmi: TAK« [Ist die Partei von Szymon Hołownia symmetristisch? »In mancher Hinsicht lautet die Antwort: Ja«]. Podcast des Radiosenders TOK FM (19.12.23).

den Zwischenräumen zu Kritik von beiden Seiten, zur Zuschreibung von Identitätslosigkeit oder Entwurzelung. Symmetrist:innen werden zudem pauschal beschuldigt, falsche Äquivalenzen zu schaffen, indem sie sich nicht einer der beiden Seiten zuordnen und sich nicht klar gegen eine der dominierenden Positionen im polarisierten Meinungsspektrum stellen. Der polnische Soziologe Jan Radomski zeigte auf, dass die Bezeichnung »Symmetrist« mittlerweile als Beleidigung verwendet wird und darauf abzielt, diejenigen zu diskreditieren, die eine kritische oder ausgewogene Perspektive in Bezug auf die beiden größten politischen Formationen in Polen einnehmen.[7] In seinem Essay, der bei KRYTYKA POLITYCZNA erschienen ist, betont er die gesellschaftliche Tendenz, die Welt in Schwarz-Weiß-Kategorien zu sehen und hebt hervor, dass diejenigen, die als Symmetrist:innen bezeichnet werden, oft fälschlicherweise beschuldigt werden, die PiS-Regierung zu unterstützen, selbst wenn sie tatsächlich Kritik an der Regierung üben. Sowohl bei der Kategorie des *marginal man* als auch bei den Symmetrist:innen steht das Navigieren in einem Spannungsfeld zwischen unterschiedlichen Identitäten oder Ideologien und den Herausforderungen, die damit verbunden sind, keine feste Position in einem polarisierten Umfeld einzunehmen, im Zentrum.

VERMITTLER ZWISCHEN DEN WELTEN ODER VERDAMMT ZUR SOZIALEN ISOLATION?

Das Konzept des *marginal man* ist deshalb eine Figur der Moderne, weil es die zunehmende Komplexität und Heterogenität der modernen Gesellschaft widerspiegelt. Die Erfahrung des »Zwischen-den-Welten-Seins«, die Park und Stonequist beschrieben, wird zu einem gemeinsamen Merkmal vieler Menschen in einer zunehmend vernetzten und vielfältigen Welt. Das Konzept des Randseiters erfasst diese Erfahrungen und Herausforderungen und bietet einen Rahmen, um die sozialen und psychologischen Auswirkungen des Lebens in einer sich schnell wandelnden und kulturell diversen Gesellschaft zu verstehen.

Die Debatte um die Symmetrist:innen beleuchtet die Spannungen in der medialen und politischen Landschaft Polens, wo Neutralität und Ausgewogenheit in einem stark polarisierten Umfeld oft als Herausforderung betrachtet werden. Journalisten und Journalistinnen, die eine ausgewogene Berichterstattung anstreben oder beide Seiten eines politischen Spektrums kritisch hinterfragen, werden in Polen rasch als Symmetrist:innen etikettiert, um ihre Arbeit zu kritisieren oder ihre Ansichten in Frage zu stellen. Während Kritikerinnen und Kritiker des Symmetrismus argumentieren, dass übermäßige Neutralität eine kritische Berichterstattung über Missstände untergraben kann, verteidigen Befürworterinnen und Befürworter diese Haltung als notwendige Perspektive in einer zunehmend gespaltenen Gesellschaft.

---

7   My – dobrzy. Oni – źli. A symetryści najgorsi [Wir – die Guten. Sie – die Bösen. Und die Symmetristen die Schlimmsten]. Beitrag auf KRYTYKAPOLITYCZNA.PL (19.12.23).

Der *marginal man*, der an der Schnittstelle verschiedener Kulturen und Ideologien steht, erlebt dadurch eine Art soziale oder kulturelle Entfremdung. Diese Position kann sowohl zu einer einzigartigen Perspektive als auch zu einer Form von Isolation führen. Dieses Spannungsverhältnis spiegelt sich in der Debatte um die Symmetrist:innen in Polen deutlich wider. So kann die Erfahrung der Entfremdung und Nichtzugehörigkeit, die viele Randseiter erleben, einerseits ein tieferes Verständnis für die Gefahren der Entmenschlichung und Stereotypisierung in polarisierten Diskursen bieten. Dies könnte zu einem stärkeren Bewusstsein für die Notwendigkeit eines respektvollen und inklusiven Dialogs beitragen. Auf der anderen Seite kann der Randseiter, wie an der Debatte um die Symmetrist:innen in Polen ebenfalls abzulesen ist, auch die negativen Auswirkungen der affektiven Polarisierung intensiver erleben. Es besteht ein erhöhtes Risiko, von beiden Seiten einer polarisierten Debatte missverstanden und ausgeschlossen zu werden, was die Entfremdung und Frustration des Randseiters möglicherweise verstärkt. Langfristig kann der Randseiter oder eben der sogenannte Symmetrist in Polen als schädigend oder auch als ein potentieller Heiler in Zeiten affektiver Polarisierung angesehen werden – je nachdem, wie seine Position und Perspektive in die gesellschaftlichen Diskurse eingebunden werden und abhängig davon, ob sich die Prozesse der Polarisierung vertiefen oder sich ein politischer Raum in der Mitte des politischen Spektrums dauerhaft konsolidiert.

KLAUDIA HANISCH studierte Politikwissenschaft, Europarecht, Wirtschafts- und Sozialgeschichte in Göttingen und Prag. Danach war sie als wissenschaftliche Mitarbeiterin am Göttinger Institut für Demokratieforschung und als lokale parlamentarische Assistentin im Europäischen Parlament beschäftigt. 2023/24 arbeitete sie am Deutschen Polen-Institut zu deutsch-polnisch-ukrainischen kommunalen Partnerschaften.

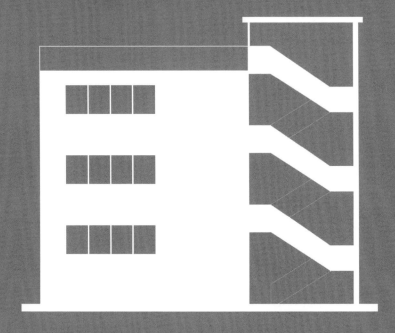

A Aufbrüche in die Moderne

BYDGOSZCZ
MARINA BYDGOSZCZ
APA ROKICCY

Tomasz Kizwalter

Polnische Modernität: Eine Genealogie

DIE ANDEREN: »HISTORISCHE« UND »UNHISTORISCHE«

Der Ausbruch des Ersten Weltkriegs bewirkte, dass der Gedanke an die Schaffung eines polnischen Staats aufhörte, Merkmale einer kühnen Fantasie zu tragen. Im August 1914 waren fast 120 Jahre seit der Dritten Teilung vergangen, aber für die meisten derjenigen, die über die Perspektiven einer polnischen Staatlichkeit nachdachten, blieb die alte Adelsrepublik der grundlegende Bezugspunkt. Trotz der verflossenen Zeit stellte die im kollektiven Imaginarium meist stark verfestigte Vorstellung von dem einst zerstörten staatlichen Organismus das Fundament der polnischen politischen Aktivität dar. Anfang des 20. Jahrhunderts war die strukturelle Form der alten *Rzeczpospolita* – gemäß der Verfassung vom 3. Mai 1791 und noch mehr der davor – bereits ein offensichtlicher Anachronismus, dagegen war der Begriff »polnische Gebiete« weiterhin eng mit dem Territorium vor den Teilungen verbunden.

Der historische Faktor geriet hier natürlich in Konflikt mit dem ethnischen, dessen Bedeutung in Europa seit dem Ende des 18. Jahrhunderts wuchs. Während des Völkerfrühlings wurden in Galizien die Ambitionen der dortigen ruthenischen Bevölkerung sichtbar. In den folgenden Jahrzehnten erwies sich die ukrainische Nationalbewegung als ein wesentlicher Faktor des galizischen öffentlichen Lebens. Bald begann sich die litauische Bewegung zu entwickeln, später die belarusische. Ethnische Besonderheiten stellten die Basis dar, auf der Ideolog:innen und Aktivist:innen die Anfänge neuer Identitäten errichteten. Für die polnischen »gebildeten Schichten« war das eine Situation, die Besorgnis und eine gewisse Verlegenheit weckte: Besorgnis im Hinblick auf die politischen Konsequenzen dessen, dass sich in Gebieten, die als polnisch galten, nichtpolnische Identitäten formierten – diese Konsequenzen wurden am frühesten und deutlichsten im ukrainischen Fall sichtbar –, und Verlegenheit, weil man mit der Interpretation und Bewertung der neuen Phänomene nicht besonders gut zurechtkam. Die adlige Grundlage des Polentums bewirkte, dass die Haltung zu nationalen Konzepten und Vorstellungen, die auf plebejischem Boden erwachsen waren, von einem Gefühl der Überlegenheit durchtränkt waren, das dem ähnlich war, welches die Beziehungen zu der heimischen Bauernschaft auszeichnete. Die Bezeichnung »ukrainisch«, die eine nationale Besonderheit und Eigenständigkeit akzentuierte, wurde in Galizien um 1900 populär, wobei sie die Polinnen und Polen, die noch vor dem Ausbruch des Ersten Weltkriegs normalerweise von »Ruthen:innen« sprachen, selten verwendeten. Ukrainer:innen, Litauer:innen, Belarus:innen betrachtete man entweder als regionale Varianten der polnischen Nation oder als »jüngere«, »unhistorische« und eng mit den Polen als der »älteren«, »historischen« und zivilisatorisch fortgeschrittereren Nation verbundene Nationen. Wie es in solchen Fällen oft vorkommt, erlangten auch einfache Erklärungen mit Verschwörungscharakter eine gewisse Popularität. Es wurde etwa davon gesprochen, dass »Gouverneur Stadion sich die Ukrainerinnen und Ukrainer ausgedacht hat« oder dass sie das Geschöpf »einer Moskauer Verschwörung« seien.[1]

Juden

Das allgemeine Überlegenheitsgefühl gegenüber den »jüngeren« Nationen war begleitet von wachsenden Spannungen in den polnisch-jüdischen Beziehungen. In den 60er Jahren des 19. Jahrhunderts war der Prozess der formalen Emanzipation der Jüdinnen und Juden in Preußen und der Habsburgermonarchie abgeschlossen. Im preußischen Staat wurden mit gewissen Einschränkungen im Jahr 1848 den Jüdinnen und Juden die gleichen Rechte wie dem Rest der Bevölkerung zuerkannt; diese Einschränkungen wurden 1869 aufgehoben. Im Habsburgerreich wurde die Gleichberechtigung in den Jahren 1848/49 vollzogen; nach dem Ende des Völkerfrühlings wurden einige Restriktionen wiederhergestellt, sie galten bis 1867. Anders gestaltete sich die Lage unter russischer Herrschaft. Im Königreich Polen wurde die rechtliche Emanzipation 1862 vollzogen, in den übrigen Gebieten des Reichs aber nicht. Dort wurde der rechtliche Status der jüdischen Bevölkerung nur unbedeutend geändert, 1882 wurden die Restriktionen gar verschärft.[2]

Die rechtliche Emanzipation, sogar eine unvollständige, bedeutete eine Chance, die Lebenssituation und die Perspektive für eine gesellschaftliche Integration zu verbessern. Die traditionellen jüdischen Gemeinschaften begannen damals langsam ihre Kohärenz zu verlieren. Die Jüdinnen und Juden betraten das Wirkungsfeld der großen Modernisierungsprozesse, die die europäischen Gesellschaften umgestalteten und vom Zentrum der Entwicklung bis in die Peripherie ausgriffen. Industrialisierung und Urbanisierung setzten allmählich große Massen in Bewegung, die von ländlichen Beschäftigungen zu städtischen wechselten; der Ausbau der Bildungssysteme erlaubte einigen sozial Unterprivilegierten, Wissen und Fähigkeiten zu erwerben, die einen

---

1 Roman Wapiński: Polska i małe ojczyzny Polaków. Z dziejów kształtowania się świadomości narodowej w XIX i XX wieku po wybuch II wojny światowej [Polen und die Heimaten der Polen. Aus der Geschichte der Herausbildung des nationalen Bewusstseins im 19. und 20. Jahrhundert bis zum Ausbruch des Zweiten Weltkriegs], Wrocław 1994, S. 133–152.
2 Artur Eisenbach: Emancypacja Żydów na ziemiach polskich 1785–1870 na tle europejskim [Die Emanzipation der Juden in den polnischen Ländern 1785–1870 vor dem europäischen Hintergrund], Warszawa 1988.

Aufstieg in den gesellschaftlichen Hierarchien ermöglichten. Man sollte natürlich nicht vergessen, dass die Veränderungen, obgleich sie die Zeitgenossen in Staunen versetzten, in keinem Fall vollständig waren – die Modernisierung hatte meist einen selektiven und »inselartigen« Charakter. Besonders in den europäischen Peripherien blieben die Zentren der Moderne von einem Meer dessen umgeben, was früher war.

Die Moderne stellte die Jüdinnen und Juden vor besonders schwierige Dilemmata. Viele sahen in ihr eine tödliche Bedrohung für die jüdische Identität; andere waren der Meinung, sie eröffne ihnen den Weg zu einem neuen, besseren Leben. Diejenigen, welche sich bemühten, diesen Weg zu beschreiten, kamen nicht selten zu der Schlussfolgerung, dass er in keine gute Richtung führt. Die formale Emanzipation der Jüdinnen und Juden schuf die Möglichkeit zur Integration, aber die Beschleunigung der Modernisierungsprozesse stellte die Integrationsstrategien in Frage.[3]

In den 1880er Jahren rückten die russischen Machtorgane ganz offen vom Integrationsprojekt ab, weil sie annahmen, dass sich die jüdische Bevölkerung nicht in wirklich »nützliche« Untertanen verwandeln lassen würde. Die rechtlichen Beschränkungen verstärkten unter den Juden, die bereit waren, aus dem Bereich traditioneller Vorstellungen herauszutreten, die Neigung, andere Lösungen als den bisherigen Integrationismus zu suchen. Immer größere Popularität begannen die beiden großen geistigen Strömungen dieser Epoche der politischen Vermassung zu erlangen: Nationalismus und Sozialismus.[4] In Russland zeichneten sich die Krise der Integrationspolitik und das Aufkommen neuer geistiger Richtungen unter den Jüdinnen und Juden besonders sichtbar ab, aber diese Phänomene hatten eine größere geografische Reichweite. Sie traten mit unterschiedlicher Stärke überall dort auf, wo jüdische Gemeinschaften existierten.

Die rechtliche Emanzipation der jüdischen Bevölkerung im Königreich Polen erfolgte im Einklang mit der Anfang der 1860er Jahre sichtbaren Annäherung zwischen den an einer Integration der Jüdinnen und Juden Interessierten und einem Teil der polnischen Eliten. Spektakulärster Ausdruck dieser Tendenz war die Beteiligung von Juden an den patriotischen Kundgebungen, die dem Januaraufstand vorausgingen. Nach dem Scheitern des Aufstands befassten sich der Warschauer Positivismus im integrativen Geist mit der »jüdischen Frage« und machte sie zu einem wichtigen Faktor seines Modernisierungsprojekts – einem wichtigen, aber auch heiklen Faktor: Zu Recht nimmt man an, dass die Vertreter:innen des Positivismus diese Frage als das schwierigste Problem der zivilisatorischen Rückständigkeit erachteten.[5]

---

3   Antony Polonsky: Dzieje Żydów w Polsce i Rosji [Die Geschichte der Juden in Polen und Russland], Warszawa 2014, S. 73–146.
4   Ebenda, S. 147–163.
5   Maciej Janowski: Polska myśl liberalna do 1918 roku [Das polnische liberale Denken bis zum Jahr 1918], Kraków 1998, S. 186.

Die Schwierigkeiten rührten aus der grundsätzlichen identitätsbezogenen Eigenheit derer her, die das Objekt der Modernisierungsbemühungen darstellen sollten. Als die Positivistinnen und Positivisten ihre publizistische Kampagne begannen, nahmen sie an, dass man das Problem auf dem Weg von Akkulturation und Assimilation würde lösen können. Die Jüdinnen und Juden sollten nur ihre religiöse Spezifizität behalten, ansonsten sollten sie sich polonisieren. Als sich das derartige Integrationsmodell als erfolglos erwies, begannen bei den Vertreter:innen des Positivismus Zweifel zu wachsen, was die Perspektiven einer »Zivilisierung« der Jüdinnen und Juden anging. Die Unmöglichkeit, die gesteckten Ziele zu erreichen, erzeugte Enttäuschung, die immer öfter mit Widerwillen gewürzt war.[6] Im Laufe der Zeit befanden sich die Positivist:innen unter einem wachsenden Einfluss von Faktoren, die das Integrationsprogramm blockierten. Antijüdische Vorstellungen gewannen in verschiedenen Milieus an Popularität. Dabei verbanden sie traditionelle mit neuen, auf moderner mentaler Grundlage wachsenden Stereotypen.

Der zunehmende Antisemitismus hatte seine Grundlagen in sozioökonomischen Umgestaltungen durch die Modernisierung. Die ihre traditionellen Gemeinschaften verlassenden und aktiv in neuen Feldern auftretenden Jüdinnen und Juden wurden als gefährliche Konkurrenz wahrgenommen. Die vor diesem Hintergrund entstehenden Spannungen und Konflikte wurden in nationalen und rassischen Kategorien interpretiert. Die Angst vor einer Zerstörung der sozialen Ordnung, die die revolutionären Ereignisse der Jahre 1905–1907 zurückließ, verstärkte und verbreitete die Überzeugung, dass die jüdische Andersartigkeit und Eigenart eine ernsthafte Bedrohung seien. In der nationalistischen Rhetorik wurde »der Jude« zu einer fantastischen Figur, die das gesellschaftliche, politische und moralische Böse verkörperte. Ich denke nicht, dass Grzegorz Krzywiec Recht hat, der in den antisemitischen Ideen und Vorstellungen den zentralen Faktor sieht, der damals die polnische Identität gestaltete, aber es gibt keinen Zweifel, dass sie einen starken und dauerhaften Einfluss auf die kollektive Vorstellungswelt ausübten.[7]

Frauen

In der zweiten Hälfte des 19. Jahrhunderts wurde in Europa die Tendenz deutlich sichtbar, den gesellschaftlichen Bereich der zur Beteiligung an der Politik Berechtigten zu erweitern. Dass im republikanischen Frankreich das Wahlrecht allen erwachsenen Männern zustand, kann man für ein Spezifikum des »Vaterlands der Revolution« erachten, aber das allgemeine Wahlrecht im Deutschen Reich (und zuvor im Norddeutschen Bund) war ein Signal für wichtige Veränderungen. Obwohl die britischen Reformen der

6 Ebenda, S. 186f.
7 Grzegorz Krzywiec: Polska bez Żydów. Studia z dziejów idei, wyobrażeń i praktyk antysemickich na ziemiach polskich początku XX wieku (1905–1914) [Polen ohne Juden. Studien zur Geschichte der antisemitischen Ideen, Vorstellungen und Praktiken auf polnischem Boden zu Beginn des 20. Jahrhunderts (1905–1914)], Warszawa 2017.

Jahre 1867 und 1884 ein solches Recht nicht einführten, setzte die Wiener Regierung die Entscheidungen, allen Männern das Wahlrecht zuzugestehen, in den Jahren 1896 und 1907 um. Die Allgemeinheit des Wahlrechts blieb ein kontroverser Gegenstand, aber nach und nach wurde es Teil der europäischen politischen Realitäten.

Die Frauen betraf dies aber nur zu einem sehr begrenzten Grad. Politische Rechte begannen sie zuerst außerhalb Europas zu erwerben, in Ländern, die in vielerlei Hinsicht mit unserem Kontinent verbunden waren, sich aber doch auf einem etwas anderem Weg entwickelten. Im Jahr 1869, demselben Jahr, in dem in Großbritannien John Stuarts Mill berühmter Essay *Die Hörigkeit der Frau* erschien, wurde den Frauen im amerikanischen Territorium Wyoming das Wahlrecht zuerkannt. Dies geschah danach auch in Neuseeland, Australien und bis zum Jahrhundertende in einem Dutzend US-Bundesstaaten. Erstes Land in Europa war (im Jahr 1881) die Isle of Man, ein autonomer Teil des Britischen Empires. Bis 1917 erlangten Frauen das Wahlrecht noch in Finnland (das hier seine Autonomie im Russländischen Reich nutzte), Dänemark, Norwegen und Island.

Der Widerwille, Frauen politische Rechte – genauer gesagt, ihre Gleichberechtigung mit den Männern im öffentlichen Bereich und in den familiären Beziehungen – zuzugestehen, rührte sowohl aus uralten patriarchalen Mustern als auch aus den Grundsätzen der Bürgerkultur des 19. Jahrhunderts her. Das für diese Kultur charakteristische Bestreben, die Rechte des Individuums mit den Anforderungen der gesellschaftlichen Ordnung zu versöhnen, bewirkte, dass man den Mann für ein zur Emanzipation fähiges Individuum hielt, die Frau aus den bürgerlichen Milieus dagegen in den privaten Bereich verbannt und dem Mann untergeordnet wurde. Um dies zu begründen, griff man zu einem bunten Strauß von Argumenten: von den traditionellen christlichen Moralvorstellungen bis hin zu Meinungen der modernen Medizin. Als in der zweiten Hälfte des 19. Jahrhunderts dieses System der Abhängigkeit der Frauen eine Abschwächung erfuhr, rückte die Frage des Zugangs von Frauen zur Bildung, insbesondere zum Hochschulstudium, in den Vordergrund. In den 1860er Jahren tauchten Studentinnen an französischen, schweizerischen und britischen Universitäten auf, aber auch in Deutschland, einem Staat, der sich des Renommees erfreute, auf dem Gebiet der höheren Bildung voranzugehen, wurden Frauen an einigen Hochschulen erst 1895 zugelassen, und der Zugang zu allen deutschen Universitäten wurde ihnen erst im Jahr 1908 ermöglicht. Man muss natürlich erwähnen, dass es nicht viele Studentinnen gab (in Deutschland stellten sie 1912 fünf Prozent aller Studierenden) und dass die Frage der höheren Bildung nur Personen aus den vermögenden und kulturell privilegierten Milieus betraf.[8] Je ärmer das Milieu war, desto stärker kollidierte das bürgerliche Muster der im Kreise ihrer familiären Pflichten eingeschlossenen Frau mit dem Druck der materiellen Bedürfnisse, die die Frau zur Arbeit außer Haus zwangen. Sowohl in der

---

8   Tomasz Kizwalter: Uniwersytety europejskie w XIX w. [Europäische Universitäten im 19. Jahrhundert]. In: Ders. (Hrsg.), Dzieje Uniwersytetu Warszawskiego 1816–1915 [Geschichte der Warschauer Universität 1816–1915], Warszawa 2016, S. 46–48.

Fabrik und im Laden als auch im Büro verliehen jedoch die patriarchalischen Vorstellungen und Verhaltensnormen den Männern eine dominierende Position.

In der polnischen Gesellschaft entschieden – ähnlich wie in anderen Gesellschaften der europäischen Peripherien – angesichts der Schwäche der bürgerlichen Kultur die traditionellen patriarchalischen Standards über die Lage der Frauen. Die Ideologen des polnischen Nationalismus, die sich gerne auf den Kanon bürgerlicher Werte beriefen, lehnten die Emanzipation der Frauen stärker ab als die gemäßigt konservativen Kreise, die einer christdemokratischen Orientierung nahestanden; für die Emanzipation sprachen sich entschieden die Sozialisten aus.[9]

ENDE BEZIEHUNGSWEISE ANFANG

Soll man aufhören, wenn alles erst beginnt? Wenn die polnische Moderne erst Fahrt aufnimmt und auf ihrem holprigen, (mittel-)osteuropäischen Weg sich flotter ins Unbekannte wagt? Wenn es – nach Meinung vieler – erst richtig interessant zu werden beginnt? Dass ich gerade jetzt aufhöre, an der Schwelle zum Ersten Weltkrieg, der Europa verändern und den Polen ihren eigenen Staat zurückgeben wird, hat zwei Ursachen: eine praktische und eine inhaltliche. Die praktische ist recht offensichtlich. Das 20. und das 21. Jahrhundert bringen eine solch umfassende und komplizierte Problematik mit sich, dass es außergewöhnlich schwierig zu sein scheint, sie einigermaßen vollständig und vernünftig zu erfassen. Ich hoffe aber, dass hier jetzt nicht nur die Angst vor schwerer Arbeit zu mir spricht, die zu wissenschaftlichem Misserfolg führt. Ich glaube nämlich, dass sich schon am Ende des 19. Jahrhunderts dauerhafte Voraussetzungen für die späteren Entwicklungsprozesse herausgebildet haben. Der Zustand, in dem sich damals die Gebiete der alten Adelsrepublik – aber bis zu einem gewissen Grad auch ganz Osteuropa – befanden, war in entscheidendem Maße ausschlaggebend für die Richtungen und Chancen der Entwicklung. Ich werde hier nicht wiederholen, dass noch nichts vorherbestimmt war und die Zufälligkeit vieler politischer Entscheidungen von grundlegender Bedeutung der polnischen Geschichte eine ganz andere Gestalt hätte geben können (denken wir etwa an eine Niederlage der Bolschewiki im Bürgerkrieg oder einen Tod Hitlers vor seiner Machtergreifung). Ich denke aber, dass sich diese ganze Fülle potentieller politischer Lösungen in den Grenzen bewegte, die durch strukturelle Faktoren mit einer bis zum heutigen Tage reichenden Dauerhaftigkeit bestimmt waren. Ganz ausgezeichnet hat dies Juliusz Słowacki erspürt, als er vom virtuell im Jahr 1831 »wiedergewonnenen Land« schrieb: In dieser Vision eines Polens, das seine Unabhängigkeit erlangt hat, verändern Krieg und Politik bestimmte Dinge nicht. Ich sehe hier zwei grundlegende Fragen: die nationale und die Agrarfrage. Beide entschieden über den Charakter des polnischen kollektiven

---

9 Magdalena Gawin: Spór o równouprawnienie kobiet (1864–1919) [Streit um die Gleichberechtigung der Frauen (1864–1919)], Warszawa 2015.

Lebens im 19. Jahrhundert, beide gebaren die Moderne, beide bewahrten ihre Bedeutung im folgenden Jahrhundert.

In Europa drängten am Ende des 19. Jahrhunderts die Massen immer entschlossener in die Politik. Im mittleren und östlichen Teil des Kontinents bedeuteten die Entscheidungen der Regierungen bezüglich des Wahlrechts die nächsten Etappen des legalen Erwerbs dieses Zugangs. Im absolutistisch regierten, konservativen Russländischen Reich wurden die ersten Wahlen zur Staatsduma 1906 durchgeführt. Sie erfolgten indirekt und in Kurien, es waren nicht alle zarischen Untertanen männlichen Geschlechts zu ihnen zugelassen, sie gaben jedoch den breiten Massen die Möglichkeit, sich am öffentlichen Leben zu beteiligen. Die Schaffung der Duma war eine Folge der revolutionären Ereignisse, die das Imperium seit dem Januar 1905 erschüttert hatten. Auch wenn die Revolution der Jahre 1905–1907 durch die Kräfte von »Recht und Ordnung« erstickt wurde, so hatte sie doch Folgen, die weit darüber hinausgingen, dass ein quasi-parlamentarischer Körper mit geringem Einfluss auf das Funktionieren des Staates zum Vorschein kam.

Im Falle der polnischen Gebiete offenbarte der Ausbruch der Revolution erstens die gesellschaftliche Dimension der vom imperialen Regime erstickten Bestrebungen zur Teilhabe an der Politik und zweitens nicht nur die Existenz, sondern auch die Fähigkeit zu erfolgreichem Agieren der Organisationen, die die beiden modernen geistig-politischen Orientierungen repräsentierten. Sowohl die Sozialisten als auch die Nationalisten zeigten während der Revolution ihre Stärke, aber wenn wir heute die Bilanz ihrer damaligen Konfrontation ziehen, können wir die Nationaldemokraten zum Sieger erklären. Die revolutionären Vorfälle stellten einen Ausdruck der politischen Emanzipation der Arbeiter dar, das Ersticken der Revolution war jedoch ein schmerzhafter Hieb für die sozialistischen Parteien, die danach strebten, die Arbeiterinteressen zu vertreten. Die Nationaldemokratie ging dagegen aus der Revolution ideell verändert und politisch gestärkt hervor.[10] Die Erfahrungen dieser stürmischen Phase bewirkten, dass sich in der nationalistischen Ideologie die konservativen Tendenzen verstärkten, die modernisierenden Bestrebungen aber abschwächten. Die Moderne, von der Dmowski noch vor Kurzem geträumt hatte, schien jetzt ein anderes Gesicht zu zeigen: statt der dynamischen Entwicklung einer nationalen Gemeinschaft die Aggression eines von Demagogen gesteuerten »Pöbels«, der Zusammenbruch der sozialen Bindungen, Demoralisierung und Anarchie. Das von den Nationalisten entwickelte Projekt einer ethnischen Nation, das in Dmowskis Werk *Myśli nowoczesnego Polaka* [Gedanken eines modernen Polen] als Fundament der Modernisierung galt, begann als Mittel zur Verteidigung gegen die Moderne wahrgenommen zu werden.

---

10 Wiktor Marzec: Rebelia i reakcja. Rewolucja 1905 roku i plebejskie doświadczenie polityczne [Rebellion und Reaktion. Die Revolution 1905 und die plebejischen politischen Erfahrungen], Łódź, Kraków 2016.

Dieses Projekt wurde allmählich gesellschaftliche Realität. Die Nationalisten hatten selbstverständlich kein Monopol auf die Gestaltung der nationalen Identität. Mit den verschiedenen Strömungen des sozialistischen Denkens verbundene Autoren, von Bolesław Limanowski bis Kazimierz Kelles-Krauz, präsentierten eigene Vorschläge, die ihre Anhänger fanden. Ein mächtiger politischer Konkurrent des »allpolnischen Lagers« sollte Józef Piłsudski werden, um den herum sich Leute gruppierten, die die sozialistischen Ideen mit polnischem Patriotismus zu verknüpfen versuchten. Es stellte sich jedoch heraus, dass diese mit dem ethnischen Projekt der Nationalisten konkurrierenden Konzepte diesem gegenüber in Bezug auf die gesellschaftliche Wirkung den Kürzeren zogen und einer allmählichen Marginalisierung unterlagen. Dies war ein zeitlich verteilter Prozess, dessen politische Konsequenzen in der Zweiten Republik nach dem Tode Piłsudskis sichtbar wurden, als sich sein Regierungslager in ideeller Hinsicht der Nationaldemokratie annäherte. Aber schon vor dem Ersten Weltkrieg ließen sich – in hohem Maße unter dem Einfluss der Erfahrungen der Revolution von 1905 – nationalistische Sympathien immer häufiger in Milieus beobachten, die von den Ideen des westlichen Liberalismus inspiriert waren.[11]

Den Erfolg des Nationalismus kann man sowohl mit seiner Modernität erklären als auch damit, dass er als Schutz vor dieser galt. Das ethnische Nationsprojekt funktionierte lange Zeit als Instrument zur Umgestaltung einer monarchisch-ständischen Gesellschaft: Integrierende Maßnahmen begleiteten eine relative Demokratisierung. Im Laufe der Zeit wurden die exkludierenden Aspekte des Nationalismus immer deutlicher sichtbar, der der nationalen Gemeinschaft verschiedene Faktoren gegenüberstellte, die man für fremd hielt. In der revolutionären Krise der Jahre 1905–1907 trug diese aggressive Verteidigungsfunktion in entscheidendem Maße zur wachsenden Attraktivität des nationalistischen Nationskonzepts bei, und die Revolution von 1905 war erst der Anfang einer ganzen Reihe von Ereignissen, die traumatisch auf die Gesellschaft einwirkten. Der Erste Weltkrieg, die russischen Revolutionen und der russische Bürgerkrieg, der polnisch-sowjetische Krieg, dann nach den 20 Jahren der Zweiten Republik der Zweite Weltkrieg mit deutscher und sowjetischer Besatzung – all diese Kriege, Revolutionen und Besatzungen brachten unermessliche Verluste und Leiden, inklusive einer drohenden biologischen Ausrottung. Alle konnten – wenngleich auf verschiedenartige Weise – von den Opfern und Augenzeugen als Ausdruck von Modernität wahrgenommen werden. Derartige Empfindungen und Reflexionen fanden ihren Widerhall in vielen späteren Analysen.[12] Die destruktive, letztlich völkermörderische Moderne konnte sowohl die Gestalt der sowjetischen Vision des weltweiten Kommunismus als auch des nationalsozialistischen Plans zum Aufbau eines rassistischen Reichs annehmen. Der von den totalitären Regimen durchgeführte ideologisierte und mehr oder weniger bürokratisierte Völkermord zeigte sich aber vor einem

---

11 Janowski: Polska myśl, S. 230–256.
12 Siehe u. a. Zygmunt Bauman: Dialektik der Ordnung. Die Moderne und der Holocaust, Hamburg 1992; Enzo Traverso: Moderne und Gewalt. Eine europäische Genealogie des Nazi-Terrors, Köln 2003.

Hintergrund, den das massenhafte Abschlachten an den Fronten des Ersten Weltkriegs geliefert hatte, durchgeführt von – um Thomas Mann zu zitieren – »Produkten einer verwilderten Wissenschaft«.[13]

Wenn wir die Kriege und Revolutionen des 20. Jahrhunderts als den Beweis für eine Krise der Modernität in der Gestalt ansehen, wie sie im 19. Jahrhundert entstanden ist, kann man im ethnischen Nationsprojekt, einem Kind dieser Modernität des 19. Jahrhunderts, ein Werkzeug zum Schutz vor den Krisenphänomenen sehen. Die Modernität des ethnischen Konzepts verblasste im Laufe der Zeit. Im 20. Jahrhundert verlor das Prinzip der relativen Demokratisierung, untrennbar verbunden mit der Idee einer auf das Fundament kultureller Zugehörigkeit durch Geburt gestützten Gemeinschaft, seine umstürzlerische Aussage und wurde schließlich für natürlich gehalten. Und weil das, was »einheimisch« war, durch »Traditionalität« oder sogar »Ewigkeit« gekennzeichnet sein sollte, wurde die ethnische Nation zu einer Stütze in Zeiten kollektiven Unglücks, das auf einen modernen Ursprung zurückgeführt wurde.

In dem Maß, wie sich der traditionalistische Charakter des ethnischen Projekts vertiefte, verfestigten sich die Bindungen von nationalen und religiösen Inhalten. Der polnische Nationalismus hatte eine von Grund auf weltliche, positivistische Genese und die erste Generation seiner Vorkämpfer wahrte über längere Zeit normalerweise eine gewisse Distanz sowohl zur Religion als auch zur Kirche. Wenn man im Intelligenzija-Milieu der Schöpfer des »allpolnischen Lagers« Inspirationen jenseits der einschränkenden Grenzen des positivistischen Denkstils suchte, griff man ganz oft zu frisch in der europäischen Kultur populär gewordenen Inhalten wie dem Nietzscheanismus. Die Nationalisten wollten jedoch eine Massenbasis aufbauen, wobei sie besondere Aufmerksamkeit auf die ländliche Bevölkerung legten. Wer aber die Bauern mit einer ideologischen Botschaft erreichen wollte, konnte die bäuerliche Religiosität und die Position, die in den dörflichen Gemeinschaften die katholischen Geistlichen einnahmen, nicht ignorieren. Die Annäherung des Nationalismus an Religion und Kirche hatte folglich zu Anfang einen instrumentalen Beigeschmack, sie nahm aber ziemlich schnell einen tieferen Charakter an. Der Katholizismus begann als untrennbarer Bestandteil der nationalen Identität zu gelten, der den destruktiven Einflüssen fremder Provenienz, in denen oftmals die Ausgeburt des Modernen gesehen wurde, entgegengestellt wurde. Zunächst begünstigten dies die Erfahrungen von Krieg und Revolution, dann das in der Zwischenkriegszeit zunehmende Gefühl einer sich vertiefenden Krise der europäischen Kultur (Dmowski, einst ein begeisterter Anhänger der Entwicklungsdynamik des Westens, stellte nun düstere Betrachtungen über den Untergang der westlichen Zivilisation an). Bei allen Meinungsunterschieden, was das Wesen dieser Krise angeht, besteht kein Zweifel, dass sie während des Zweiten Weltkriegs ihren Höhepunkt erreichte.

---

13 Thomas Mann: Der Zauberberg, Frankfurt am Main 1980, S. 756.

Man muss nicht besonders betonen, dass die Zeit zwischen den Weltkriegen in ganz Europa einer Modernisierung gemäß den im 19. Jahrhundert von den bürgerlichen Gesellschaften des Westens ausgearbeiteten Standards nicht förderlich war. Die Herausbildung der totalitären Regime des 20. Jahrhunderts hatte vielschichtige Ursachen, aber als eine der grundlegendsten dafür, dass man sich in Richtung Totalitarismus bewegte, kann man getrost den Wunsch nach einer prinzipiellen Beschleunigung des Wirtschaftswachstums annehmen. Erreichen wollte man dies durch eine politische Diktatur und den grundlegenden Umbau der Gesellschaft nach dem Kriterium Klasse oder Rasse, unter Einsatz aller verfügbaren Methoden. Die autoritären Regierungen Piłsudskis und seiner Nachfolger, weit entfernt von solchen Bestrebungen, bemühten sich, die Wirtschaft mit den Mitteln eines gemäßigten Etatismus zu stimulieren, in einem geistigen Klima, das anfänglich in gewissem Maße an die sozialistischen Traditionen anknüpfte, mit der Zeit sich aber immer mehr dem Nationalismus annäherte.

Die Modernisierungsaktivitäten der Staatsorgane brachten nur eine begrenzte Wirkung. Einfluss darauf hatten die Kriegszerstörungen, das Erbe der teilungsbedingten Aufteilung der polnischen Gebiete, die große Wirtschaftskrise der ersten Hälfte der 1930er Jahre; grundlegende Bedeutung besaß jedoch die ungelöste Agrarfrage. Die Industrialisierungsmaßnahmen der Regierung, die die Basis für eine wirtschaftliche Modernisierung schaffen sollten, konnten den Zustand, in dem sich das polnische Dorf befand, nicht ändern: Es war arm, zivilisatorisch verspätet, erfuhr eine agrarische Überbevölkerung und war in den 1930er Jahren besonders schmerzhaft von der Krise betroffen. Die politischen Einflüsse des Landadels bewirkten, dass man sich nicht dafür entschied, auf dem Land derart radikale Reformen durchzuführen, um die Eigentumsstruktur des Bodens zu ändern, wodurch dann die Bedingungen entstanden wären, die ein wirtschaftliches Wachstum und zivilisatorischen Fortschritt ermöglicht hätten. In dieser Situation erhielten sich die deutlichen Unterschiede zwischen der Stadt, Zone einer ziemlich intensiven Modernisierung, und dem Dorf, das sich nur langsam und halbherzig modernisierte.

Wichtigster Ausdruck der ländlichen Modernisierung war die Nationalisierung der Bauern. Dieser Prozess beschleunigte sich in der Zweiten Republik deutlich, als Schule und Militärdienst die polnische nationale Identität zu formen begannen. Es wuchs auch die Aktivität der Bauern im öffentlichen Raum: Das Genossenschaftswesen entwickelte sich, in der politischen Arena nahm die Bauernbewegung in ihren vielen ideellen Schattierungen, von einer dem Nationalismus nahen bis hin zu den sozialistischen Parteien verwandten, eine starke Position ein. Allein die Tatsache, dass sich eine Bauernbewegung formierte, die sich zum Ziel setzte, die separaten Interessen der Bauernschaft zu vertreten, signalisierte, dass das Dorf sich deutlich von der Stadt unterschied. Die traditionelle bäuerliche Kultur wies, obwohl sie unvermeidlichen Modifizierungen unterlag, eine erhebliche Lebendigkeit auf. In der Zwischenkriegszeit näherte sich die »bäuerliche« Welt in einem gewissen Maße der der »Gutsherren« an, aber diese beiden Realitäten trennte nach wie vor vieles.

Als 1945 die Kriegshandlungen endeten und Polen ein Satellitenstaat der UdSSR geworden war, bedeutete die Abhängigkeit vom Sowjetimperium die Beteiligung an einem Experiment, das entsprechend seiner ideologischen Prämissen zu einer grundlegenden Umgestaltung der menschlichen Existenz führen sollte. Die bei der Charakterisierung der ideologischen Ziele verwendete Rhetorik, geschöpft aus den Beständen der leninistisch-stalinistischen Mutation des Marxismus, verdeckte das grundlegende – und leicht peinliche – Ziel der unternommenen praktischen Maßnahmen, nämlich die Überwindung der osteuropäischen Entwicklungsverspätung. Nachdem die bolschewistischen Hoffnungen auf den Ausbruch einer europäischen – in weiterer Perspektive sogar globalen – Revolution erloschen waren, hatte Stalin den »Aufbau des Sozialismus in einem Land« in Angriff genommen und dabei radikale, extrem rücksichtslose Methoden angewendet, die zum Völkermord führten.

Im Schatten einer derart forcierten Modernisierung befand sich das durch den Zweiten Weltkrieg zerstörte Polen. Das Land war materiell ruiniert, hatte einen bedeutenden Teil seiner gebildeten Schicht verloren, seine Bewohner stellten, nachdem sie das Trauma von Krieg und Besatzung erlitten hatten, eine Gesellschaft im Zustand einer tiefen Krise dar.[14] Das Modernisierungsprojekt, dass die neuen Machthaber dieser Gesellschaft aufzwangen, konnte abgelehnt werden, stammte es doch von einem aggressiven Nachbarn, der allgemein als Feind Polens verstanden wurde. Es gab aber Gründe, – mit geringerer oder größerer Überzeugung – zu akzeptieren, was das von Stalin abhängige Regime beabsichtigte. Der erste Grund war praktischer Natur: Man musste das Land aus den Zerstörungen des Krieges wiederaufbauen. Angesichts dieser Notwendigkeit war es weniger wichtig, unter welcher Führung dies geschehen sollte. Es gab aber auch andere Umstände, die dafür sprachen, dem Programm der Machthaber zuzustimmen. Die Niederlage im September 1939 und die Erfahrungen der Besatzung hatten einer weit verbreiteten Empfindung nach sowohl das politische System der Vorkriegszeit als auch – noch mehr – die vom damaligen Establishment angewandten sozioökonomischen Strategien kompromittiert. Während des Krieges tauchten in den Programmen aller politischen Gruppierungen, aus denen die polnische Exilregierung bestand, Forderungen auf, dass im Nachkriegspolen der Staat größere Möglichkeiten als bisher haben sollte, das wirtschaftliche Leben zu kontrollieren und zu regulieren. Die ersten Maßnahmen der Nachkriegsregierung kollidierten, obwohl sie radikaler als diese Forderungen waren, nicht grundsätzlich damit. Es konnte so scheinen, als erfolge nichts besonders Dramatisches. Stalins Politik gegenüber Polen, die anfangs zurückhaltend war, änderte sich jedoch bald und es kam die Zeit, als die Pläne zu einem intensiven Ausbau der Industrie und einer Kollektivierung der Landwirtschaft in die Tat umgesetzt wurden.

---

14 Marcin Zaremba: Die große Angst. Polen 1944–1947. Leben im Ausnahmezustand. Paderborn 2016; Ders.: Trauma Wielkiej Wojny. Psychospołeczne konsekwencje drugiej wojny światowej [Das Trauma des großen Krieges. Psychosoziale Konsequenzen des Zweiten Weltkriegs]. In: KULTURA I SPOŁECZEŃSTWO 52 (2008), Nr. 2, S. 3–42.

Der Stalinismus brachte Polen den Versuch einer tiefgreifenden Umgestaltung von Wirtschaft und Gesellschaft. So radikale Maßnahmen konnte nur eine Diktatur durchführen, die eine angrenzende Großmacht repräsentierte, aber die stalinistische Modernisierung erfreute sich einer gewissen Dosis gesellschaftlicher Unterstützung, insbesondere unter den ärmsten Dorfbewohnern sowie in den Kreisen der Jugend, die gerade herangebildet wurde. Die Agrarreform von 1944, die den privaten Großgrundbesitz aufhob, war so gedacht, dass sie die Gunst der Bauernschaft für die sich formierende Herrschaft erlangen sollte. Zur Kollektivierung, die 1948 initiiert und mit großer Brutalität ins Leben gerufen wurde, positionierten sich die meisten Bauern feindlich, aber denjenigen, die sich mitunter in extremer Armut abmühten, eröffnete die stalinistische Politik wirkliche Chancen auf eine Verbesserung der Lebensbedingungen und einen sozialen Aufstieg. Eine gesonderte Kategorie der Anhängerschaft des neuen Systems und seiner Ideologie stellten Schüler:innen und Studierende. Für die Jungen, die in einer Atmosphäre der Krise früherer Werte und Autoritäten aufgewachsen waren, war das kühne, von der kommunistischen Utopie gekrönte Programm, um das Land aus Armut und Rückständigkeit herauszureißen, attraktiv.

Das Ende des Stalinismus war zugleich der Zusammenbruch der Strategie einer forcierten Modernisierung nach sowjetischem Vorbild. Aus heutiger Perspektive sieht man gut, wie sich der Zusammenbruch in einen deutlich breiteren Kontext osteuropäischer Modernisierungsprobleme eingefügt hat. Die Geschichte des hiesigen Marxismus und seiner politischen Inkarnationen sollte man also nicht nur als Teil der Geschichte des europäischen Sozialismus betrachten, sondern auch als eine Etappe der Herausbildung von Projekten, die Osteuropa auf den Weg der Modernisierung schieben sollten. Das stalinistische Industrialisierungsprogramm, verbunden mit der Kollektivierung der Landwirtschaft und totalitärem ideologischen Druck, war das radikalste dieser Projekte. Hinter Stalins Radikalismus verbarg sich die Verbindung einer kommunistischen Vision mit imperialen Traditionen des zaristischen Russlands. Der grundlegende Umbau von Gesellschaft und Wirtschaft, mit extremen Methoden betrieben, sollte die Sackgasse der Modernisierung durchbrechen, in der sich der vorrevolutionäre Staat befand. Im Zentrum des stalinistischen Projekts standen die Idee einer schnellen Umgestaltung eines Agrar- in ein Industrieland und die Liquidierung der Bauernschaft als sozialer Gruppe. Eine solche Vision war das Produkt eines Glaubens an die kreativen Möglichkeiten des Marxismus, dank derer sich ein rückständiges Land endlich im Reich der Moderne einfinden sollte.

Trotz aller Anstrengungen, die Millionen menschliche Existenzen kosteten, trotz massenhaften Terrors und präzedenzlosen ideologischen Drucks ließ sich aber kein Erfolg erzielen. Die Effektivität außergewöhnlicher Mittel, zu denen Stalin in der UdSSR griff, erwies sich angesichts eines Übermaßes von Hindernissen als illusorisch: Mangel an Kapital, Wissen, Qualifizierung, erforderlichen gesellschaftlichen Angewohnheiten. Das Ergebnis war eine halbherzige und unvollkommene Modernisierung: eine reale militärische und eine trügerische industrielle Macht, die Stagnation der Landwirtschaft, das Unvermögen, das Lebensniveau der Bevölkerung wesentlich anzuheben, der Verfall traditioneller kultureller Ressourcen und ein niedriger Wert dessen, womit man sie zu ersetzen versuchte, schließlich der scheinbare Charakter der gesellschaftlichen Emanzipation und die krisenhaften Phänomene im Bereich der zwischenmenschlichen Beziehungen, die eine Folge der Pathologie des Herrschaftssystems waren. Die Geschichte der Sowjetunion nach Stalins Tod war die der Festigung einer abgemilderten Version der Herrschaft der kommunistischen Partei und von erfolglosen Versuchen, mit den zunehmenden wirtschaftlichen Problemen zurechtzukommen, bis zum endgültigen Zusammenbruch des Sowjetsystems am Anfang der 1990er Jahre.

Der polnische Stalinismus war von außen aufgezwungen, er dauerte verhältnismäßig kurz und sein Modernisierungsprogramm hatte eine unvergleichlich geringere Dimension als sein sowjetisches Vorbild. Es wäre allerdings ungerecht, es nur als Produkt der imperialen Unternehmungen der UdSSR zu sehen. Es hat seinen Platz in der Geschichte polnischer Modernisierungsbestrebungen, denn, obwohl es von außen aufgezwungen war, stellte es den Versuch dar, einheimische Probleme zu lösen. Versuche, dem Zustand der Verspätung gegenüber dem zivilisatorischen Zentrum zu entkommen, wurden bis zum Ende des Bestehens der Volksrepublik unternommen. Nach dem Zusammenbrechen der radikalen – oder auch verzweifelten – Strategie kamen die Zeiten vorsichtigerer, pragmatischerer Konzepte unter Gomułka. Und als sich herausstellte, dass dies keine Medizin gegen die Stagnation war, versuchte die Mannschaft Giereks das Land mit Hilfe ausländischer Kredite voranzubringen. Folge des Gierek'schen Entwicklungskonzepts war eine tiefe Wirtschaftskrise, die schließlich zum Zusammenbruch des »realen Sozialismus« beitrug.

Man kann natürlich unmöglich behaupten, dass die Geschichte der polnischen Modernisierung des 20. Jahrhunderts die Wiederholung dessen ist, was im 19. Jahrhundert geschehen war. Man kann dagegen sagen, dass im 20. Jahrhundert, unter sich immer schneller verändernden zivilisatorischen Bedingungen, versucht wurde, Probleme zu lösen, die im 19. Jahrhundert entstanden sind. Das wichtigste von ihnen war die Agrarfrage. Die Gebiete der alten Adelsrepublik traten ins 19. Jahrhundert als landwirtschaftliche Territorien ein, mit einem ökonomisch-sozialen System, das im Laufe der Zeit immer öfter für anachronistisch gehalten wurde. Die Hindernisse, die sich auf dem Weg einer effektiven Modernisierung der Landwirtschaft anhäuften, rührten in bedeutendem Maße von der in traditionellen Agrargesellschaften üblichen Abneigung gegen Veränderungen her – darunter insbesondere von den Bestrebungen der adligen Gutsherren, ihre bisherigen Formen der Dominanz auf dem Dorf aufrechtzuhalten –, verbunden mit einem häufigen Unvermögen, die Anforderungen der Moderne zu bewältigen. Ein nicht weniger wichtiger Grund war aber das Fehlen entsprechender Maßnahmen von Seiten des Staates. Die letzte Teilung der Adelsrepublik erfolgte an der Schwelle zu einer Epoche, in der der Staat zum entscheidenden, die Modernisierung peripherer Gebiete initiierenden und unterstützenden Faktor wurde. Im 19. Jahrhundert hielten die Teilungsmächte den politisch aktiven Teil der polnischen Gesellschaft bestenfalls für Untertanen mit zweifelhafter Loyalität, oft aber für Feinde ihrer Herrschaft. In einem solchen Zustand war ein stärkeres Engagement des Staates bei Maßnahmen, die der Entwicklung des Landes dienen sollten, schwierig. Gewisse

Entwicklungschancen taten sich im Falle nicht-souveräner staatlicher Organismen auf wie dem Herzogtum Warschau und dem konstitutionellen Königreich Polen, oder in autonomen Gebieten wie Galizien seit Beginn der 1870er Jahre, als in Fragen der Verwaltung jenes Territoriums die Vertreter der polnischen Eliten viel zu sagen hatten.

Die Schwierigkeiten der Modernisierung stellten einen der grundlegenden Faktoren dar, die die Lebensbedingungen der Gesellschaft und die Entwicklungsrichtungen der Kultur bestimmten. Der insulare, halbherzige und oftmals unvollkommene Charakter der polnischen Modernisierung fand seine Widerspiegelung in den kulturellen Spannungen und Konflikten. Man kann, wie ich glaube, die These riskieren, dass das an der Wende vom 18. zum 19. Jahrhundert gestaltete System kultureller Gegensätze – deren Grundlage das Verhältnis zur Modernität war – sich so stark verfestigte, dass es bis zum heutigen Tage überdauerte. Weder im 19. noch im 20. Jahrhundert entstanden Bedingungen, die seine Abschwächung begünstigten.

In jedem Land der Peripherie teilten die einheimischen Eliten ihre Einstellung zu dem, was vom sich entwickelnden Zentrum kam, und dem, was sie als einheimisch betrachteten. Die polnische Spezifik beruht auf der besonderen Bedeutung der Inhalte, die der Modernität entgegengesetzt sind. Das Polentum des 19. Jahrhunderts ist »historisch«, es erwächst aus den Traditionen der Adelsrepublik. Im Falle der im 19. Jahrhundert als »unhistorisch« erachteten Gesellschaften waren die Nationsbildungsprozesse, die eines der wichtigsten Anzeichen für Modernität darstellten, die lange und schwierige Herausarbeitung kultureller Identität und politischen Subjektcharakters durch Eliten plebejischer Abstammung. Im polnischen Fall erbten die landadligen Eliten und der um sie herum gruppierte »adlige« Teil der Gesellschaft Identität und Subjektcharakter von der Adelsrepublik. Im 19. Jahrhundert war dies über längere Zeit ein politischer Trumpf, es begannen aber rasch ernste und dauerhafte Probleme zu entstehen. Die aus der Verwurzelung in der Tradition der Adelsrepublik herrührenden Bestrebungen erwiesen sich als schwer zu realisieren. Die Versuche des 19. Jahrhunderts, den verlorenen Staat wiederaufzubauen, scheiterten, und diese Misserfolge weckten die Angst davor, dass die polnische Identität verblassen würde. Das Polentum, ohne staatlichen Schutz, war in der allgemeinen Empfindung dem Einwirken destruktiver fremder Einflüsse ausgesetzt. Man hätte natürlich Angst vor den politischen Plänen der Teilungsmächte haben können, aber tiefer reichte die Furcht vor der Modernität. Es taten sich schmerzhafte Dilemmata auf: Die Bestrebungen, die nationalen Ziele zu erreichen, erforderten ein entsprechendes zivilisatorisches Potential, die Schaffung eines solchen Potentials aber schien die Nation zu bedrohen.

Die Ereignisse der napoleonischen Ära gingen in die nationale Tradition als eine Reihe von Bildern in der Konvention des militärischen Heldentums ein, während der Kern der Geschichte des Herzogtums Warschau eine unterdrückte, aber scharfe weltanschaulich-zivilisatorische Konfrontation war. Die Bedeutung der damaligen Konflikte reichte weit über ihren vorläufigen politischen Kontext hinaus. Es ging hier um ein Aufeinanderprallen von für einheimisch gehaltenen Inhalten mit denen, die nicht als solche galten. Das, was wir heute »Modernität« nennen, tauchte in diesen Auseinandersetzungen als ein von außen kommender Faktor auf, der zudem die etablierte Ordnung der einheimischen Dinge störte. Nach Meinung mancher hatte eine solche Störung wohltuenden Charakter – man ging davon aus, dass sie es ihnen erlauben würde, sich aus einer beklagenswerten Lage zu befreien. Für andere bedrohte sie Identität und Subjektcharakter. Die politischen Erfahrungen des 19. und 20. Jahrhunderts, die selten ein Gefühl von Sicherheit herstellten und manchmal sogar die Quelle eines Traumas waren, begünstigten die Verfestigung eines aggressiv-destruktiven Bildes von Modernität, das in den sich verändernden zivilisatorischen Realitäten seine Gestalt modifizierte, seine grundlegenden Eigenschaften aber nicht verlor. Der Landadel hörte auf, eine politische Kraft zu sein, und trat seinen Platz an die Intelligenzija ab, das »Bauernvolk« emanzipierte sich allmählich, seine Struktur gestaltete sich um; neue, aufsteigende Schichten verblieben jedoch im Kreis von Bildern, Ansichten und Haltungen ihrer Vorgänger.

Die Kämpfe gegen die Modernität drückten der polnischen Politik einen deutlichen Stempel auf. Dmowskis Modernisierungsprojekt verschwand, kaum dass es entstanden war. Die kurze Lebensdauer dieser Vision war ein Beweis für die Krise der frühen (das heißt im 19. Jahrhundert formierten) Modernität, eine Krise, die unter den polnischen Bedingungen die Nationalisten dazu brachte, sich ideell in Richtung Konservatismus zu verschieben. Das der Volksrepublik in stalinistischen Zeiten aufgezwungene sowjetische Projekt war der osteuropäische Versuch, die Modernisierungsbarrieren unter den Bedingungen eines Konflikts mit dem Westen zu durchbrechen, der als Zentrum einer destruktiven Modernität wahrgenommen wurde. Dieser Versuch, der in Polen im Allgemeinen Ablehnung und Feindseligkeit weckte, passte jedoch gut in die periphere Tradition, sich westlichen Mustern entgegenzustellen.

Der wirtschaftliche Zusammenbruch des »realen Sozialismus« und das Verschwinden der offiziellen Ideologie bewirkten, dass der Westen in den Augen der Polen zu einem Reich von Überfluss und Freiheit wurde. Als aber Polen »nach Europa zurückkehrte«, kehrte in einer Atmosphäre unbefriedigter Ambitionen und sich anhäufender Enttäuschungen auch das düstere Bild der westlichen Modernität zurück.

Aus dem Polnischen von Markus Krzoska

Auszug aus dem Buch *Polska nowoczesność, Genealogia* [Polnische Modernität. Eine Genealogie], Warszawa 2020, S. 218–224 und 225–237.

© Wydawnictwo Uniwersytetu Warszawskiego

TOMASZ KIZWALTER ist Professor für Geschichte an der Universität Warschau. Er beschäftigt sich mit der Ideengeschichte und Gruppenvorstellungen im 19. und 20. Jahrhundert, vor allem mit der Frage der Modernisierung und der Nationsbildungsprozesse. In Deutsch erschien sein Buch *Über die Modernität der Nation: der Fall Polen* (übersetzt von Bernhard Hartmann, Osnabrück 2013).

WARSZAWA
LACHERT VILLA
BOHDAN LACHERT JÓZEF SZANAJCA

Ulrich Schmid

Von der »Sławojka« zum COP. Die Zweite Republik als Modernisierungsprojekt

Am 16. Februar 1928 erließ der Präsident der Polnischen Republik ein 420 Artikel umfassendes Baugesetz. Die Artikel 251 bis 257 regelten detailliert die Konstruktion der Aborte. In Gebieten ohne Kanalisation musste für jede Wohnung eine eigene Toilette eingerichtet werden. Jeder Abort sollte genügend Licht durch ein Fenster erhalten. Außerdem wurde eine Entlüftung über das Dach vorgeschrieben. Seltsamerweise sah das Gesetz vor, dass auf das Fenster verzichtet werden könne, falls eine Wasserspülung vorhanden sei.[1] *Spiritus rector* dieses Gesetzes war der damalige Premierminister Felicjan Sławoj Składkowski (1885–1962), der von seiner Ausbildung her Militärarzt und politisch ein überzeugter Piłsudski-Anhänger war. Er schien die Sanacja-Politik nach dem Maiumsturz des Jahres 1926 wörtlich zu nehmen. Überall entstanden nun hölzerne Toilettenhäuschen, die im Volksmund schnell den Namen »Sławojka« erhielten. Mit der Bereitstellung der Einrichtungen für die Verrichtung der Notdurft erlebte die Zweite Republik einen ebenso energischen wie fundamentalen Modernisierungsschub. Gleichzeitig belegte das Gesetz auch, wie rückständig das Land zu Beginn des 20. Jahrhunderts war.

Ein besonders heikles Kapitel war in dieser Hinsicht die Schulbildung. Nur in den deutschen und österreichischen Teilungsgebieten hatte es überhaupt eine Schulpflicht gegeben. Im ehemaligen russischen Teilungsgebiet war der Analphabetismus weit verbreitet. 1919 wurde in Polen die allgemeine Schulpflicht eingeführt, die zu beeindruckenden Resultaten führte. 1922 verfügten 66 Prozent der Kinder über eine Grundschulbildung, 1928 waren es 96 Prozent. In den dreißiger Jahren kam es allerdings wegen des starken Bevölkerungswachstums und der Wirtschaftskrise zur sogenannten »Schulkatastrophe«, die zu einer Zunahme des Analphabetismus vor allem in den östlichen Gebieten führte.[2]

1 Rozporządzenie Prezydenta Rzeczypospolitej z dnia 16 lutego 1928 r. o prawie budowlanem i zabudowaniu osiedli [Verordnung des Präsidenten der Republik Polen vom 16. Februar 1928 über das Baurecht und die Bebauung der Ortschaften]. https://isap.sejm.gov.pl/isap.nsf/download.xsp/WDU19280230202/O/D19280202.pdf
2 Wojciech Musiał: Modernizacja Polski. Polityki rządowe w latach 1918–2004 [Die Modernisierung Polens. Regierungsmaßnahmen in den Jahren 1918–2004]. Toruń 2013, S. 131.

> *Sanacja* war der Name des autoritären Regimes während der Zweiten Polnischen Republik (1926–1939). Sein Anführer war Józef Piłsudski, der 1926 einen Staatsstreich gegen die demokratisch verfasste Republik verübte und die Macht an ein Obristen-Regime übergab. Der Name leitet sich vom lateinischen Wort für Heilung (*sanatio*) ab. In seinen Parolen rief Piłsudski zu einer moralischen Heilung (*sanacja moralna*) der Gesellschaft und des öffentlichen Lebens auf. Während der *Sanacja*-Ära wurden allerdings politische Gegner unterdrückt, die Meinungsfreiheit eingeschränkt und die Aktivitäten der politischen Parteien auf ein Minimum beschränkt. Eine wichtige Rolle sollte ein starker und wirkungsvoller Staat als Ausdruck des nationalen Willens spielen.

Der Fortschritt – und manchmal auch das Fehlen des Fortschritts – war ein Thema, das viele Intellektuelle nach dem Ersten Weltkrieg umtrieb. Der Journalist Antoni Chołoniewski (1872–1924) war 1917 überzeugt, dass Polen »dem zeitgenössischen Europa in sehr vielen Punkten um viele Jahre, manchmal um ganze Jahrhunderte vorausgegangen« sei: »Dasjenige, was andere Völker ihren Regierungen erst im 19. Jahrhundert abverlangten, war in der polnischen Republik schon seit Jahrhunderten eingeführt und gesetzlich versichert.«[3] In Chołoniewskis Rückblick auf die polnische Geschichte vor den Teilungen ist natürlich der Wunsch Vater des Gedankens. Die *Rzeczpospolita* hatte wenig mit den republikanischen Bewegungen des 19. Jahrhunderts zu tun und die konstitutionelle Modernisierung, die in der Verfassung vom 3. Mai 1791 gipfelte, war Ausdruck einer tiefgreifenden innen- und außenpolitischen Krise. Wichtig ist allerdings nicht die historische Akuratesse von Chołoniewskis Argument, sondern seine emotionale Wirkungskraft auf die Gegenwart. Dass Polen als »Zweite Republik« seine Staatlichkeit wiedererlangte, ist solchen Überzeugungen geschuldet: Weil Polen schon im 18. Jahrhundert seiner Zeit weit voraus war, konnte das Momentum dieses Fortschritts nun durch eine Anknüpfung an die Tradition der Adelsrepublik genutzt werden. Das kurzlebige Projekt eines »Regentschaftskönigsreichs Polen« wurde aus zwei Gründen vom Staatsgründer Józef Piłsudski (1867–1935) abgelehnt: Es war veraltet und es war preußisch dominiert. Die Zweite Republik wurde durch die Märzverfassung 1921 gegründet. Die Präambel rief einmal mehr die Verfassung vom 3. Mai 1791 als leuchtendes Vorbild an. Allerdings machte Piłsudski spätestens im Maiputsch 1926 klar, dass er den polnischen Staat nicht nach liberaldemokratischen Prinzipien modernisieren wollte. Sein Programm der *Sanacja* setzte auf eine Disziplinierung der Gesellschaft durch ein Obristenregime. Demokratische Kernelemente wie Parteienpolitik oder parlamentarische Debatten galten als destruktiv und ineffizient. Institutionell wurde das Programm der *Sanacja* durch eine Organisation mit dem sprechenden Namen »Parteiloser Block zur Zusammenarbeit mit der Regierung« (Bezpartyjny Blok Współpracy z Rządem, BBWR) umgesetzt. Den italienischen Faschismus, der als modellbildendes politisches Zukunftsprojekt im Zwischenkriegseuropa gelten kann,

---

3 Antoni Chołoniewski: Geist der Geschichte Polens. Dem europäischen Kontinent vorausgeeilt. In: Peter Oliver Loew (Hrsg.), Polen denkt Europa. Politische Texte aus zwei Jahrhunderten. Frankfurt am Main 2004, S. 143–149, hier S. 143.

Leuchtturm im neu errichteten Hafen von Gdynia

beachtete Piłsudski kaum. Umso größere Sympathien erregte der Faschismus hingegen bei der nationaldemokratischen Opposition. Roman Dmowski (1864–1939) reiste im Frühjahr 1926 nach Rom, um sich selbst ein Bild vom jungen faschistischen Staat zu machen. Nach seiner Rückkehr veröffentlichte er eine Artikelserie, in der er sich sehr lobend über das italienische Vorbild äußerte. Auch für Polen erwartete er eine »nationalistische Organisation faschistischen Zuschnitts«. Dieses positive Urteil muss vor dem Hintergrund seiner *idée fixe* einer jüdisch-freimaurerischen Weltverschwörung gesehen werden. Dmowski räumte zwar ein, dass die individuelle Freiheit abnehmen werde. Dafür erlange aber die Nation die viel wichtigere Freiheit, ihren kollektiven Willen auszudrücken.[4] Allerdings gelang es den Nationaldemokraten nach dem Maiputsch nie mehr, in der Zweiten Republik eine Regierungsbeteiligung zu erringen.

IMPERIALE ANSPRÜCHE

Polen hat sich seit jeher als Seemacht begriffen. Eine offene Wunde war der knapp bemessene Ostseezugang, den die Siegermächte der Zweiten Republik immerhin gewährten. Umso eifriger bemühte sich man, anstelle des entgangenen Danzig einen neuen Hafen in Gdingen (Gdynia) aufzubauen. Bereits 1921 begann die Regierung mit dem Ausbau des Fischerdorfes und stellte der mittelalterlichen Architektur Danzigs

[4] Pascal Trees: Zwischen Empfänglichkeit und Resistenz. Die Rezeption von Faschismus und Nationalsozialismus in der Zweiten Polnischen Republik. In: Ulrich Schmid, Isabelle Vonlanthen, Sabina Schaffner (Hrsg.), Schwert, Kreuz und Adler: Die Ästhetik des nationalistischen Diskurses in Polen (1926–1939). Wiesbaden 2014, S. 83–106.

> Der See- und Kolonialbund (Liga Morska i Kolonialna), der 1930 aus dem See- und Flussbund (Liga Morska i Rzeczna) hervorgegangen war und von General Mariusz Zaruski geleitet wurde, sollte die polnische Bevölkerung in der Zwischenkriegszeit über maritime Angelegenheiten aufklären. Der Bund unterstützte aktiv die Entwicklung einer Handelsflotte und einer großen Kriegsmarine sowie die Schaffung polnischer Kolonien und überseeischer Besitztümer. Die Organisation setzte sich auch für die Stärkung des Polentums in Pommern, an der Küste und in der Kaschubei ein. Die beschränkten finanziellen Mittel der Zweiten Republik bewirkten, dass die meisten Vorhaben des Bundes nicht umgesetzt werden konnten, allerdings verfügte dieser über ein ausgedehntes Organisationsnetz, das einen Beitrag zu vielfältigen Propagandaaktionen leistete (Sammelaktionen, Vorträge, Reisebücher, Reportagen in Illustrierten).

eine moderne Stadt mit leistungsfähiger Infrastruktur entgegen. Große Verdienste erwarb sich dabei der Industrie- und Handelsminister (1926–1930), später auch Finanzminister (1935–1939) Eugeniusz Kwiatkowski (1888–1974). Bereits 1933 übertraf der Warenumschlag in Gdynia denjenigen in Danzig.[5] Zu Beginn der dreißiger Jahre wurde ein »Repräsentationsbezirk« für Gdynia erarbeitet. Gdynia sollte verschiedene symbolische Funktionen erfüllen. Es war zugleich die »Meereshauptstadt« Polens, das »Tor zur Ostsee« und die »Meeresfassade der Zweiten Republik«. Geplant war ein zentraler Platz, das »Meeresforum«, der von einem dem Stockholmer Stadshus (1923) nachempfundenen Rathaus und einer »Meereskathedrale« abgeschlossen werden sollte. Der Sakralbau wäre architektonisch einer Dreimastfregatte nachempfunden gewesen, um die drei Teilungsgebiete zu repräsentieren. Zur Komposition gehörte auch ein monumentales »Wiedervereinigungsdenkmal«, das als Leuchtturm der polnischen Staatlichkeit konzipiert war. Der Ausbruch des Zweiten Weltkriegs machte jedoch alle diese Pläne zu Makulatur.[6]

Polens Ambition als Seemacht äußerte sich auch in der Gründung einer »Meeres- und Kolonialliga« im Jahr 1930.[7] Sie kämpfte vor allem für die Erweiterung des polnischen Zugangs zur Ostsee, propagierte die Notwendigkeit einer starken Handels- und Kriegsflotte, widersetzte sich den deutschen Gebietsansprüchen in Pommern und setzte sich für die Erschließung und Aneignung neuer Territorien für das polnische Volk ein. Gerade weil Polen durch die ehemalige Teilungsmacht des Deutschen Reichs im 19. Jahrhundert selbst kolonisiert worden sei, forderte die Liga einen Anteil an den deutschen Kolonien. Konkret wurde Deutsch-Ostafrika genannt.[8]

Gdynia blieb als Prestigeprojekt in den zwanziger Jahren eher eine Ausnahmeerscheinung. Erst 1927 wurde in Tarnau (Tarnów) auf Betreiben des Präsidenten Ignacy Mościcki

---

5 Peter Oliver Loew: Danzig. Biographie einer Stadt. München 2011, S. 202f.
6 Maria Jolanta Sołtsyk: Modern City Centre: Evolution of the Idea of Gdynia's »Premiere District« 1926–2007. In: 20th Century Architecture until the 1960's and its Preservation. Gdynia 2015, S. 67–74.
7 Tadeusz Białaś: Liga Morska i Kolonialna (1930–1939) [Die Meeres- und Kolonialliga (1930–1939)]. Gdańsk 1983.
8 Leon Bulowski: Kolonie dla Polski [Kolonien für Polen]. Warszawa 1932, S. 20.

Arbeitersiedlung in Mościce, dem neu errichteten Stadtteil von Tarnów

(1867–1927) ein eigener Stadtteil gegründet, wo eine große Nitratfabrik entstand. Im Bezirk Mościce, der nach seinem Gründer benannt wurde, lebten die Arbeiter in einer eigenen Gartenstadt. Dieses Konzept griff neueste urbanistische Entwicklungen aus England und Deutschland auf.

Eine Sonderstellung nahm Kattowitz (Katowice) ein. Ostoberschlesien mit der Hauptstadt Kattowitz war erst 1922 nach mehreren Aufständen und einem Plebiszit an Polen gefallen. Die Warschauer Regierung stattete danach »« als einzige polnische Wojewodschaft mit einem Autonomiestatut und einem eigenen Sejm aus. Verschiedene Kulturprojekte sollten dazu führen, dass Schlesien sich an Kernpolen assimilierte. Zentral war dabei die Errichtung eines neuen Parlamentsgebäudes (1924–1929), das eine aus Klassizismus und Folkloristik gemischte Architektursprache für das polnische Schlesien entwarf. Radikal modernistisch hingegen war der Bau des Schlesischen Museums in Kattowitz (1936–1939). Die Stahlkonstruktion wies eine breite Glasfront auf, die ihrerseits in der Mitte durch ein Hochhaus dominiert wurde. Auch die Gebäudetechnik befand sich auf dem neuesten Stand: Die Lüftung erfolgte durch eine Klimaanlage, die Heizungsradiatoren befanden sich in den Decken, die Rolltreppen wurden durch Lichtschranken gesteuert und die Ausstellungssäle durch moderne Lampen ausgeleuchtet. Einen gewaltsamen Nachweis für die avantgardistische Wirkung dieser architektonischen Meisterleistung erbrachten die Nazi-Besatzer. Sie erblickten in diesem Gebäude einen Ausdruck »jüdisch-polnischer Hybris«, erklärten es zu einem

Beispiel »entarteter Kunst« und ließen es von Gefangenen des Konzentrationslagers Auschwitz-Birkenau demontieren.[9]

WIRTSCHAFT, INDUSTRIE UND RÜSTUNG

Die Modernisierung der Wirtschaft kam in den 1920er Jahren nur langsam in Fahrt. Zunächst beschränkte sich die ökonomische Politik auf die Bewältigung der Kriegsfolgen und der Hyperinflation. 1923 gründete der Premierminister Władysław Grabski (1874–1938) die Polnische Bank und die Polnische Wirtschaftsbank. Er führte den Złoty als Währung ein. Józef Piłsudski selbst beschränkte sich auf ideologische Aufrufe und versuchte mit dem Konzept des »Arbeitsrennens« die Produktivität zu erhöhen.[10] Allerdings blieb Polen in der Zwischenkriegszeit ein bitterarmes Land, in dem nur die privilegierten Eliten von der Modernisierung profitierten. Der Schriftsteller Antoni Słonimski (1895–1976) schrieb noch 1936 von einem » Beamten- und Offiziersinselchen«, das von einem Meer von Armut und Elend umgeben sei.[11]

Die polnische Armee befand sich in einer ambivalenten Situation. Auf der einen Seite wurde sie als Sieger im »Wunder an der Weichsel« 1920 gewürdigt (der britische Autor Edgar Vincent Viscount D'Abernon ging sogar soweit, diesen Kampf in die Reihe der 18 wichtigsten Schlachten der Weltgeschichte aufzunehmen), auf der anderen Seite schwächten Fehlentscheidungen von Władysław Sikorski und Marschall Piłsudski die polnische Verteidigungsfähigkeit. Beide hatten erhebliche Mittel auf die Ausrüstung eines stehenden Heers an der Ostfront verwendet und zu wenig in die Ausrüstung und Modernisierung der Armee investiert. Erst nach Piłsudskis Tod im Mai 1935 konnte sein Nachfolger Edward Rydz-Śmigły einen Bericht über den Zustand der polnischen Armee erstellen lassen. Die Resultate waren erschreckend. Die polnische Armee war technisch auf dem Stand des Ersten Weltkriegs geblieben und verfügte kaum über moderne Waffen wie Panzer, Flugzeuge oder Artilleriegeschütze. Ein 1936 hastig geschnürtes Rüstungspaket, das die Armee hätte modernisieren sollen, kam zu spät und war zu wenig effizient.[12]

Als Antwort auf die Industrialisierungserfolge in der Sowjetunion gründete die polnische Regierung 1936 die Zentrale Industrieregion (Centralny Okręg Przemysłowy, COP), die sich grob im Dreieck der Städte Warschau, Krakau und Lemberg (Lwów) befand, ohne diese jedoch einzuschließen. Im Zentrum des COP lag die Stadt Sandomir

---

9   Irma Kozina: Katowicka Moderna – funkcjonalistyczny epizod dwudziestolecia międzywojennego w województwie śląskim [Kattowitzer Moderne – eine funktionalistische Episode der Zwischenkriegszeit in der schlesischen Wojewodschaft]. In: Katowicka Moderna 1927–1939. Katowice Modernist Architecture. Katowice 2012, S. 11–36.
10 Vgl. Musiał: Modernizacja Polski, S. 135ff.
11 Janusz Żarnowski: O inteligencji polskiej lat międzywojennych [Über die polnische Intelligenz der Zwischenkriegsjahre]. Warszawa 1965, S. 110.
12 Walter M. Drzewieniecki: The Polish Army on the Eve of World War II. In: THE POLISH REVIEW 26 (1981), S. 54–64, hier S. 58.

Karol Schayer machte 1926 sein Diplom an der Technischen Hochschule Lemberg (Lwów) als Ingenieur und Architekt. Nach seinem Studium zog er in den polnischen Teil Oberschlesiens, wo er den Auftrag erhielt, das Rathaus in Królewska Huta (heute Chorzów/dt. Königshütte) zu erweitern. In dieser Zeit setzte Schayer in der Region mehr als 30 Entwürfe um, darunter Schulen, Mietshäuser und Arbeitersiedlungen. Zu seinen bekanntesten Entwürfen gehört das Schlesische Museum in Kattowitz (Bild), das zeigt, wie er Moderne und Monumentalität zusammen dachte. Während des Zweiten Weltkriegs verließ Schayer Polen und ließ sich zunächst in Palästina nieder, wo er für die Alliierten mehrere Armeecamps und ein Militärkrankenhaus baute. Danach ging er in den Libanon und setzte dort zusammen mit seinem Partner mindestens 130 Bauvorhaben um. Außerdem war er Dozent am Institut für Malerei und Grafik in Beirut. Er starb 1971 in den USA.

Nach www.bauwelt.de

(Sandomierz). Militärische Überlegungen spielten dabei von Anfang an eine wichtige Rolle. Der COP wurde im Westen und Osten von den Flüssen Weichsel (Wisła) und San und den Karpaten im Süden begrenzt und war damit vor einem eventuellen Angriff sowohl von deutscher als auch von sowjetischer Seite geschützt. Man nannte den COP deshalb auch das »Sicherheitsdreieck«.[13] Erste Pläne zu einer so breit angelegten Industriezone gab es bereits in den zwanziger Jahren. Drei Ziele standen im Vordergrund: Erstens sollte die eigene Rüstung vorangetrieben werden, zweitens wollte man eine moderne Schwerindustrie einrichten und drittens musste die Arbeitslosigkeit bekämpft werden. Allerdings führte erst die Verschärfung der internationalen Bedrohungslage in den dreißiger Jahren zur Ausführung dieses

13 Vgl. Musiał: Modernizacja Polski, S. 153.

Projekts. Hier wurden Waffen und Kanonen hergestellt, die auch nach Spanien und nach Großbritannien exportiert wurden. Die Sowjetunion verfolgte den Aufbau des COP mit höchstem Misstrauen und verübte – mit unterschiedlichem Erfolg – Sabotageakte auf die militärisch relevanten Industrieanlagen.[14] Der Staat lenkte in einem vierjährigen Investitionsplan die enorme Summe von etwa 3 Milliarden Złoty in den COP, was etwa 60 Prozent der staatlichen Investitionen in ganz Polen ausmachte. Wichtig waren darüber hinaus private Investitionen, die sich fast auf der Höhe des staatlichen Engagements bewegten. Der Förderer von Gdynia, Eugeniusz Kwiatkowski, war auch eine der treibenden Kräfte bei der Gründung des COP. Der Aufbau des COP gipfelte in der Neugründung der Stadt Stalowa Wola im Jahr 1938, deren Name (»stählerner Wille«) ebenso gut im nationalsozialistischen Deutschland oder in der stalinistischen Sowjetunion hätte auftauchen können. Der Name der Stadt geht auf den Verteidigungsminister Tadeusz Kasprzycki (1891–1971) zurück, der pathetisch behauptet hatte, die Stadt verkörpere den »stählernen Willen« des polnischen Volkes, in die Moderne aufzubrechen (»stalowa wola narodu polskiego wybicia się na nowoczesność«).[15] Das urbanistische Projekt unterschied klar zwischen den gesellschaftlichen Schichten. Die bis zu 30.000 Bewohnerinnen und Bewohner sollten in unterschiedlichen Kolonien leben: einer Arbeitersiedlung, einer Beamtensiedlung und einer Ingenieurs- und Direktorensiedlung. Entsprechend fiel auch die architektonische Gestaltung aus. In der Arbeitersiedlung sollten Wohnblöcke, eine Grundschule, ein Volkshaus, Sporteinrichtungen und Geschäfte entstehen. In der Siedlung für die Kader waren Zweifamilienhäuser für die Ingenieure und Beamten und Einzelvillen für die Direktoren geplant. Auch bei der Bildung spielte die Segregation eine Rolle: Nur im Ingenieurs- und Beamtenviertel war der Bau eines Gymnasiums geplant. Zwar diktierte der konservative Geschmack der Entscheidungsträger des wichtigsten Investors, des Militärischen Wohnfonds (Fundusz Kwaterunku Wojskowego, FKW) in vielen Fällen ein neoklassizistisches Erscheinungsbild der Bauten, im Ganzen aber stellte Stalowa Wola ein Projekt des avantgardistischen Funktionalismus dar.[16]

Bei der Realisierung des COP blieb die Wirklichkeit allerdings weit hinter den Ansprüchen zurück. Die Pläne für 1939 und 1940 sahen die Schaffung von 107.000 neuen Arbeitsplätzen vor. In der Region des COP waren aber über eine halbe Million Menschen arbeitslos. Wer eine der begehrten Stellen im COP ergattern konnte, schlief oft im Wald oder gleich auf der Baustelle, um nicht die Arbeit zu verlieren.[17]

---

14   Edward Terlecki: Powrotna Fala (Pamiętnik) [Die Rückwelle (Tagebuch)]. Warszawa 1994, S. 45.
15   Dionizy Garbacz: Stalowa Wola. Narodziny 1938–1939 [Stalowa Wola. Geburtsjahre 1938–1939]. Stalowa Wola 1993, S. 52.
16   Adam Rybka: Centralny Okręg Przemysłowy a polska awangardowa urbanistyka międzywojenna [Die Zentrale Industrieregion und die polnische Avantgarde-Urbanistik der Zwischenkriegszeit]. Rzeszów 1995, hier S. 183, S. 195 und S. 204.
17   Adam Leszczyński: Ludowa historia Polski. Historia wyzysku i oporu. Mitologia panowania [Die Geschichte des polnischen Volkes. Geschichte der Ausbeutung und des Widerstands. Mythologie der Herrschaft]. Warszawa 2020, S. 474.

AVANTGARDISTISCHE KUNST

Der neue Staat brauchte auch eine neue Kunst. Der Futurist Anatol Stern (1899–1968) schrieb über die Aufbruchstimmung in der jungen Zweiten Republik: »Wir alle waren damals ergriffen von einer erhabenen Manie, die Wirklichkeit zu organisieren.«[18] 1920 erschien die erste Nummer der Zeitschrift SKAMANDER. Das literarische Manifest, das diese Nummer eröffnete, betonte den Fokus auf die Gegenwart und die physische Welt. Das Wirken der SKAMANDER-Gruppe war von großen Erwartungen und Zukunftsoptimismus getragen. Diesem inhaltlichen Impetus entsprachen Wortexperimente, wie sie sich etwa in den Neologismen von Julian Tuwim (1894–1953) oder den modernistischen Klängen von Jarosław Iwaszkiewicz (1894–1980) spiegelten. Andere Dichtervereinigungen gingen noch einen Schritt weiter. Die Autoren um die Zeitschrift ZWROTNICA (1922–1923, 1926–1927) gaben alle metrischen Regeln auf und setzten auf eine maximal verdichtete, metaphorische Sprache. Die Zeitschrift KWADRYGA (1926–1931) vereinigte Dichter, die ihre Poesie in den Dienst des sozialen Fortschritts stellen wollten. In Wilna formierte sich um die Zeitschrift ŻAGARY (1931–1934) ein Dichterkreis, der zwischen Marxismus und Katastrophismus schwankte. In dieser Zeitschrift veröffentlichte der junge Czesław Miłosz (1911–2004) einen kulturkritischen Essay, in dem er die »Produzenten künstlerischer Güter« selbstbewusst mit der »Aufzucht von Menschen« beauftragte.[19]

Alle diese literarischen Projekte trauten der Kunst die Bewältigung der Zukunftsaufgaben zu, vor denen die polnische Kultur stand. Vielleicht am deutlichsten äußerte sich diese Haltung im vielfältigen Werk von Stanisław Ignacy Witkiewicz (Witkacy) (1885–1939), der in seinen Fotografien, Gemälden, Skizzen, Dramen und Romanen den Drang des Künstlers nach Selbstvervollkommnung gestaltete. Sein Ideal bezeichnete er als »reine Form« (czysta forma), in der sich die zunächst sinnlose individuelle Existenz mit der geheimnisvollen Welt versöhnt.[20] Das oberste Ziel bestand für ihn in der Überwindung und Bändigung der drohenden Automatisierung der Menschheit. Witkacy verband diese Angst mit der apokalyptischen Vision einer Unterdrückung der polnischen Kultur aus dem asiatischen Osten (Russland und China). Als seine Befürchtung sich durch den sowjetischen Überfall auf Polen bewahrheitete, nahm er sich das Leben.

ULRICH SCHMID ist Professor für Kultur und Gesellschaft Russlands an der Universität St. Gallen. Er ist Autor und Herausgeber mehrerer Publikationen zur polnischen, russischen und ukrainischen Kulturgeschichte, u. a. *Schwert, Kreuz und Adler. Die Ästhetik des nationalistischen Diskurses in Polen 1926–1939* (Wiesbaden 2014).

---

18   Marek Zaleski: Przygoda drugiej awangardy [Das Abenteuer der zweiten Avantgarde]. Wrocław, Warszawa, Kraków 2000, S. 20.
19   Isabelle Vonlanthen, Ulrich Schmid, Stefan Guth: Nationale Gemeinschaftskonzepte. Der Dichter als Volkserzieher. In: Ulrich Schmid (Hrsg.), Schwert, Kreuz und Adler. Die Ästhetik des nationalistischen Diskurses in Polen (1926–1939). Wiesbaden 2013, S. 308–347, hier S. 342.
20   Christine Kiebuzinsk: Witkacy's Theory of Pure Form: Change, Dissolution, and Uncertainty Author(s). In: SOUTH ATLANTIC REVIEW 58 (1993), S. 59–83.

WARSZAWA CENTRALNA

WARSZAWA
WARSAW CENTRAL STATION
ARSENIUSZ ROMANOWICZ

Stefan Garsztecki

Modernisierung und regionale Entwicklungspläne in Polen

Die Modernisierung Polens und der sozioökonomische Anschluss des Landes an die westlichen (Post-)Industrienationen war eines der zentralen Ziele der polnischen Regierungen nach 1989. Dabei ging und geht es einerseits darum, den dritten Modernisierungsansatz – nach den Modernisierungsbemühungen der Zwischenkriegszeit und der sozialistischen Modernisierung nach 1945 – zum Erfolg zu führen und so den Entwicklungsrückstand gegenüber den westlichen Ländern zu verringern. Andererseits ist in der polnischen Gesellschaft ein Streit entbrannt – um die richtige Entwicklungsstrategie und die dazu passende Ideologie.

In der Zwischenkriegszeit war Polen angesichts der Unterschiedlichkeit der vormaligen Teilungsgebiete, des offenkundigen Entwicklungsrückstands und des Kapitalmangels im Lande auf einen starken staatlichen Akteur angewiesen, der insbesondere auch nach der Weltwirtschaftskrise von 1929 die ausbleibenden privaten Investitionen aus dem Ausland ersetzen musste. Der vor allem gegen Ende der Zwischenkriegszeit stärkere zentrale Zugriff auch auf die Regionen war nicht geeignet, regionale Entwicklungspotentiale zu nutzen. Die Dominanz eines etatistischen Ansatzes wurde von der Krakauer Ökonomischen Schule kaum gebremst, auch weil ausländische Investitionen ausblieben.[1] Nach 1945 erfolgte der erzwungene Übergang zur Staatswirtschaft im sozialistischen Gewand, verknüpft mit Dirigismus und Zentralismus, Mehrjahresplänen und – zumindest bis in die 1970er Jahre – einem Kappen der Handelsströme in den Westen. Einher ging dies mit einer Geringschätzung der Konsumgüterindustrie, mit einem allgegenwärtigen Mangel und, trotz der vergleichsweise hohen Wachstumsraten im Bereich der Schwerindustrie in den 1950er und 1960er Jahren, mit einem immer größer werdenden Abstand zum Westen. Auch die staatlich angeleitete Modernisierung in der Volksrepublik Polen war somit nicht erfolgreich, und der Entwicklungsrückstand zum Ende des sozialistischen Experiments war beträchtlich.

---

1 Vgl. Grzegorz Węcławowicz: Geografia społeczna Polski [Sozialgeographie Polens], Warszawa: Wydawnictwo Naukowe PWN 2018, S. 118f.

> **Krakauer Ökonomische Schule**
>
> Für die Krakauer Ökonomische Schule standen u. a. Adam Heydel, Ferdynand Zweig und Adam Krzyżanowski. Sie sprachen sich für die freie Marktwirtschaft als effektivste Instrumente aus, um im Polen der Zwischenkriegszeit ein stetes Wachstum und eine schnelle Entwicklung zu erzielen. Allerdings wollten die etatistisch denkenden *Sanacja*-Eliten nichts von diesen freiheitlichen Wirtschaftsideen wissen, deren Wurzeln im Denken österreichischer Ökonomen lagen, etwa von Julian von Dunajewski, Finanzminister und konservativer Liberaler in Wien am Ende des 19. Jahrhunderts. Die Krakauer hielten auch Kontakte zu den ökonomischen Koryphäen jener Zeit: Adam Heydel beispielsweise studierte bei Ludwig von Mieses und war mit Joseph Schumpeter befreundet. Die Leistungen der Krakauer Ökonomischen Schule, verschmäht in der *Sanacja*-Zeit, vergessen in der Volksrepublik Polen, finden langsam wieder Beachtung unter konservativ denkenden Liberalen im Polen der Gegenwart.

Mit dem Runden Tisch und dem Übergang zu Marktwirtschaft und Demokratie setzte der dritte Versuch einer nachhaltigen Modernisierung in Polen ein, der es makroökonomisch betrachtet geschafft hat, den Entwicklungsrückstand gegenüber den westlichen Ländern deutlich zu verringern, zumindest in den ökonomisch am weitesten entwickelten Regionen des polnischen Staates.[2]

DAS ERBE DER VOLKSREPUBLIK POLEN

Die mit Beginn der 1970er Jahre einsetzende allmähliche Abkehr vom reinen sowjetischen Modell einer autarken Wirtschaft innerhalb des sozialistischen Wirtschaftsraums sowie die Hinwendung zu einer Öffnung gegenüber dem Westen und zu vorsichtigen ökonomischen Reformen waren letztlich nicht von Erfolg gekrönt. Weder gelang es, die Effizienz der nach wie vor vom Staat dominierten Wirtschaft zu erhöhen, noch konnte die Konsumgüterindustrie so gesteigert werden, dass die Nachfrage auch nur annähernd gedeckt wurde. Innovationen wurden – wenn überhaupt – zu spät in den Markt eingeführt, dem Kapitalmangel wurde durch Kreditaufnahme im westlichen Ausland begegnet, was zu einer wachsenden Verschuldung führte. Die Strukturprobleme blieben bestehen, und die anhaltende Wirtschaftskrise konnte durch die diversen ökonomischen Reformen der 1970er und 1980er Jahre nicht gelöst werden. Im Rahmen dieser Reformen war zunächst unter Führung von Edward Gierek ab 1970 versucht worden, über einen sogenannten »großen Sprung« (*wielki skok*) einen Modernisierungsschub für die polnische Wirtschaft zu erreichen. Ein wachsendes Außenhandelsdefizit und zunehmende Verschuldung waren das Ergebnis, und das Nationaleinkommen reduzierte sich in den Jahren 1979 und 1980 sogar offiziellen Angaben zufolge. Auch die Reformbemühungen der Regierungsmannschaft um General Wojciech Jaruzelski ab 1981 waren letztlich nicht erfolgreich und konnten die polnische Wirtschaft nicht aus der Stagnation herausführen, da für die sehr begrenzten Reformansätze zur Stärkung

---

2 Vgl. Marcin Piątkowski: Das Wunder an der Weichsel. Polen ist Europas am schnellsten wachsende Volkswirtschaft. In: Friedrich-Ebert-Stiftung, Juli 2019, http://library.fes.de/pdf-files/bueros/warschau/15636.pdf (27.2.2022).

privatwirtschaftlicher Initiative letztlich auch die Akzeptanz seitens der Bevölkerung fehlte, wie das Referendum vom November 1987 zeigte. Bereits vor der Einführung des Kriegsrechts konnten auch die Reformbemühungen der Gewerkschaft *Solidarność* nicht zum Erfolg geführt werden.

Allerdings hatten die staatlichen Reformversuche und die sich wandelnden Ansätze der ökonomischen Eliten des Landes, vor allem aber auch der sukzessive Zerfall der staatlichen Ordnung, durchaus Auswirkungen auf die private Initiative, so dass der Anteil der Privatwirtschaft am Bruttoinlandsprodukt im Jahr 1989 bereits 29 Prozent ausmachte.

Dennoch war das Erbe der Volksrepublik Polen fatal. Die zuvor versteckte Inflation wurde mit der Teilfreigabe der Preise noch unter Ministerpräsident Mieczysław Rakowski offensichtlich, und das Vertrauen der Bevölkerung in staatliches Handeln fiel ins Bodenlose. Zudem lag privates Devisenvermögen in beträchtlicher Höhe brach, ohne dass vor dem Runden Tisch eine erfolgversprechende Strategie existierte, dieses Geld zumindest teilweise dem Wirtschaftskreislauf zuzuführen. Schließlich herrschte auch eine stark ausgeprägte paternalistische Mentalität, die es für den erfolgreichen Start einer neuen Wirtschaftsordnung zu überwinden galt.

Das institutionelle Gebäude des Staates war ebenfalls reformbedürftig. Die zentralistische Ordnung der Volksrepublik Polen kannte zwar auch Woiwodschaften als regionale Zwischenebene zwischen zentraler Verwaltung und den Gemeinden, aber die seit 1975 existierenden 49 Woiwodschaften waren zu klein, ökonomisch überwiegend nicht tragfähig und eben auch nicht mit entsprechenden Kompetenzen ausgestattet. Seit Mitte der 1970er Jahre wurde mit der Aufblähung auf 49 Woiwodschaften zwar ein polyzentrisches Modell mit gemäßigter Konzentration verfolgt, was aber aus den genannten Gründen nicht funktionierte, zumal auch in diesem Modell vor allem die industrialisierten Woiwodschaften gemeinsam mit den sozialistischen Planungs- und Funktionseliten letztlich einen zentralistischen Ansatz beibehielten. Daher konnte sich auch das von der Gewerkschaft *Solidarność* Anfang der 1980er Jahre postulierte Programm einer »sich selbst verwaltenden Republik« (*Samorządna Rzeczpospolita*) nicht durchsetzen.

Die Modernisierungsstrategie der polnischen Kommunisten verfolgte einen doppelten Ansatz, wobei die Vorgaben auf beiden Feldern von oben, das heißt seitens der Partei- und Staatsspitze, erfolgten. Auf der einen Seite sollte das Land durch eine unbedingte Industrialisierung nicht nur dem sowjetischen und ideologischen Vorbild entsprechen, sondern auch einen entscheidenden Schritt nach vorn machen und im Vergleich zum Westen langfristig das erfolgreichere Modell darstellen. Auf der anderen Seite war es auch das Ziel, die Gesellschaft durch den Aufstieg neuer Gesellschaftsschichten und den Ausschluss beziehungsweise die Vernichtung alter, bourgeoiser Schichten umzugestalten. Beide Prozesse, die im Übrigen eng miteinander verknüpft waren, sollten für einen gigantischen Umbau der polnischen Vorkriegsgesellschaft sorgen.

Der Runde Tisch sorgte im Frühjahr 1989 für einen friedlichen Wandel in Wirtschaft und Politik

Durch den massiven Zuzug vom Dorf in die rasch wachsenden Städte stieg der Urbanisierungsgrad von 34 Prozent im Jahr 1946 auf 62 Prozent im Jahr 1991. Auch der Industrialisierungsgrad sollte sich drastisch verändern. Betrug der Anteil der Industrie an der Volkswirtschaft 1950 gerade einmal knapp 40 Prozent, lag er 1975 bereits bei circa 80 Prozent.[3] Allerdings muss die Effektivität dieses Modernisierungsansatzes stark in Zweifel gezogen werden, da er erstens zentralistisch von oben gesteuert wurde und somit auch ideologischen Vorgaben entsprach. Zweitens waren gerade die in den 1970er Jahren vorgenommenen Investitionen nicht sehr effektiv, und das Nationaleinkommen konnte nicht im gebotenen Maße gesteigert werden, um die Rückständigkeit Polens gemessen an den westlichen Industriegesellschaften zu verringern. Neben den Unzulänglichkeiten der zentralistischen Planwirtschaft offenbarten aber auch die gesellschaftlichen Proteste, die in unregelmäßigen Abständen immer wieder ausbrachen (1956, 1968, 1970, 1976, 1980), die Schwächen des sozialistischen Modernisierungsansatzes.

3 Roman Macyra: Polskie ścieżki industrializacji (1918–1989). Propozycja weryfikacji ich efektywności ekonomicznej i społecznej użyteczności [Polnische Pfade der Industrialisierung (1918–1989). Ein Vorschlag der Verifizierung ihrer ökonomischen Effektivität und ihres gesellschaftlichen Nutzens]. In: OPTIMUM. ECONOMIC STUDIES Nr. 1/95, 2019, S. 46–71, hier S. 60.

ENTWICKLUNGSANSÄTZE NACH 1989

Angesichts der ökonomischen Stagnation und der gesellschaftlichen Apathie im Polen der 1980er Jahre war die gesellschaftliche Bereitschaft groß, im Rahmen einer »Rückkehr nach Europa« einen neuen Entwicklungspfad zu beschreiten – und zwar in Richtung Demokratie und Marktwirtschaft.

In der westlichen Forschungsliteratur wurde die Transformation (engl. *transition*) zu Beginn vor allem als nachholende Modernisierung bezeichnet, womit zunächst einmal von einer ökonomischen und in westlichen Augen häufig auch gesellschaftlichen Rückständigkeit der spätsozialistischen Staaten ausgegangen wurde.[4] Sehr bald sollte es aber zu einer disziplinären Ausdifferenzierung kommen, und die Politikwissenschaft befasste sich fortan beispielsweise vor allem mit Aspekten der Konsolidierung von Demokratie.[5]

Jacek Kochanowicz zufolge standen sich in der Modernisierung des postsozialistischen Polen zwei Ansätze gegenüber. Die neoliberale Richtung war stark von westlichen Vorstellungen geprägt, die auch von einem Teil der polnischen ökonomischen Eliten geteilt wurden, und sah einen raschen Übergang vom Staatssozialismus zum Kapitalismus vor. Der andere Ansatz, das patrimoniale Paradigma nach Iván Szelényi, setzte auf einen langsameren Prozess und behielt viele Elemente des alten Systems bei.[6] In den weiter unten folgenden Überlegungen zur Modernisierungsstrategie der Partei Prawo i Sprawiedliwość (Recht und Gerechtigkeit, PiS) wird noch zu untersuchen sein, ob deren stark antikommunistisch geprägtes Programm in seiner Modernisierungsstrategie nicht doch in Teilen dem sozialistischen Modernisierungsparadigma folgt oder ob es eine andere Spielart der westlichen Moderne ist. Grzegorz Węcławowicz verweist darauf, dass die polnischen Parteien bereits in den neunziger Jahren unterschiedliche Modernisierungsansätze vertraten. Während Parteien der liberalen Mitte und konservative Gruppierungen auf die klassische Modernisierungstheorie im Sinne von Talcott Parsons oder – mit stärkerem Akzent auf der Rolle des Marktes – von Milton Friedman und damit auf Verflechtung, Arbeitsteilung und in gewissem Maße Abhängigkeiten setzten, verfolgten linke Gruppierungen und wohl auch Teile der PiS alternative Modernisierungsmodelle mit einer stärkeren Betonung der Rolle des Staates.[7]

4 Vgl. Wolfgang Zapf: Modernisierung und Modernisierungstheorien. In: Ders. (Hrsg.), Die Modernisierung moderner Gesellschaften. Verhandlungen des 25. Deutschen Soziologentages in Frankfurt am Main 1990, Frankfurt a. M. 1991, S. 23–39; Klaus Müller: Nachholende Modernisierung? Die Konjunkturen der Modernisierungstheorie und ihre Anwendung auf die Transformation der osteuropäischen Gesellschaften. In: LEVIATHAN 2, 1991, S. 261–291.
5 Vgl. Klaus von Beyme, Claus Offe (Hrsg.): Politische Theorien in der Ära der Transformation (= Politische Vierteljahresschrift, Sonderheft 26), Opladen 1996.
6 Jacek Kochanowicz: Globalization and Eastern Europe: 1870–1914, 1970–2000. In: Ders., Backwardness and Modernization. Poland and Eastern Europe in the 16th–20th Centuries, Aldershot 2006, S. 193.
7 Vgl. Węcławowicz, Geografia społeczna Polski, S. 118 f.

In dieser Hinsicht ist die PiS zwar in normativer Hinsicht, was die Werte anbelangt, eine konservative Partei, in ökonomischer Hinsicht plädiert die Partei jedoch für eine stärkere Rolle des Staates und eine dezidierte Sozialpolitik. Motive für die Ablehnung eines ökonomischen Liberalismus werden in der PiS vor allem aus der katholischen Soziallehre und den Vorstellungen vom Staat als einer Solidargemeinschaft abgeleitet. Letzteres knüpft an Vorstellungen der Gewerkschaft *Solidarność* aus den Jahren 1980/81 und ideengeschichtlich unter anderem an den Republikanismus an.

Bereits zu Beginn der Transformation entschieden sich die politischen und ökonomischen Eliten in Warschau für einen radikalen Schnitt, sicherlich auch angesichts der katastrophalen Wirtschaftslage und der einsetzenden Hyperinflation. Zudem dürften auch der Einfluss westlicher Berater:innen und die Vernetzung eines Teils der polnischen liberalen Eliten mit Vertreter:innen des neoliberalen ökonomischen Paradigmas eine Rolle bei der Entscheidung gespielt haben, in Polen ein westliches neoliberales Wirtschaftsmodell zu etablieren. Man wollte sich auf im Westen erprobte Ansätze verlassen, nicht zuletzt um das während der sozialistischen Wirtschaft praktizierte inkonsequente Muster nicht nachhaltiger Reformen zu durchbrechen. Ziele des Wirtschaftsprogramms waren angesichts der Hyperinflation die Stabilisierung der Wirtschaft und der ordnungspolitische Umbau.

Zu diesem Zweck legte Leszek Balcerowicz dem Sejm am 17. Dezember 1989 insgesamt zehn Gesetzentwürfe zur Abstimmung vor, die den Kern des sogenannten Balcerowicz Plans, einer polnischen »Schocktherapie«, darstellten und zum 1. Januar 1990 in Kraft traten. Die Preisfreigabe für Lebensmittel war bereits zum 1. August 1989 von der Regierung Rakowski verfügt worden. Der Balcerowicz-Plan sollte die Staatsfinanzen reformieren und den Haushalt sanieren, vor allem durch eine restriktive Geldpolitik. Marktmechanismen sollten unter anderem durch Freigabe der Preise und Deregulierung etabliert und die Eigentumsstruktur der Wirtschaft durch Privatisierung und Freigabe des Immobilienhandels verändert werden. Fortan sollte so möglichst bald der private und nicht mehr der staatliche Sektor dominieren.

Mit dem Balcerowicz-Plan, der sehr bald konkrete Effekte in Form eines stetigen Wirtschaftswachstums und eines Rückgangs der Inflation von knapp 250 Prozent im Jahr 1990 auf 4,4 Prozent im Jahr des EU-Beitritts 2004 zeitigte, wurde für die folgenden gut 20 Jahre ein klar umrissenes Modernisierungsparadigma festgeschrieben.

Die 1989 gewählte Modernisierungsstrategie setzte im Einklang mit dem neoliberalen Paradigma auf die Kraft der Märkte und die Initiative der Bürger. Allerdings blieben einige Dinge außen vor, und die bald sichtbar werdenden sozialen Verwerfungen wie wachsende Arbeitslosigkeit oder zunehmende gesellschaftliche Ausdifferenzierungen führten zu gesellschaftlichen Protesten und letztlich auch zum Ende der Regierung von Tadeusz Mazowiecki. Aber auch wenn die Produktion zunächst einbrach und

Inflation und Arbeitslosigkeit hoch waren, war Polen doch das erste postsozialistische Land, das sich aus der Post-Transformationskrise herausarbeitete. Bereits 1992 wuchs das Bruttosozialprodukt wieder, die Arbeitslosigkeit begann ab 1993 zu sinken.

Andere Dinge blieben zunächst auf der Strecke. So sollte sich die Privatisierung mittlerer und großer staatlicher Betriebe nicht zuletzt aufgrund gesellschaftlicher Vorbehalte weiter hinziehen, während die direkte (kleine) Privatisierung recht zügig vorankam. Gesellschaftliche Proteste führten schließlich ab 1995 zum Programm der allgemeinen Privatisierung, das letztlich scheiterte, da die Ausgabe von Anteilsscheinen von 512 staatlichen Unternehmen an über 27 Millionen Polen kein Kapital schuf.[8] Heute ist die Privatisierung im Wesentlichen abgeschlossen.

Gravierend war außerdem, dass nach der Einführung der kommunalen Selbstverwaltung kein analoger Schritt für die Regionen, geschweige denn eine Art von regionalem Ausgleich erfolgte. Diese Ignoranz von staatlicher Seite und mangelnde Steuerung trugen mit dazu bei, dass ausländische Investitionen vor allem in den westlichen Teilen Polens getätigt wurden und die regionalen Disparitäten in der Folge deutlich zunahmen. Wohl erst die Perspektive der EU-Mitgliedschaft und damit verknüpft die Notwendigkeit, die EU-Kohäsionspolitik auf NUTS-Ebene umzusetzen, führten hier zu Veränderungen. Dafür wurden sowohl strategische Dokumente wie auch Gesetze verabschiedet. Zu nennen sind hier erstens die *Nationale Strategie der Regionalentwicklung (Narodowa Strategia Rozwoju Regionalnego)* als Grundlage für den Erhalt und die Verwendung der EU-Kohäsionsmittel und zweitens das im Oktober 1998 verabschiedete und zum 1. Januar 1999 in Kraft getretene Gesetz, mit dem die Zahl der Woiwodschaften auf 16 reduziert und 308 Kreise eingeführt wurden. Ziel dieser Verwaltungsreform war nicht nur die Anpassung an EU-Erfordernisse, sondern auch eine stärkere Dezentralisierung zwecks einer besseren Effizienz und Bürgernähe beziehungsweise -beteiligung und eines größeren Wettbewerbs zwischen den Regionen. Drittens wurden Gesetze beschlossen, die die künftige Regionalpolitik absteckten: zunächst im Mai 2000 das Gesetz über die Prinzipien der Unterstützung der Regionalentwicklung und im Dezember 2006 das bis heute gültige, wenn auch mehrfach novellierte Gesetz über die Prinzipien der Gestaltung der Regionalpolitik.[9]

Neben der zögerlichen großen Privatisierung und dem langen Fehlen einer Regionalpolitik zeigten sich mit dem weiteren Fortgang der Transformation weitere Mängel des gewählten Modernisierungsparadigmas. Ganz offensichtlich fehlte es der polnischen Wirtschaft auch im ersten Jahrzehnt des neuen Jahrtausends an Kapital, und auch

8 Wolfgang Quaisser: Strukturwandel in den 90er-Jahren. In: https://www.bpb.de/internationales/europa/polen/40724/strukturwandel?p=all vom 7.9.2009 (20.2.2022).
9 Paweł Churski: Czynniki rozwoju regionalnego i polityka regionalna w Polsce w okresie integracji z Unią Europejską [Faktoren der regionalen Entwicklung und die regionale Politik in Polen im Zeitraum der Integration in die Europäische Union], Poznań 2008, S. 68 f.

die Innovationskraft ließ zu wünschen übrig. Ferner waren und sind die Ausgaben für den Bereich Forschung und Entwicklung (F&E) gering. Polen gab im Jahr 2018 hierfür lediglich 1,21 Prozent seines Bruttosozialprodukts (BSP) aus, während beispielsweise Tschechien im gleichen Berichtsjahr 1,93 Prozent und Deutschland 3,09 Prozent aufwendete. 2004 waren es gar nur 0,55 Prozent und 2015 ganze 1,003 Prozent (nach Weltbank-Angaben).[10] Auch die Wettbewerbsfähigkeit der polnischen Unternehmen war Ende der 1990er Jahre unzureichend. Zudem steht Polen nach einem Rapport der Warschauer Handelshochschule aus dem Jahr 2017 vor weiteren Hürden. Adam Czerniak und Ryszard Rapacki nennen sieben Herausforderungen: Erstens fehle es nach wie vor an einer Strategie und Zielvision für die Wirtschaftspolitik, was schon in den Jahren seit 1989 zu einem nicht kohärenten institutionellen System geführt habe. Zweitens seien die zukünftige Rolle Polens in der EU und damit die Entwicklungsstrategie unklar. Drittens existiere die Gefahr, dass Polen dauerhaft ein Land der Peripherie in der EU bleibe und damit Werkbank für wenig komplexe Produkte mit geringer Wertschöpfung. Viertens müsse der Staat Perspektiven für eine dauerhafte ökonomische Entwicklung schaffen, was vor allem höhere Aufwendungen im Bereich F&E bedeute. Fünftens gebe der Staat zu viel für redistributive Zwecke (Sozialpolitik) aus, anstatt die Ressourcen in die Entwicklung des Staates und der Wirtschaft zu stecken. Sechstens sei der Staat nicht effektiv (Korruption) und – beispielsweise im Rechts- und Justizwesen – nicht gut aufgestellt, und siebtens liege der Anteil der öffentlichen Ausgaben bei über 40 Prozent des BSP.[11]

Andrzej Piotr Wierzbicki führt in einer Analyse aus dem Jahr 2011 noch andere Risiken an. So verweist er auf die steigende Gefahr einer sozialen Ausgrenzung, die ausgeschlossene gesellschaftliche Gruppen anfällig für ideologische Manipulationen mache. Er regt an, sich nach Einführung von Marktwirtschaft und Demokratie in den weiteren Modernisierungsanstrengungen auf die zivilisatorische Entwicklung zu fokussieren, das heißt auf die Förderung von Kultur, Wissenschaft und Schulwesen.[12]

Angesichts der hier nur kurz umrissenen Risiken und Schwächen des polnischen Modernisierungspfads waren und sind die Herausforderungen für die von 2015–2023 mit absoluter Mehrheit regierende Partei Recht und Gerechtigkeit gewaltig. Im folgenden Abschnitt soll daher untersucht werden, welche Modernisierungsstrategie die PiS seit

---

10 Quelle der Daten: https://tcdata360.worldbank.org/indicators/GB.XPD.RSDV.GD.ZS?country=BRA&indicator=2013&viz=line_chart&years=1996,2017 sowie https://data.worldbank.org/indicator/GB.XPD.RSDV.GD.ZS?locations=PL (29.8.2022).
11 Adam Czerniak, Ryszard Rapacki: Kierunki polityki gospodarczej i najważniejsze wyzwania w latach 2010–2016 [Richtungen der Wirtschaftspolitik und die wichtigsten Herausforderungen in den Jahren 2010–2016]. In: Marzenna Anna Weresa (Hrsg.), Polska. Raport o konkurencyjności 2017. Umiędzynarodowienie polskiej gospodarki a pozycja konkurencyjna, redakcyja naukowa [Polen. Bericht über den Wettbewerb 2017. Die Internationalisierung der polnischen Wirtschaft und Wettbewerbspositionen, wissenschaftliche Redaktion], Warszawa 2017, S. 103–118, hier S. 110ff.
12 Vgl. Węcławowicz, Geografia społeczna Polski, S. 114.

2015 verfolgt, und zwar auf nationaler wie auch regionaler Ebene. Bis dato wurde ein stark neoliberales Modell verfolgt, was staatliche Eingriffe gering hielt und auf regionaler Ebene mit Hilfe der EU-Mittel einen Ausgleich zwischen den Regionen anstrebte. Allerdings hat die EU selber ihre Regionalpolitik geändert und betont heute stärker die Konkurrenz der Regionen und das endogene Potential.[13] Zudem existieren neben der neoliberalen Modernisierungserzählung weitere Modernisierungsnarrative. Ein konservatives, das vor allem die Nation, nationale Souveränität und eine konservative Identitätspolitik in den Mittelpunkt stellt, und ein sozialdemokratisches, das vor allem postmoderne Werte und den Solidargedanken unterstreicht.[14] Hinzu kommen unterschiedliche Kombinationen dieser Narrative.

DAS PIS-MODELL DER MODERNISIERUNG DES LANDES

Bereits die Regierungserklärung der im Jahr 2015 gewählten Ministerpräsidentin Beata Szydło verdeutlichte, dass die neue, PiS-geführte Regierung eine andere als die neoliberale Modernisierungserzählung verfolgen würde. Zwar hob die Ministerpräsidentin als zentrales Anliegen die Entwicklung des Landes hervor, dieses Programm wurde jedoch mit zahlreichen Sozialleistungen verbunden, wie einem Kindergeld in Höhe von 500 PLN, der Absenkung des Renteneintrittsalters, einem höheren Mindestlohn und weiteren Sozialmaßnahmen. Die Entwicklung des Landes sollte mit der Entwicklung der Gesellschaft und der Entwicklung der polnischen Familien Schritt halten. Dazu beitragen sollten zusätzliche staatliche Investitionen, Steuererleichterungen für kleine Unternehmen, eine Stärkung der Konkurrenzfähigkeit der polnischen Unternehmen auf dem globalen Markt, eine Reindustrialisierung und eine Revitalisierung abgehängter Regionen.[15] Es finden sich hier also deutliche Anknüpfungen an ein konservatives Modernisierungsparadigma, das verstärkt staatliche Verantwortung und staatliches Handeln betont und auch benachteiligte Regionen und Transformationsverlierer berücksichtigt. Zudem werden traditionelle Werte wie Familie und Nation hervorgehoben.

Auch die Regierungserklärungen des Nachfolgers von Beata Szydło, Mateusz Morawiecki, vom Dezember 2017 und November 2019 verdeutlichen den Paradigmenwechsel. In der Erklärung von 2017 kommt das Wort Wachstum nur dreimal vor, und zwar im Kontext von Lohnerhöhungen und höheren Aufwendungen für den Gesundheitssektor. Sehr deutlich wird die Vorstellung von einem polnischen Kapitalismus beschrieben, nicht länger kolonisiert vom westlichen Kapital. Die Leitideen für diese Modernisierungserzählung sind nationale Identität, die große polnische Geschichte und das

---

13 Ebenda, S. 137.
14 Włodzimierz Anioł: On Three Modernisation Narratives in Poland after 1989. In: INTERNATIONAL JOURNAL OF SOCIAL ECONOMICS 9, 2015, S. 777–790, hier S. 780 ff.
15 Vgl. Beata Szydło: 18 listopada 2015 roku [18. November 2015]. In: Joanna Marszałek-Kawa, Piotr Siemiątkowski (Hrsg.), Exposé prezesów Rady Ministrów 1989–2019 [Exposé der Vorsitzenden des Ministerrats 1989–2019], Toruń 2020, S. 333–353.

Gemeinwohl (*wspólne dobro*). Die Modernisierung wird nun mit starker Unterstützung des Staates vorangetrieben, daher heißt es in dem Programm: »Dem Staat kommt wieder eine ernstzunehmende Rolle zu« (»*Państwo wraca do gry na poważnie*«). Tradition ist nach Morawiecki kein Ballast, sondern ein Trumpf. Es sollen polnische globale Champions kreiert werden, und die Kontrolle über strategische Sektoren der polnischen Wirtschaft soll wiedererlangt werden. Zudem soll die Produktivität der polnischen Wirtschaft erhöht sowie in Infrastruktur und Gesundheitswesen investiert werden.[16]

Ähnlich, vielleicht sogar noch stärker, akzentuiert die Regierungserklärung von 2019 die normativen Grundlagen der polnischen Modernisierung, das heißt Werte wie Polentum, Familie oder Freiheit. All dies wird mit dem Wort »Normalität« (*normalność*) umrissen, was die scharfen ideologischen Auseinandersetzungen in Polen um Gender, LGBTQ+ und dergleichen andeutet. Der freie Markt sei degeneriert, sodass der Staat als Korrektiv notwendig sei und mehr investiert werden müsse, zum Beispiel über die Polnische Nationalstiftung (Polska Fundacja Narodowa). Jegliche Entwicklung müsse auch gerecht sein. Morawiecki unterstreicht in diesem Kontext auch den deutlichen Rückgang des Gini-Koeffizienten seit 2015 und nennt als Ziel, wieder mehr Polen aus dem Ausland zu einer Rückkehr in die Heimat bewegen zu wollen. Eingebettet sind seine Ausführungen zur Wirtschafts- und Sozialpolitik in den historischen Weg Polens. Einmal mehr wird die nationale Gemeinschaft als Grundlage für die Entwicklung Polens herausgearbeitet.[17]

Die Ausführungen von Beata Szydło und Mateusz Morawiecki finden überdeutlich auch ihren Niederschlag in den PiS-Parteiprogrammen.

Das Programm der PiS aus dem Jahre 2014, also noch aus der Oppositionszeit, kritisiert das zu langsame Wachstum Polens, das es nicht erlaube, den Rückstand gegenüber dem Westen zügig aufzuholen. Auch hier wird entgegen liberalen Ansätzen die Rückkehr des Staates postuliert. Nationale Interessen sollen gestärkt, der heimische Bankensektor ausgebaut und ein Prozess der Reindustrialisierung angeschoben werden. Daneben seien Investitionen in den Bereich F&E, in die Infrastruktur und in den Wiederaufbau der Meereswirtschaft notwendig.[18]

Das Wahlprogramm des Jahres 2019 stärkt diese Akzente und gibt als Ziel eine ausgeglichene und autonome Entwicklung mit aktiver Rolle des Staates vor. Dies wird

---

16   Vgl. Mateusz Morawiecki: 12 grudnia 2017 roku [12. Dezember 2017]. In: Marszałek-Kawa, Siemiątkowski, Exposé prezesów (vgl. Fn. 15), S. 355–378, hier S. 360.
17   Vgl. Mateusz Morawiecki, 19 listopada 2019 roku [19. November 2019]. In: Marszałek-Kawa/Siemiątkowski, Exposé prezesów (vgl. Fn. 15), S. 379–403.
18   Prawo i Sprawiedliwość (Hrsg.): Zdrowie, Praca, Rodzina. Program Prawa i Sprawiedliwości 2014 [Gesundheit, Arbeit, Familie. Das Programm von Recht und Gerechtigkeit 2014]. In: https://docplayer.pl/160657-Zdrowie-praca-rodzina-program-prawa-i-sprawiedliwosci.html (28.2.2022).

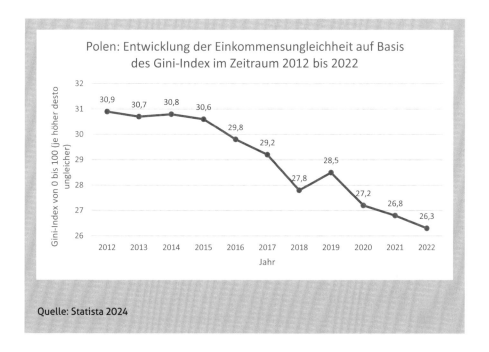

Quelle: Statista 2024

abgegrenzt von den vorherigen Regierungen, die als postkommunistisch eingeordnet werden – wohlgemerkt auch die Regierungen von Donald Tusk von der Bürgerplattform (Platforma Obywatelska, PO). Der Hauptvorwurf an die PO lautet in diesem Kontext, dass die neuen, liberalen Eliten am Runden Tisch gemeinsame Sache mit Vertretern des *Ancien Régime* gemacht und in der Folge vor allem die Interessen bestimmter Lobbygruppen vertreten hätten (sogenannter Klientelismus), nicht aber die der breiten Masse der Gesellschaft. Der sogenannte späte Postkommunismus der PO, so das PiS-Programm von 2019, ziele vor allem auf den Machterhalt der PO und der mit ihr verbundenen Interessengruppen ab, die näher nicht benannt werden. In Abgrenzung davon wolle die PiS einen modernen Wohlfahrtsstaat begründen.[19]

Dieses Modernisierungsmodell wird seit 2015 sukzessive umgesetzt und dabei mit strategischen Dokumenten unterfüttert. Zu nennen sind hier die *Strategie für eine verantwortliche Entwicklung bis zum Jahr 2020 (mit einer Perspektive bis 2030)*, die *Strategie für Regionalentwicklung 2030. Sozial sensible und territorial nachhaltige Entwicklung*, die *Nationale Städtepolitik* sowie der *Nationale Plan für Wiederaufbau und größere Resilienz*, der auf die Folgen der Pandemie reagiert und mit EU-Mitteln im Rahmen des EU-Wiederaufbaufonds umgesetzt werden soll.[20]

---

19 Prawo i Sprawiedliwość (Hrsg.): Polski Model Państwa Dobrobytu. Program Prawa i Sprawiedliwości 2019 [Das polnische Modell des Wohlstandsstaates. Programm der Partei Recht und Gerechtigkeit]. In: https://pis.org.pl/dokumenty, insbesondere S. 23–25 und S. 34 f. (1.3.2022).
20 Sämtliche genannten Dokumente sind auf der Seite des Ministeriums für Fonds und Regionalentwicklung einsehbar, vgl. https://www.gov.pl/web/fundusze-regiony (18.7.2022).

Ohne an dieser Stelle ins Detail gehen zu können, ist offensichtlich, dass auch hier ein anderes Entwicklungsmodell verfolgt wird – mit einer sehr aktiven Rolle des Staates, eingebettet in ein normatives Korsett. Kleine und mittlere Unternehmen sollen gefördert werden, angestrebt werden eine Reindustrialisierung, staatliche Investitionen, Innovationen und eine Expansion auf andere Märkte gepaart mit Sozialpolitik und einem effizienten Staat. Den unterschiedlichen Bereichen werden dann in der *Strategie für eine verantwortliche Entwicklung bis zum Jahr 2020 (mit einer Perspektive bis 2030)* strategische Projekte zugeordnet.[21]

Die *Strategie für Regionalentwicklung* zielt vor allem darauf ab, die Unterschiede zwischen den Regionen zu reduzieren, Innovationskraft und Konkurrenzfähigkeit zu fördern und sogenannte degradierte Gebiete zu identifizieren und besonders zu stärken. Im Rahmen und gestützt auf die Prioritäten dieser Strategie werden Verträge für die Woiwodschaften wie auch für bestimmte Sektoren durch die Akteure (regionale Selbstverwaltung, zuständige Ministerien) ausgehandelt und dann implementiert.[22] Die *Nationale Städtepolitik* trägt der starken Urbanisierung Rechnung und setzt sich mit Problemen, aber auch mit Chancen im städtischen Raum auseinander – mit dem Ziel, die Modernisierung Polens weiter voranzutreiben.[23] Der *Nationale Plan für Wiederaufbau und größere Resilienz* knüpft an die aktuellen strategischen Dokumente an und benennt weitere, wie die *Strategie für eine nachhaltige Entwicklung des Transportwesens bis zum Jahr 2030*, die *Strategie für die Entwicklung des Humankapitals*, vom Ministerrat am 14. Dezember 2020 verabschiedet,[24] oder die *Strategie für die Entwicklung des Sozialkapitals*.[25]

Zu guter Letzt muss auch der sogenannte *Polnische Deal* (*Polski Ład*, zunächst als *Nowy Ład* bezeichnet) angeführt werden, der von der Regierung Morawiecki seit Frühjahr 2021 entwickelt wird. Damit sollten ursprünglich strategische Projekte von Gemeinden, Kreisen, Städten und ihren Zusammenschlüssen in ganz Polen kofinanziert werden. Damit wäre der *Polnische Deal* als eine Ergänzung zur Strategie für Regionalentwicklung zu verstehen, die ja die Regionen in den Blick nimmt. Tatsächlich geht es indes um neue Sozialtransfers, die wohl den Rückhalt für die Regierung stärken sollen.[26]

---

21 Vgl. Strategia na rzecz odpowiedzialnego rozwoju do roku 2020 (z perspektywą do 2030 r.) [Strategie für verantwortungsvolle Entwicklung bis zum Jahr 2020 (mit einer Perspektive bis zum Jahr 2030)], 2017, S. 388–394.
22 Vgl. Krajowa Strategia Rozwoju Regionalnego 2030. Rozwój społecznie wrażliwy i terytorialnie zrównoważony [Nationale Strategie für Regionalentwicklung 2030. Sozial sensible und territorial nachhaltige Entwicklung] 2019, S. 98–101.
23 Vgl. Krajowa Polityka Miejska 2023, 2015 [Nationale Städtepolitik 2023, 2015].
24 Vgl. Strategia Rozwoju Kapitału Ludzkiego 2030 [Strategie für die Entwicklung des Humankapitals 2030].
25 Vgl. Strategia Rozwoju Kapitału Społecznego (współdziałanie, kultura, kreatywność) 2030 [Strategie für die Entwicklung des Sozialkapitals (Zusammenarbeit, Kultur, Kreativität) 2030. In: https://isap.sejm.gov.pl/isap.nsf/DocDetails.xsp?id=WMP20200001060 (3.3.2022).
26 Vgl. Polski Ład [Polnischer Deal], https://www.gov.pl/web/polski-lad (18.7.2022).

Besonderen Wert legt die aktuelle Regierung auf die Integration der verschiedenen strategischen Dokumente, was sicherlich positiv einzuschätzen ist. In den ersten 20 Jahren der Transformation existierte ein regelrechter Wust von strategischen Dokumenten nebeneinander, so dass die Entwicklungsziele nicht immer klar auszumachen waren. Allerdings ist diese Bündelung sicherlich nicht allein der PiS zuzuschreiben, da die Kohäsionspolitik der EU Polen seit 2004 zwingt, derartige strategische Dokumente im Land in Zusammenarbeit zwischen verschiedenen Akteuren zu erarbeiten und sodann mit der EU abzustimmen. Auch sind nach der Verwaltungsreform des Jahres 1998 verschiedene Gesetze zur Regionalentwicklung verabschiedet worden, die eine gewisse Bereinigung der Dokumente verlangte. Der *Nationale Plan für Wiederaufbau und größere Resilienz* macht aber auch die Zunahme derartiger Strategiedokumente für unterschiedliche Bereiche offensichtlich, und es stellt sich die Frage, ob dieser erneute Wildwuchs tatsächlich notwendig ist.

AUSBLICK

Zusammenfassend kann festgehalten werden, dass alle seit 1989 verfolgten Modernisierungsstrategien versucht haben, den Rückstand zum westlichen Entwicklungsniveau zu verkürzen. Ein wichtiger, auch normativ formender Rahmen war und ist die Europäische Union und die daraus resultierende Kohäsionspolitik, die über nationale Entwicklungsstrategien auch in Polen umgesetzt wird.

Die Gefahren für ein stetes Wirtschaftswachstum Polens, das für den Aufholprozess unverzichtbar ist, resultieren unter anderem aus der zu geringen Wettbewerbsfähigkeit polnischer Firmen, zu geringen Aufwendungen im Bereich F&E, einem noch nicht ausreichenden Niveau von Innovationen und gewissen infrastrukturellen Schwächen. Der starke Gegensatz Peripherie – Zentrum, wie er in den großen sozioökonomischen Unterschieden zwischen den Regionen zum Ausdruck kommt, stellt ein weiteres Hindernis für die Entwicklung dar, da so nicht alle Ressourcen einschließlich des Humankapitals genutzt werden können. Schließlich bringt auch die alternde Bevölkerung ein zusätzliches Risiko für die weitere Modernisierung mit sich, dem die Regierung mit einer familienfreundlichen Politik und Anreizen für eine Rückkehr nach Polen begegnen möchte – vorerst ohne nennenswerte Resultate.

Ob der Kampf gegen soziale Ausgrenzung und Armut, den die PiS-Regierung mit Hilfe ihrer sozialpolitischen Maßnahmen führt, eher ein Hemmnis für ein konstantes Wachstum ist (da so Teile des Staatsbudgets für Sozialtransfers gebunden sind) oder aber eine wichtige Grundlage für nationale Modernisierungsanstrengungen, hängt wohl von der Perspektive des Betrachtenden ab.

Überdeutlich wird im Abgleich der unterschiedlichen Modernisierungsstrategien seit 1989, dass die PiS einen polnischen, endogenen Modernisierungspfad beschritten hat, der eine rein marktbasierte Modernisierung, das heißt ein neoliberales Paradigma, ablehnt und stärker den Staat als Akteur einbezieht. Andere Punkte betonen Reindustrialisierung, die Förderung polnischer globaler Champions, eine ausgeglichene Entwicklung in allen Landesteilen und eine Revitalisierung von degradierten Gebieten. Die Regionalpolitik setzt dabei stärker auf einen integrierten Ansatz, fährt also gefühlt die Dezentralisierung etwas zurück. Das muss nicht schlecht sein, hat es doch die Regionalpolitik bis 2015 nicht geschafft, die regionalen Unterschiede zu reduzieren. Eine staatliche Förderung für schwächere Regionen als Strukturhilfe auf dem Weg zu mehr Konkurrenzfähigkeit erscheint somit durchaus sinnvoll.

Dieser polnische Modernisierungspfad ist eingebettet in eine Identitätspolitik, die auf dem Feld der Geschichtspolitik vor allem die polnischen Leistungen und positiven Traditionen betont und eine nationale Solidargemeinschaft als Basis für die polnische Modernisierung ansieht. Die PiS verfolgt also keine einfache Übernahme westlicher Modernisierungsvorstellungen, sondern eher eine Indigenisierung, das heißt eine Anpassung westlicher Konzepte an polnische Realitäten. Damit bleibt der Modernisierungsweg der PiS an einem bestimmten Punkt des westlichen Modernisierungspfads stehen und beharrt beispielsweise auf einem »Europa der Vaterländer« statt einem »Europa der Regionen«. Rein funktional wäre eine stärkere Integration der Mitgliedstaaten wohl anzuraten, die PiS jedoch pocht hier auf eigene Traditionen, was vom Wähler bisher honoriert wird.

Allerdings hat dieser polnische Modernisierungspfad auch potentielle Schwächen und Unzulänglichkeiten. Ob Modernisierung vor allem als semi-autonome Entwicklung mit einem starken Staat auf Grundlage einer nationalen Gemeinschaft verstanden werden kann, darf mit Blick auf die einschlägige Literatur zur Modernisierung bezweifelt werden.[27] Ohne den *individual pursuit of happiness* verabsolutieren zu wollen, ist in globalem Maßstab durchaus eine wachsende Vielfalt von Lebensführungen zu beobachten. Zudem scheint der Arbeitskräftebedarf auch in Polen dauerhaft nur durch Zuwanderung lösbar zu sein, was mittelfristig die Überzeugungskraft des polnisch-nationalen Modernisierungsnarrativs ins Wanken bringen könnte. Außerdem spricht das von der PiS gegenüber der EU bemühte Prinzip der Subsidiarität gegen eine zu starke staatliche Hand gegenüber den Regionen innerhalb Polens. In diesem Kontext kann der zunehmende Zentralismus der Regierung auch gegenteilige Effekte zeitigen. Die »sich selbst verwaltende Republik« (*Samorządna Rzeczpospolita*), eine zentrale Idee der Gewerkschaft *Solidarność*, steht hingegen für eine andere Tradition, die die Rolle des Staates eher kleiner definiert.[28]

---

27 Vgl. Ronald Inglehart, Christian Welzel: Modernization, Cultural Change, and Democracy. The Human Development Sequence, Cambridge 2005.

28 Das Programm der Gewerkschaft *Solidarność* vom 7. Oktober 1981 unterstreicht sehr deutlich die sich selbst verwaltende Republik, was sich mit den zentralistischen Tendenzen der PiS nicht verträgt. Siehe: Program NSZZ »Solidarność« uchwalony przez I Krajowy Zjazd Delegatów [Das Programm der NSZZ »Solidarität« beschlossen durch den 1. Landesdelegiertenkongress]

Ob schließlich die genannten Strategien über reine Akklamation und PR hinausgehen, mithin den *Polnischen Deal* tatsächlich tragen und erfolgreich gestalten können, ist gegenwärtig noch nicht solide zu ermessen, obgleich kritische Stimmen mit Verweis auf den Marketingeffekt und auch mit Blick auf die Kosten der Sozialpolitik der PiS durchaus berechtigt sind.[29]

Die von der PiS geäußerte Kritik am neoliberalen Modernisierungspfad ist allerdings nicht nur in Polen anzutreffen, ohne dass bisher ein überzeugendes alternatives Modell bereits den Praxistest bestanden hätte. Der von der PiS verfolgte Ansatz wird hier also empirisches Material liefern und auch zur Diskussion beitragen, ob eine Modernisierung von oben möglich ist.[30]

Der Text wurde erstmals veröffentlicht in: Falk Flade, Anna M. Steinkamp, Konrad Walerski (Hrsg.): Transformation in Polen und Ostdeutschland. Voraussetzungen, Verlauf und Ergebnisse (Interdisciplinary Polish Studies, Vol. 11), Wiesbaden 2022, S. 269–283.

Mit freundlicher Genehmigung des Harrassowitz Verlags Wiesbaden

---

STEFAN GARSZTECKI ist Politologe und Historiker, seit 2010 Professor für Kultur- und Länderstudien Ostmitteleuropas an der TU Chemnitz. Forschungsschwerpunkte sind Geschichtspolitik in Ostmitteleuropa, Demokratie und politische Kultur in Polen, deutsch-polnische Beziehungen und Grenzraumstudien in Ostmitteleuropa.

In: https://oko.press/images/2019/06/Samorz%C4%85dna-Rzeczpospolita-program-przyj%C4%99ty-7-pa%C5%BAdziernika-1981-r.pdf (2.5.2022).

[29] Andrzej Bratkowski, Ludwik Kotecki: Stracone cztery lata. Polityka makroekonomiczna PiS 2016–2019 i jej konsekwencje dla Polski, ze szczególnym uwzględnieniem czasu pandemii [Verlorene vier Jahre. Die makroökonomische Politik der PiS 2016–2019 und ihre Konsequenzen für Polen, mit besonderer Berücksichtigung der Pandemiezeit], Warszawa 2021. Online: https://instytutobywatelski.pl/pliki/pdf/stracone-cztery-lata-polityka-makroekonomiczna-rzadu-pis.pdf (18.7.2022).

[30] Vgl. Jacek Kochanowicz: Modernization from above: The End of the Road? In: Kochanowicz, Backwardness and Modernization (vgl. Fn. 6), S. 59–78, hier S. 59–61.

D Die Großstadt-Avantgarde

WARSZAWA
ARTISTIC ŻOLIBORZ
MĄKA SOJKA

Michał Piernikowski

Polnisches Design – Einfallsreichtum zwischen Tradition und Moderne

Das zeitgenössische polnische Design hat in den letzten 20 Jahren eine bemerkenswerte Entwicklung vollzogen. Künstler:innen aus Polen haben dank Innovationskraft, handwerklicher Qualität und kühnen Entwürfen internationale Anerkennung erlangt. Ohne die Arbeiten aus der Zwischenkriegszeit und der Volksrepublik, die den Grundstein für die gegenwärtigen Entwicklungen gelegt und die Herausbildung der besonderen Merkmale des polnischen Designs beeinflusst haben, wäre dies jedoch nicht möglich gewesen.

Zu Beginn des 20. Jahrhunderts zielte das polnische Design auf die Entwicklung der nationalen Identität durch Kunst und Handwerk ab. Dabei dienten lokale Volksmotive als Inspiration, und in den neu gegründeten Kunstschulen wurden die Grundlagen für die nationale angewandte Kunst geschaffen. Bereits damals bildeten sich unterschiedliche Richtungen heraus. Die bedeutende Gruppierung der Warsztaty Krakowskie (Krakauer Werkstätten) konzentrierte sich auf die Verbindung von künstlerischer Qualität mit handwerklichem Können. Zeitgleich erlangte das polnische Design auch international Anerkennung, wie bei der Ausstellung für moderne dekorative Kunst und Kunstgewerbe in Paris 1925 deutlich wurde. Dank der Künstlergenossenschaft Ład (Ordnung), die sich auf einheimische Traditionen und Techniken stützte, blühte die polnische dekorative Kunst auf. Das Design zeichnete sich damals durch eine Kombination aus Funktionalität und reicher Ornamentik aus und spiegelte das Streben nach kultureller und politischer Unabhängigkeit wider.

In der Nachkriegszeit (1945-1989) unterlag das polnische Design einerseits Einschränkungen, vor allem wirtschaftlicher Art, andererseits entstanden damals aber auch herausragende Entwürfe, die Jahrzehnte später erneut produziert und gekauft wurden. Zugleich war es auch eine Zeit der ideologischen Demokratisierung, in der (zumindest theoretisch) Lösungen für ein breites Publikum entwickelt werden sollten.

Zur Umsetzung dieser Ideen wurde 1950 das Institut für Industriedesign (Instytut Wzornictwa Przemysłowego, IWP) in Warschau gegründet. Seine Aufgabe bestand in der Förderung und Entwicklung des Industriedesigns in Polen sowie der Verbindung von funktionalen, ästhetischen und ergonomischen Designaspekten mit den Bedürfnissen von Industrie und Massenproduktion. Ziel waren Produkte, die nicht nur schön, sondern auch praktisch und für eine breite Anwenderschaft geeignet waren. Das Institut spielte bei der Entwicklung des polnischen Designs eine Schlüsselrolle, indem es Designer:innen unterstützte und die Welt der Kunst mit der Industrie verband. Außerdem wurde es zu einer Bildungseinrichtung, die zur Entwicklung und Verbreitung von Wissen über Design beitrug. Die vom Institut organisierten Ausstellungen, Wettbewerbe und Workshops halfen, die Öffentlichkeit für die Bedeutung von gutem Design und dessen Auswirkungen auf den Alltag zu sensibilisieren. Dadurch nahm das Institut nicht nur entscheidenden Einfluss auf die Designbranche, sondern auch auf Kultur und Gesellschaft allgemein. In den 1950er und 1960er Jahren hatten polnische Designer:innen wie Roman Modzelewski, Teresa Kruszewska und Maria Chomentowska national und international großen Einfluss - nicht zuletzt dank der Aktivitäten des IWP.

Maria Chomentowska – eine großartige Möbelschöpferin und Innenarchitektin – revolutionierte das polnische Design. Ihre Arbeiten, darunter die ikonischen Stühle *Płucka* [Lunge], *Pająk* [Spinne] und das *Modell 200-102*, wurden zum Aushängeschild für polnisches Industriedesign sowie das gleichnamige Institut, mit dem sie seit den frühen 1950er Jahren verbunden war. Chomentowska betrat Neuland mit ihren organischen, funktionalen Gebrauchsformen, die heute Sammlerstatus genießen. Im Laufe ihrer Karriere entwarf Chomentowska vor allem Stühle, wobei ihr besonderes Augenmerk auf der Kombination von Form und Funktionalität lag. Ihre Arbeiten sind Spiegel der Überzeugung, dass Möbel sich mit den Bedürfnissen ihrer Nutzer:innen weiterentwickeln sollten. In Polen war sie eine der Ersten, die einen modernen, einfachen und

funktionalen Ansatz verfolgte. Dieser liefert auch heute noch Inspiration und findet einen Platz in der zeitgenössischen Inneneinrichtung - Beweis für ihren großen Einfluss auf das polnische Design.

Roman Modzelewskis Sessel *RM58* – über ein halbes Jahrhundert lang nahezu in Vergessenheit geraten – gilt heute als eines der wichtigsten Objekte in der Geschichte des polnischen Designs. Modzelewski war ein vielseitiger Künstler und Pädagoge, bekannt vor allem als Maler, und erlangte für seine Pionierarbeit bei der Verwendung von Kunststoffen im Möbeldesign in Polen Anerkennung. Bei der II. Nationalen Ausstellung für Innenarchitektur 1957 stellte er Prototypen seiner innovativen Stühle vor und erntete für die Experimente mit Ersatzmaterialien viel Beifall. Sein wichtigstes, 1958 fertiggestelltes Projekt war der *RM58*-Sessel aus Epoxidlaminat, der hinsichtlich der Verwendung des Materials und der organischen Form weltweit einzigartig ist. Der Sessel erlangte anfangs aber trotz des Interesses von Le Corbusier und einer potentiellen Produktionsmöglichkeit in Frankreich vor allem aufgrund der Politik der polnischen Behörden wenig Beachtung. In den folgenden Jahrzehnten wurde er nur selten ausgestellt und die Produktion beschränkte sich auf einige Dutzend Exemplare.

Teresa Kruszewska debütierte 1956 mit dem Stuhl *Muszelka* [Muschel] in einer Ausstellung anlässlich des 30-jährigen Bestehens der Künstlergenossenschaft Ład, der sie angehörte. Der Stuhl wurde aus Birkenholz und gebogenem Sperrholz gefertigt und in zwei Farbvarianten - hell und dunkel - lackiert. Umgesetzt wurde der Entwurf von der Schreinerei der *Ład*-Genossenschaft. Aufgrund der Flexibilität und Festigkeit des Sperrholzes konnte Kruszewska bei der Gestaltung experimentieren und schuf dieses Unikat. Die Verwendung von gebogenem Sperrholz war damals völlig neu und das innovative Modell wurde zu einer Ikone des polnischen Designs. Neue Ansätze sowie die Verwendung neuer Materialien und Techniken machten Kruszewska zu einer führenden Persönlichkeit des angewandten Designs in Polen, die Trends setzte und nachfolgende Generationen von Designer:innen inspirierte.

Darüber hinaus spielten Fragen von sozialer Verantwortung im polnischen Design eine große Rolle. Designer:innen wie Teresa Kruszewska, Stanisław Kucharski und Ewa Milewska von der *Ład*-Genossenschaft waren an der Innengestaltung von Arbeitersiedlungen beteiligt und verbanden Ästhetik mit Funktionalität. Das zeigt, wie Design die Lebensqualität und das ästhetische Bewusstsein einer Gesellschaft beeinflussen kann.

Innovationen gab es auch in anderen Bereichen wie Kunstglaserei, Keramik und Grafikdesign. Wiesław Sawczuk schuf einzigartige Objekte aus Glas, und Grafiker wie Wojciech Zamecznik, Jerzy Hryniewiecki und Piotr Nagabczyński setzten neue ästhetische Maßstäbe.

Einerseits war die Nachkriegszeit nach 1957 eine Zeit der Material- und Technikexperimente: Die Designer:innen kombinierten traditionelle Handwerkskunst mit modernen Materialien und schufen Gegenstände, die sowohl schön als auch praktisch waren. Künstlerische Visionen verbanden sich mit sozialen Bedürfnissen, um Objekte zu schaffen, die für ein breites Publikum zugänglich und attraktiv waren. Andererseits war es aber auch eine Zeit der Knappheit, der Materialmangel war allgegenwärtig. Die Designer:innen entwickelten daher eine besondere Kreativität und lernten, die verfügbaren Ressourcen und Materialien für ihre Zwecke nutzbar zu machen. Die Drahtstühle von Henryk Sztaba sind dafür ein gelungenes Beispiel: Umgang mit Materialmangel und innovativer Designansatz in einem. Durch die Verwendung von Drahtnetz schuf Sztaba eine leichte, aber robuste Struktur, die den Materialeinsatz auf ein Minimum reduzierte, ging dabei aber keine Kompromisse bei der Funktionalität oder Ästhetik ein. Der Stuhl ist mit seiner einfachen, aber eleganten Form zu einem klassischen Beispiel für praktische und ästhetisch ansprechende Objekte trotz Materialknappheit geworden. Das macht deutlich, wie polnische Designer:innen trotz der schwierigen Rahmenbedingungen aus Herausforderungen kreative Lösungen entwickelten, für die das polnische Design weltweit bekannt wurde. Ein Widerhall dieser Erfahrungen findet sich auch in zeitgenössischen Entwürfen. Im aktuellen polnischen Design nach 1990 vermischen sich Tradition und Moderne auf faszinierende Weise. Die Entwürfe der Spitzendesigner:innen spiegeln sowohl die Vergangenheit und das Kulturerbe als auch die dynamischen sozialen und wirtschaftlichen Veränderungen der letzten Jahrzehnte wider.

Das polnische Design zeichnet sich laut Tomasz Rygalik – einer der wichtigsten zeitgenössischen polnischen Designer – vor allem durch Einfallsreichtum aus, geprägt durch Jahre des Mangels und herausfordernde Bedingungen. In seinen Entwürfen verbindet Rygalik Funktionalität mit ästhetischem Minimalismus. Vor dem Hintergrund seiner Erfahrungen im In- und Ausland schafft er Objekte, die nicht nur praktisch sind, sondern auch ein tiefes Verständnis für zeitgenössische Designtrends zeigen. Seine Arbeiten stechen durch ihre schlichten Formen hervor, zeugen gleichzeitig aber auch von inhaltlicher Tiefe, handwerklicher Qualität sowie Liebe zum Detail. Häufig verwendet er lokale Materialien und betont damit die Bedeutung von Nachhaltigkeit und Ökologie im Gestaltungsprozess. Rygalik verdeutlicht, wie sich Tradition in einem modernen Kontext neu interpretieren lässt – mit Entwürfen, die sowohl innovativ sind als auch tief verwurzelt in der polnischen Kultur und Geschichte. Der Stuhl *Tulli* ist zum Beispiel eine Anspielung auf Teresa Kruszewskas klassisches Modell *Tulip* [Tulpe], und bei den Möbeln der K2-Kollektion, die er für die Marke Paged entwirft, lässt er sich von den ethnografischen Motiven der Tatrabewohner:innen (Goral:innen) inspirieren.

Maja Ganszyniec – die erste polnische Designerin, die für IKEA arbeitet – bezieht sich in ihrer Kollektion *Modernizm* [Modernismus] auf klassische Traditionen des polnischen Vorkriegsdesigns und traditionelle Produktionsmethoden. Hauptelement der Kollektion sind Nachbildungen von charakteristischen Korsett-Mosaiken, mit denen die Fußböden von modernistischen Häusern und Luxusvillen ausgelegt wurden. Die für Ceramika Paradyż entworfene Kollektion spiegelt die Ästhetik der 1920er und 1930er Jahre wider und verwendet natürliche Mineralien und Farbelemente.

In der Kollektion *Modernizm* werden Quadrate, Sechsecke und Mini-Korsetts frei kombiniert und lassen abstrakte, geometrische Mosaike in Form von Schachbrettern, Mustern oder Streifen entstehen. Ein weiteres Beispiel dafür, wie sich das reiche historische Erbe in ein modernes Design einbinden lässt.

Aktuelle klimatische Herausforderungen oder Versorgungsengpässe zeigen, dass der Einfallsreichtum (inklusive Rückgriff auf lokale Ressourcen) in der Welt des Designs wieder an Bedeutung gewinnt. Viele junge Designer:innen in Polen machen sich diese Philosophie zu eigen und erforschen neue Möglichkeiten der Verwendung lokaler Materialien mit einem Augenmerk auf Nachhaltigkeit. Sie verwenden zunehmend Holz

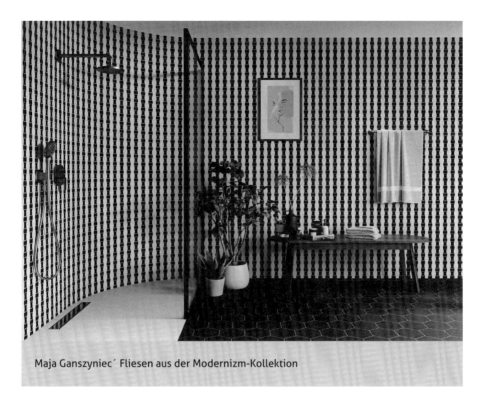
Maja Ganszyniec´ Fliesen aus der Modernizm-Kollektion

aus lokaler Produktion, recycelte Metalle oder biologisch abbaubare Kunststoffe, um Möbel und Alltagsgegenstände zu entwerfen, die sowohl funktional als auch umweltfreundlich sind. Dieser Ansatz reduziert nicht nur den CO_2-Fußabdruck bei der Produktion, sondern trägt auch zum Aufbau gemeinschaftlicher Strukturen bei, indem er das Handwerk und die Industrie vor Ort unterstützt. Das polnische Design stellt sich den Herausforderungen unserer Zeit und zeigt, wie Kreativität ökologische und soziale Ziele unterstützen und gleichzeitig Ästhetik und Innovation verbinden kann.

Dafür ist auch die gegenwärtige Renaissance des Flechtens ein gutes Beispiel. Die Organisation Serfenta aus Teschen (Cieszyn) spielt bei der Rekonstruktion und Förderung von Flechttraditionen eine Schlüsselrolle. Dabei geht es nicht nur um die Bewahrung des kulturellen Erbes, sondern auch um eine innovative Verbindung zwischen traditioneller Kunst und modernem Design. Serfenta konzentriert sich auf die Entwicklung neuer Muster und Formen und verwendet verschiedene Materialien wie Weide, Stroh, Wasserrohrkolben oder Baumwurzeln. Die Organisation arbeitet mit jungen Designer:innen und Künstler:innen zusammen und organisiert Design-Workshops, bei denen traditionelle Flechttechniken in neuen, kreativen Kontexten erforscht und weiterentwickelt werden. Dadurch trägt Serfenta zur Wiederbelebung und Modernisierung der polnischen Flechttechnik bei und bewahrt gleichzeitig deren traditionelle Wurzeln.

Eine weitere traditionelle Technik, die gerade ein großes Comeback erlebt, ist der Kelim. Das Studio Tartaruga aus Lodz (Łódź) hat die Tradition der Kelimweberei erfolgreich wiederbelebt und kombiniert alte Techniken mit modernem Design. Tartaruga ist bekannt für die reiche Palette an Farben und Mustern, die sowohl von polnischen Volksmotiven als auch von zeitgenössischer Ästhetik inspiriert sind. Die Kelims, die von Hand auf traditionellen Webstühlen gewebt werden, sind Kunstwerk und Zeugnis nachhaltiger Handwerkskunst in einem.

Jeder vom Tartaruga-Studio hergestellte Kelim erzählt eine besondere Geschichte und verbindet lokale Rohstoffe wie natürlich gefärbte Wolle mit innovativen Mustern. Die Herangehensweise unterstreicht die Bedeutung einer nachhaltigen Produktion und lokalen Handwerkskunst und bietet gleichzeitig neue Sichtweisen auf klassische Webtechniken.

Tartaruga belebt damit nicht nur eine alte Tradition, sondern transportiert sie auch in einen zeitgemäßen Einrichtungskontext und schafft auf diese Weise Produkte, die in moderne Wohnungen und Geschäftsräume passen. So kann traditionelles Handwerk nicht nur bewahrt, sondern auch in eine neue Richtung entwickelt werden.

Dem gegenüber stehen Projekte, die das Thema Nachhaltigkeit ganz neu denken. Die essbare Verpackung SCOBY ist ein sehr gutes Beispiel für einen aktuellen Zugang zum Thema Nachhaltigkeit im polnischen Design. Initiatorin des Projekts ist Róża Rutkowska, Absolventin der School of Form der Hochschule SWPS in Warschau. SCOBY (Symbiotic Culture Of Bacteria and Yeast, dt. Symbiotische Bakterien- und Hefekultur) ist eine Art organischer Stoff, hergestellt aus dem Kombucha-Pilz, der aus einer

Róża Rutkowska bewies bei dem Projekt SCOBY, dass es natürliche Materialien gibt, die Plastik ersetzen können.

Kolonie von Bakterien und einer speziellen Hefekultur besteht. Dieser einzigartige Stoff hat die Eigenschaften einer Membran, ist multifunktional und kann schnell und einfach hergestellt werden. Róża Rutkowskas Idee, die als Hochschul-Projekt begann und bereits bei mehreren Designwettbewerben ausgezeichnet wurde, wird von dem Startup MakeGrowLab umgesetzt und zielt auf umweltfreundliche, vollständig organische Materialien aus Mikroorganismen als Alternative zu Plastik. Im Produktionsprozess werden Mikroorganismen mit Nährstoffen aus Lebensmittelabfällen gefüttert, sodass biologisch abbaubare Nanofasern entstehen, die zum Beispiel für Produktverpackungen verwendet werden können.

MakeGrowLab experimentiert mit verschiedenen Anwendungen für SCOBY, unter anderem bei der Herstellung von Papier, Farben oder Lebensmittelzusatzstoffen. Aufgrund des schnellen und energieeffizienten Züchtungsprozesses ist die Technologie eine nachhaltige Alternative zu herkömmlichen Materialien. Das Unternehmen arbeitet inzwischen mit internationalen Unternehmen wie Colgate-Palmolive zusammen, um seine Produktion zu skalieren und eine größere Nachhaltigkeitswirkung zu erzielen. Auch wenn MakeGrowLab noch am Anfang steht, gibt es doch ehrgeizige Pläne für die Expansion und weitere Kreationen im Bereich nachhaltiger Materialien.

Die Arbeit von Jadwiga Husarska-Sobina, die Holz in der Möbelproduktion durch ein Material aus Hanf ersetzen will, ist ein weiteres interessantes Beispiel in diesem Bereich. Husarska-Sobina ist an der Entwicklung innovativer Lösungen für die Möbelindustrie beteiligt, die auf die Herausforderungen reagieren, die sich u. a. aus den neuen EU-Vorschriften ergeben. Eines ihrer wichtigsten Projekte ist die Verwendung von Hanfholz als Alternative zu traditionellem Holz bei der Möbelproduktion. Bei dem von ihr entwickelten Verfahren werden Hanffasern gepresst und verleimt, wodurch ein sowohl langlebiger als auch umweltfreundlicher Ersatz für natürliche Holzarten entsteht.

Wie überall auf der Welt werden auch in Polen inzwischen sehr unterschiedliche Objekte und Lösungen entwickelt. Die meisten Designer:innen produzieren eine große Vielfalt an Entwürfen für Möbel, Keramik und Glas. Aber auch das Technikdesign entwickelt sich. Das Besondere an der polnischen Herangehensweise ist der große Einfallsreichtum. Es handelt sich dabei um eine spezifische Mischung aus einem Do-it-yourself-Zugang unter Umgehung akzeptierter Regeln sowie der Verwendung von Materialien und Lösungen, die im Hier und Jetzt verfügbar sind. Diese Herangehensweise respektiert Traditionen und hat gleichzeitig den Mut, sie zu verändern. Allgegenwärtig ist dabei der Gedanke der sozialen und ökologischen Verantwortung sowie die Überzeugung, dass Design allen Menschen nützen sollte.

Aus dem Polnischen von Dorothea Traupe

MICHAŁ PIERNIKOWSKI – Direktor des Lodz Design Festivals, engagiert in nachhaltigen und kreativen Stadtprojekten in Polen und anderen Ländern. Mitbegründer des Lodz Art Center.

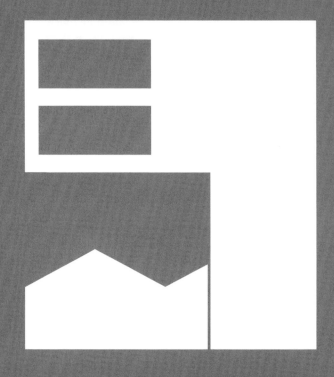

KRAKÓW
CRICOTEKA MUSEUM OF TADEUSZ KANTOR
WIZJA + NS MOONSTUDIO

Joanna Kiliszek

Nur die Kunst wird dich nicht betrügen[1]

In Art We Trust

Seit dem Beitritt Polens zur Europäischen Union im Jahr 2004 werden die Werke polnischer Künstler und Künstlerinnen in den wichtigsten Institutionen, Museen und Galerien der Welt sowie auf zyklischen Ausstellungen wie der Biennale, der Triennale und der documenta in Kassel präsentiert.

Viele der Werke sind auch dauerhaft in den wichtigsten Sammlungen weltweit vertreten. Ihre Künstlerinnen und Künstler gehören verschiedenen Generationen an – von den Klassikern wie Tadeusz Kantor, Erna Rosenstein, Alina Szapocznikow, Krzysztof Wodiczko und Józef Robakowski über die jüngere Generation (Gruppa[2], Mirosław Bałka, Katarzyna Kozyra oder Paweł Althamer) bis hin zu aufstrebenden Künstler:innen wie Małgorzata Mirga-Tas oder Zuzanna Herzberg.

Doch inwieweit wird die polnische Kunst wirklich geschätzt, und ist sie mittlerweile in den Salons der Welt auch in ihrer ganzen Vielfalt angekommen? Stimmt es, dass die in Polen entstehenden künstlerischen Ideen ein hohes Ansehen genießen und als modern und fortschrittlich gelten? Ich stelle diese Fragen, weil sich in den gegenwärtigen Zeiten der Neubewertung in der Kunst die Wahrnehmung dieses Bereichs dynamisch verändert. Dies ist unter anderem auf die Produktivität der Kunstzentren – der alten in New York und Paris und des neuen in Asien, in Hongkong – sowie auf den Prozess der Dekolonialisierung in unserer Region zurückzuführen, der in Bezug auf

---

1 Dies ist der Titel eines Gemäldes aus dem Jahr 2006 des Breslauer Künstlers Paweł Jarodzki (1958–2021), der zur legendären Künstlergruppe Luxus gehörte. Der Spruch wurde später mehrfach als Schablone reproduziert.
2 Das Künstlerkollektiv Gruppa war in den 1980er und frühen 1990er Jahren aktiv und bestand aus: Ryszard Grzyb, Paweł Kowalewski, Jarosław Modzelewski, Włodzimierz Pawlak, Marek Sobczyk und Ryszard Woźniak. Anfangs nahm auch Małgorzata Ritterschild gelegentlich teil, später Ewa Piechowska.

die Hegemonie der russischen Kunst durch den Krieg in der Ukraine ausgelöst wurde. Damit stellen sich weitere Fragen: Inwieweit ist der lokale Bezug historischer, künstlerischer und sozialer Themen und Erfahrungen auf globale Probleme übertragbar? Welche Themen aus dem globalen Diskurs spielen für das in Polen entstehende künstlerische Schaffen eine wichtige Rolle? Und schließlich: Was bestimmt die Einzigartigkeit oder aber die Universalität der polnischen Kunst sowie die Popularität einzelner Künstlerinnen und Künstler?

POLEN IN DER UMLAUFBAHN DER EUROPÄISCHEN UND UNIVERSELLEN KUNST

Das Konzept des Zusammenhalts und der Untrennbarkeit der europäischen Kultur ist in Polen weltanschaulich ein Erbe der Kunstschaffenden und Denkerinnen und Denker der ersten Hälfte des vorigen Jahrhunderts. Ein starkes Bewusstsein der Zugehörigkeit zur europäischen Kunst beginnt mit der Avantgarde.

Polnische Künstlerinnen und Künstler traten um 1917[3] in den Bereich der Avantgardebewegungen ein und gestalteten sie in den folgenden Jahrzehnten mit. Nach dem Krieg nahmen die Kunstschaffenden – trotz der kurzen Periode der Doktrin des Sozialistischen Realismus von 1949 bis 1955 – stets aktiv am internationalen Kunstleben in Europa, den Vereinigten Staaten und den Ländern Südamerikas teil.

Der bedeutende polnische Gesamtkünstler[4] Tadeusz Kantor wiederholte stets, dass wir Europa nie verlassen haben, also auch nicht dorthin zurückkehren müssen.

In den Überlegungen von Kunsthistoriker:innen und anderen Fachleuten gehört die polnische Kunst in den Bereich der mittel- und osteuropäischen Kunst. Drei symbolträchtige Daten – 1945, 1989/1991 und 2022 – bestimmen das Schicksal der zeitgenössischen Kunst in den Ländern dieser Region. 1945 führte die geopolitische Konstellation der Nachkriegszeit dazu, dass die Kunst Mittel- und Osteuropas vom internationalen Dialog abgekoppelt wurde. Mit dem Ende des Kalten Krieges 1989 und der Wende 1990 begann in Ost- und Mitteleuropa eine neue Ära. Ein umfassender Umbruch in

---

3 Die Eröffnung der ersten Ausstellung polnischer Expressionisten am 4. November 1917 im Sitz der Gesellschaft der Freunde der schönen Künste in Krakau gilt als der symbolische Beginn der polnischen Avantgarde. Damals wurden fast 100 Werke von 18 Künstlern ausgestellt. Aus den Teilnehmenden ging eine Gruppe späterer Formisten hervor, die aktiv die Ideen der neuen Kunst schufen und verbreiteten. Zu ihnen gehörten: Leon Chwistek, Tytus Czyżewski, Zbigniew Pronaszko, Henryk Gotlib, Jan Hrynkowski, Tymon Niesiołowski und Andrzej Pronaszko. Anlässlich des 100-jährigen Jubiläums wurde das Jahr 2017 auf Initiative des damaligen Direktors des Kunstmuseums in Łódź, Jarosław Suchan, zum Jahr der Avantgarde erklärt. Die Nationalmuseen in Warschau und Krakau sowie das Kunstmuseum in Łódź, die über die reichsten Sammlungen der Avantgardekunst verfügen, übernahmen die Hauptkoordination.

4 So beschrieb sich Kantor selbst als einen Künstler, der sich gleichzeitig in vielen Disziplinen der Kunst bewegte. Maler, Bühnenbildner, Dichter, Regisseur, Schauspieler, Aktionist – als Mann des Theaters erlangte er Weltruhm.

der Kunstwelt betraf die gesamte Region. Russlands Krieg gegen die Ukraine, der im Grunde bereits 2014 begonnen hatte, vertiefte 2022 den Diskurs über die Dekolonisierung der Kunst in diesem Teil der Welt.

Das Interesse an der Kunst Mittel- und Osteuropas galt schon immer autonomen Werken und alternativen Aktivitäten als Ausdruck der künstlerischen Freiheit oder des Protests gegen Autoritäten. Diese beiden Faktoren waren ausschlaggebend für die Modernität der polnischen Gegenwartskunst. Der Schwerpunkt lag dabei auf der Fortführung der Vorkriegsavantgarde und der reichen Tradition anarchistischer Motive sowie auf dem Aufkommen utopischer Visionen und multimedialer Arbeiten in den frühen 1970er und 1980er Jahren – etwa von so bedeutenden Künstler:innen wie dem bereits erwähnten Józef Robakowski, dem Warsztat Formy Filmowej mit Zbigniew Rybczyński oder den Aktivitäten von Ryszard Winiarski und der Fotografie von Natalia Lach-Lachowicz.

Im Rahmen der wichtigsten Kunstbiennalen, zum Beispiel in Venedig und São Paulo[5], der zyklischen Ausstellungen wie der documenta in Kassel und des Austauschs auf der Grundlage individueller internationaler Kontakte zwischen Künstler:innen war die gezeigte Kunst nicht systembejahend, nicht systemkonform. Das Interesse richtete sich auf alternative künstlerische Praktiken, interdisziplinäre Aktivitäten und Versuche, den Freiraum zu erweitern und das System zu umgehen – sowie zu kritisieren.

Die bahnbrechende kritische Haltung der Kunstschaffenden gegenüber der bestehenden sozialen und politischen Realität, ihre vorauseilende Haltung des Widerstands und der Ablehnung von Doktrinen prägten daher entscheidend die moderne Identität der postsozialistischen Gesellschaft nach 1989.

Das Erbe der Avantgarde und – paradoxerweise – der künstlerischen Unabhängigkeit gegen das herrschende System stellt heute eine immer stärkere Verpflichtung angesichts des Abdriftens der Gesellschaften in Richtung Ressentiment, Nationalismus und sogar Faschismus dar. Aber dazu später mehr.

JAHRE DES UMBRUCHS

Der Beitritt Polens zur Europäischen Union im Jahr 2004 hat die Popularität der zeitgenössischen polnischen Kunst in der ganzen Welt stark gefördert. Dies führte zu einem regen Interesse an der Arbeit polnischer Kunstschaffender. Eine neue Generation von Künstler:innen betrat die Szene und repräsentierte die kritische Kunst der 1990er

---

5 Eine wichtige Rolle bei diesen Aktivitäten in Polen spielte der langjährige Direktor des Kunstmuseums in Łódź, Ryszard Stanisławski, der, noch bevor er 1966 nach Łódź kam, unter anderem die polnische Beteiligung an der Biennale von São Paulo kuratierte. Vgl. Andrzej Szczerski: Polska nowoczesność na eksport. Ryszard Stanisławski, São Paulo, Paryż i Łódź [Polnische Moderne für den Export. Ryszard Stanisławski, São Paulo, Paris und Łódź]. In: Muzeum Sztuki w Łodzi, Aleksandra Jach, Katarzyna Słoboda, Joanna Sokołowska, Magdalena Ziółkowska (Hrsg.), Monograph: Vol. 1, Łódź 2015, S. 438–473.

Jahre, oder, wie der bedeutende Kunsthistoriker und Kurator Ryszard Kluszczyński 1999 schrieb, die radikale Kunst dieser Zeit kritisiere »nicht nur künstlerische Standards, sondern auch kulturelle und soziale Normen«.[6]

Zu dieser Generation gehören Katarzyna Kozyra, Artur Żmijewski und Paweł Althamer. Jede:r von ihnen war Stipendiat:in des angesehenen DAAD-Kunstprogramms in Berlin. Neben ihnen haben Künstler:innen wie die Maler Wilhelm Sasnal und Marcin Maciejowski, die Fotografin Aneta Grzeszykowska, die Bildhauer Robert Kuśmirowski und Monika Sosnowska sowie Video- und Installationskünstlerinnen wie Joanna Rajkowska und Anna Konik Anerkennung gefunden.

Die wichtigsten Galerien, Museen und Sammlungen haben seitdem ihre Türen für polnische Kunstschaffende geöffnet. Bereits 1993 im polnischen Pavillon auf der Kunstbiennale in Venedig ausgestellt, hat Mirosław Bałka in den 2000er Jahren eine einzigartige globale Bedeutung erlangt. Bałka hat seine Arbeiten nicht nur in den wichtigsten Museen wie der Tate Modern in London, der Reina Sofía in Madrid oder der Akademie der Künste in Berlin ausgestellt, sondern wird auch immer wieder eingeladen, monumentale Projekte wie das Denkmal für die 852 Opfer des Fährunglücks der *Estonia* (1998) oder das Projekt *Auschwitzwieliczka* in Krakau (2010) zu realisieren. Die Arbeit dieses Künstlers und sein starkes Engagement in Fragen der Reflexion über seinen Geburtsort und das polnisch-jüdische Erbe der Stadt Otwock – sowohl im Rahmen seiner eigenen Stiftung als auch der von ihm vorbereiteten Ausstellungsprojekte – ist ein hervorragendes Beispiel für die Übertragung lokaler Themen auf universelle Diskurse.

Ich würde die These wagen, dass man, um vor 1989 eine große internationale Kunstkarriere zu machen, ins Ausland gehen musste, wie es u. a. Alina Szapocznikow, Roman Opałka und Krzysztof Wodiczko zuvor getan haben. Mirosław Bałka ist einer der ersten Künstler, die dauerhaft in Polen geblieben sind und deren authentische Inspirationsquelle der Ort ist, an dem sie geboren wurden.

Ein weiteres außergewöhnliches Beispiel ist das künstlerische Werk und das soziale Engagement von Katarzyna Kozyra. Der Werdegang dieser Künstlerin nahm seinen Anfang im Bildhaueratelier der Professur von Grzegorz Kowalski an der Akademie der Schönen Künste in Warschau. Eine wichtige Person für sie war der Kunstkritiker und Künstler Jerzy Stajuda, der sie dort im Zeichnen unterrichtete.

Nach dem Germanistikstudium an der Universität Warschau begann Kozyra 1988 ihr Studium an der heute berühmten Kowalnia, u. a. zusammen mit Paweł Althamer, Katarzyna Górna, Jacek Markiewicz und Artur Żmijewski. Die Absolventinnen und Absolventen der Warschauer Kunstakademie setzen seit Jahren einen wichtigen Akzent

---

6 Sztuka Krytyczna, 7. Juli 2021: https://mediateka.u-jazdowski.pl/aktualnosci/sztuka-krytyczna (29.9.2023).

Zachęta – Narodowa Galeria Sztuki [Nationale Kunstgalerie] ist die zentrale Kultureinrichtung Polens, welche die Popularisierung der Gegenwartskunst als ein wichtiges Element des gesellschaftlichen und kulturellen Lebens zum Ziel hat. Es ist der Ort im Land, an dem die spannendsten Kunst- und Kulturphänomene des 20. und 21. Jahrhunderts präsentiert und diskutiert werden.

Die Galerie organisiert temporäre Ausstellungen. In den über 100 Jahre alten Gemäuern wurden Werke herausragender polnischer und internationaler Künstlerinnen und Künstlern gezeigt, etwa von Paweł Althamer, Marlene Dumas, Luca Tuymans, Jana Lebenstein, Zbigniew Libera, Daniel Libeskind, Tadeusz Kantor, Katarzyna Kozyra, Yayoi Kusama, Niki de Saint Phalle, Wilhelm Sasnal, Alina Szapocznikow, Wolfgang Tillmans. Die Kunstgalerie Zachęta zeigt auch immer wieder Themenausstellungen, die etwa den Klassikern des 20. Jahrhunderts, der 1968er Bewegung, der Gender-Problematik in der Kunst Ostmitteleuropas und ähnlichen aktuellen Fragestellungen gewidmet waren. Ein Teil der ausgestellten Werke wird in der Regel für die Zachęta-Sammlung aufgekauft.

https://zacheta.art.pl

im Dialog mit der Realität. Der Turbokapitalismus in Polen, die Verdrängung einer großen Gruppe von Menschen, darunter Künstler:innen und Intellektuelle, an den gesellschaftlichen Rand, der erschreckende politische und religiöse Konservatismus und die Rückständigkeit des Denkens, die Unfähigkeit tiefer historischer Reflexion und der primitive Ton des politischen und gesellschaftlichen Diskurses sind zu den Hauptthemen der Werke dieser Kunstschaffenden geworden.

Kozyra war die erste dieser Generation, die damit begann, beschämende, unangenehme Bereiche des gesellschaftlichen Lebens ans Licht zu bringen. Gleichzeitig musste sie für ihre Arbeit schwerwiegende und noch nie dagewesene Konsequenzen hinnehmen.

Diese bestimmten zukünftig die Vielfalt ihrer Interessen sowie ihre Widerstandsfähigkeit gegen Fanatismus und Dummheit. Ihre Diplomarbeit von 1993, *Die Pyramide der Tiere* – bestehend aus ausgestopften Tieren – löste einen bis dahin unbekannten Medienskandal aus. Diese beispiellose Reaktion kann mit den heutigen Angriffen in den sozialen Medien verglichen werden. Leider ereilte eine ähnliche Situation, verbunden mit rechtlichen Konsequenzen, fast zehn Jahre später auch eine andere Künstlerin, Dorota Nieznalska, als sie das Werk *Passion* – mit der Darstellung eines Penis auf einem Kreuz – ausstellte.

Kozyra ist eine außerordentlich mutige Künstlerin, ein Mensch, der das Drama der zeitgenössischen Realität täglich erlebt und das Bedürfnis hat, darauf zu reagieren. Sie setzt sich kompromisslos für ein angemessenes, richtiges Verständnis ihrer Werke ein. Vielleicht hat die Künstlerin auch aus diesem Grund 2012 die Katarzyna Kozyra Foundation gegründet. Deren Aufgabe ist es jedoch nicht nur, ihr Erbe zu pflegen, sondern auch, Künstlerinnen und kulturschaffende Frauen in Mittel- und Osteuropa zu unterstützen. Der 2015 von der Stiftung veröffentlichte Bericht *Schlechte Aufstiegschancen? Ein Forschungsbericht über die Präsenz von Frauen an staatlichen Kunsthochschulen in Polen*[7] fügt sich darin hervorragend ein.

In den letzten Jahren hat Kozyra ein weiteres Projekt ins Leben gerufen, das *Secondary Archive*[8] – ein Archiv und eine Plattform für die Zusammenarbeit zwischen Künstlerinnen und Kultureinrichtungen aus Mittel- und Osteuropa sowie für die Entdeckung und Förderung debütierender beziehungsweise vergessener Künstlerinnen.

Das Projekt hat kürzlich große Unterstützung von Künstlerinnen aus Belarus und der Ukraine erhalten. Dies ist eine äußerst moderne und beispiellose Haltung, die eigene Popularität zum Nutzen anderer zu teilen.

UNBESTRITTENER INTERNATIONALER ERFOLG

Überall sind die Namen polnischer Künstler:innen auf internationalen Ausstellungen zu finden. Alleine ein Rückblick auf die letzte Saison zeigt die sensationelle Retrospektive der verstorbenen Bildhauerin Magdalena Abakanowicz in der Tate Modern in London,[9] den äußerst erfolgreichen polnischen Pavillon auf der Biennale von Venedig (2022) mit der Roma-Künstlerin Małgorzata Mirga-Tas, Zuzanna Hertzbergs nachhallende und vielbeachtete interdisziplinäre Arbeit über die Kämpferinnen des Warschauer Ghettos auf der Berlin Biennale (2022) sowie die seit vielen Jahren erste

---

7 http://katarzynakozyrafoundation.pl/projekty/badanie-dotyczace-obecnosci-kobiet-na-uczelnich-artystycznych-w-polsce/ (29.9.2023).
8 http://katarzynakozyrafoundation.pl/projekty/secondaryarchive/ (29.9.2023).
9 Magdalena Abakanowicz: Every Tangle of Thread and Rope. London: Tate Modern, 17. November 2022 bis 21. Mai 2023.

ausländische Retrospektive zum 100. Geburtstag der Surrealistin Erna Rosenstein in der Galerie Hauser & Wirth in Zürich (2022/23).

Hinzu kommen Karol Radziszewski, der in diesem Jahr sein Queer Archives Institute[10] in der von dem berühmten Fotografen Wolfgang Tillmans geleiteten Stiftung Between Bridges in Berlin präsentierte, Joanna Rajkowskas spektakuläres Projekt *Sorry* in Posen (Poznań) und Frankfurt (Oder), das denjenigen gewidmet ist, die es nicht geschafft hatten, über die Grenze zu kommen, sowie die aktuelle Ausstellung der verstorbenen Bildhauerin Wanda Czelkowska im Museum Susch von Grażyna Kulczyk in der Schweiz[11], die ein außerordentlich umfangreiches Bild der polnischen Kunstlandschaft im Ausland vermitteln.

Polnische Künstlerinnen und Künstler werden hochgeschätzt, während sie sich gleichzeitig mit aktuellen Themen wie Feminismus in der Kunst, der Entdeckung neuer und vergessener Künstlerinnen, der Darstellung von queeren Themen, der Einforderung

---

MUZEUM SUSCH versteht sich als ein Ort für den diskursiven und erforschenden Charakter der Kunst in der Tradition der Kunsthalle als Experimentierfeld. Begründet von Grażyna Kulczyk und eröffnet 2016, ist es spezifisch von einem tiefen Verständnis für die Position von Künstlerinnen und Künstlern geprägt, die sich oftmals ausgeschlossenen, übersehen oder fehlinterpretierten Positionen verpflichtet fühlen. Eine der zentralen Qualitäten des Museums ist es, das Kanonische wie auch das Marginalisierte neu zu definieren – nicht mit einer einzelnen, dominanten Stimme, die Hergebrachtes zum Schweigen zwingt, sondern als vielstimmige, einflussreiche Kraft, die jeweils anderen Stimmen Resonanz verschafft. Ein besonderes Augenmerk widmet das Museum dabei der zeitgenössischen polnischen Kunst.

Als ein Ort der Kontemplation, Forschung und Intervention, wird MUZEUM SUSCH durch eine Reihe von permanenten, ortsspezifischen Installationen internationaler Künstlerinnen und Künstler definiert, die sich mit der Architektur und der differenzierten Struktur seines Schweizer Standortes auseinandersetzen. Jedes dieser Kunstwerke spielt eine eigene Rolle in der Gestaltung des sich entwickelnden Charakters der Institution und des unverwechselbaren Layouts der Anlage.

Eine der frühesten ortsspezifischen Installationen im MUZEUM SUSCH ist eine 14 Meter hohe Stahlkonstruktion, die als die »Wirbelsäule« des Gebäudes im ehemaligen Eisturm der Brauerei Susch aufragt – Monika Sosnowskas *Stairs* (2017). Auch Mirosław Bałka, Jarosław Kozłowski, Sara Masüger und Adrian Villar Rojas haben neue Installationen vor Ort geschaffen, während wegweisende Arbeiten von Magdalena Abakanowicz, Heidi Bucher, Zofia Kulik, Paulina Ołowska, Piotr Uklański und Joanna Rajkowska in spezifisch für sie arrangierten Räumen ein dauerhaftes Zuhause gefunden haben. Zukünftig wird sich die Liste der permanenten Installationen im MUZEUM SUSCH erweitern.

https://www.muzeumsusch.ch/

---

10   http://www.karolradziszewski.com/index.php?/projects/qai/ (29.9.2023).
11   https://www.muzeumsusch.ch/de/1740/Wanda-Czelkowska-Art-is-not-Rest (29.9.2023).

der Stimme aller Minderheiten sowie den internationalen Einflüssen in der polnischen Kunst und der Mitwirkung von in Polen lebenden Künstler:innen aus verschiedenen Kulturen auseinandersetzen.[12]

Bis 2015 wurde die polnische Kunst von Künstlerkreisen aus anderen Ländern zum Vorbild genommen, da sie als sehr fortschrittlich und modern angesehen wurde.

DIE ARROGANZ DER MACHT UND DIE STÄRKE DER KLEINEN INSTITUTIONEN

Die sogenannte Kulturpolitik nach dem »guten Wandel«, das heißt der Regierungszeit der Partei Recht und Gerechtigkeit (Prawo i Sprawiedliwość, PiS) hat die großen Museen und Kunstinstitutionen, die in Polen größtenteils vom Ministerium für Kultur und Nationales Erbe subventioniert werden, endgültig überrollt. Die Bereiche Film, Theater und Literatur waren die ersten, die nach 2015 unter Beschuss gerieten. Die Zerstörung des polnischen Kulturschaffens im Bereich der bildenden Kunst begann mit der zweiten Amtszeit der PiS, das heißt nach 2019.

Die Ernennung von Jerzy Miziołek zum Direktor des Nationalmuseums in Warschau ohne vorherige Ausschreibung war ein Schock für die polnische und internationale Kunstgemeinschaft. Nach weniger als einem Jahr verließ Miziołek den Posten mit dem Ruf eines kompletten Dilettanten.

Die gleichfalls ohne Ausschreibung erfolgte Berufung des ultrarechten Kunstkritikers Piotr Bernatowicz, der für seine frauenfeindlichen, manipulativen und geradezu nationalistischen Äußerungen bekannt ist, zum Direktor des Zentrums für zeitgenössische Kunst Zamek Ujazdowski in Warschau 2020 für die darauffolgenden sieben Jahre war ebenfalls ein Skandal.

Die Ernennung eines unbedeutenden, unbegabten Malers und zugleich Vorsitzenden der Künstlergewerkschaft ZPAP, Janusz Janowski, zum Direktor der wichtigsten Kunstgalerie Polens, der Narodowa Galeria Zachęta in Warschau Anfang 2022 – selbstverständlich wieder ohne einen Ausschreibungsprozess – war von Anfang an ein Drama. Nach weniger als einem Jahr hat mehr als die Hälfte des hochprofessionellen Teams gekündigt und die Institution wird, wie in der kommunistischen Ära, von einem einzigen Menschen geleitet – mit dem Unterschied, dass sie von Juristen der katholischen Organisation Ordo Iuris vertreten wird.

---

12 Ein Beispiel: Im Jahr 2019 organisierte die inzwischen aufgelöste Institution Biennale Warszawa eine Ausstellung ausländischer Künstler:innen, die in Polen leben: https://biennalewarszawa.pl/wystawa-artystow-zagranicznych-mieszkajacych-w-polsce/ (29.9.2023).

Die Pro-forma-Ausschreibung für das Direktorat des Kunstmuseums in Łódź im Jahr 2022 gewann Andrzej Biernacki – ein Maler und Kritiker, der für seine Verschwörungstheorien bekannt ist und zudem über keinerlei museale oder internationale Erfahrung verfügt.

Fügt man zu dieser Schreckenslandschaft noch das Adam-Mickiewicz-Institut hinzu, das früher zahlreiche internationale Austauschprogramme initiierte und unterstützte und nun von einem Funktionär des sogenannten »guten Wandels« geleitet wird, dessen Mitarbeiterteam dauernd wechselt, da es an fundierten Kompetenzen, internationalen Kontakten und Kenntnissen über die Besonderheiten und die Entwicklung der kulturellen Bereiche in Polen fehlt, sieht es für die Realität und die Grundlagen der Existenz der polnischen Kultur in der Zukunft schwarz aus.

Einige Tage vor Verfassen dieses Texts gab das Ministerium für Kultur und Nationales Erbe bekannt, dass der polnische Pavillon auf der Kunstbiennale in Venedig im Jahr 2024 die Werke von Ignacy Czwartos, einem Krakauer Maler des sogenannten »guten Wandels«, zeigen wird, welche die *Verstoßenen Soldaten* darstellen. Diese zweitrangige Malerei versucht, die Werke von Malern wie Andrzej Wróblewski, Jerzy Nowosielski und Jarosław Modzelewski nachzuahmen und sie gleichzeitig miteinander zu kombinieren. Eine internationale Blamage scheint vorprogrammiert.

Angesichts der oben genannten Ereignisse, Prozesse und Fakten ist zu befürchten, dass demnächst erneut in alternativen Strukturen gearbeitet werden muss. Genau wie im Sozialismus, nur diesmal eben im Post-Kommunismus.

Diese Tendenz bedeutet eine Abkehr von der Modernität, das heißt von einem authentischen Kontakt mit der offenen internationalen Kunst und einer mutigen Auseinandersetzung mit aktuellen Themen und der Vertretung progressiver künstlerischer Haltungen. Die von der Partei Recht und Gerechtigkeit bevorzugte und präsentierte Kunst ist in Bezug auf die von ihr vertretenen Künstler:innen und Kurator:innen sowie die nationalen Themen sehr begrenzt, im internationalen Kontext unverständlich, qualitativ minderwertig und in der Form einfach nur oberflächlich und peinlich. Es handelt sich um eine Rückkehr in die verklärte Vergangenheit und eine Ideologie, die ihre Vertreter in die Irre führt – und letztlich an den Rand der Kunstgeschichte oder auf den Müllhaufen der Geschichte führen wird.

Während Warschau fast ausschließlich von wenigen Getreuen des sogenannten »guten Wandels« beherrscht wird, agieren außerhalb der Hauptstadt glücklicherweise ideologiefreie Institutionen. Die Kraft und Bedeutung der polnischen Kunst werden derzeit von kleinen Institutionen und den großartigen Menschen, die sie leiten, bestimmt.

Zu den wichtigsten und mutigsten unter ihnen gehört die Galerie Labirynt in Lublin mit ihrem charismatischen Direktor und Künstler Waldemar Tatarczuk, deren Programm weit über den europäischen Horizont hinausreicht. Ein weiterer Veranstaltungsort ist die Galeria Arsenał in Poznań mit ihrem partizipativ arbeitenden Direktor und Künstler Marek Wasilewski. Ein Lichtblick auf der Landkarte ist außerdem die Galeria Arsenał in Białystok, die seit mehr als 20 Jahren von der Kuratorin und Kunsthistorikerin Monika Szewczyk geleitet wird. Hier kreuzen sich die Wege der mittel- und osteuropäischen Künstlerinnen und Künstler.

Hinzu kommen die TRAFO Trafostacja Sztuki in Stettin (Szczecin), die von Staszek Ruksza geleitet wird, die von Ewa Łączyńska-Widz geführte Galerie BWA in Tarnów, die Stiftung WRO Art Center in Breslau (Wrocław), die seit vielen Jahren von Viola und Piotr Krajewski aufgebaut wird, die Galerie Łaźnia mit Jadwiga Charzyńska in Danzig (Gdańsk) sowie Anna Łazar, die sich sehr für die Ukraine und Mitteleuropa engagiert und Kuratorin des Projekts *Free Word* ist. Damit verfügen wir über einen hervorragenden Kern von Institutionen, die sich für die Entwicklung der polnischen Kunst engagieren. Diese bieten ideale Bedingungen für das Schaffen und die Entwicklung von Künstler:innen, in Freiheit und Respekt vor dem Anderssein.

HOFFNUNG IN DER ABWESENHEIT DER MACHT

Jede Generation verändert ihr Erbe entsprechend den aktuellen Bedürfnissen. Daher wählen wir die Aspekte der Vergangenheit aus, die für den jeweiligen Moment passend und funktional sind.

Die Stärke der oben genannten Institutionen liegt darin, diesen Prozess zu verstehen und aktiv zu unterstützen. Trotz aller Widrigkeiten und bescheidener Mittel.

An dieser Stelle ist es notwendig, auf die Rolle der Avantgarde als unwiderruflichen Teil unseres Erbes zurückzukommen. Sie ist der Garant für die Modernität der polnischen Kunst. In Zeiten des andauernden Ausnahmezustands, der Akzeptanz des Narrativs eines permanenten Opfers der Geschichte (gemäß ideologischen Anordnungen), der Ausgrenzung jeglicher Andersartigkeit und der mangelnden Bereitschaft, über sich selbst nachzudenken und an sich zu arbeiten, bietet die Kunst eine einzigartige Garantie und Hoffnung für das Verständnis und die Überwindung von Schwierigkeiten.

Die Avantgarde-Kunst, inzwischen auch die Post-Avantgarde-Kunst, ist ein untrennbarer Bestandteil der polnischen Kultur, verbunden mit Begriffen wie Experiment, Universalismus, Verantwortungsbewusstsein für die Gemeinschaft und der Suche nach neuen und besseren Wegen zur Gestaltung der Welt.

Die Welt der wahren Kunst wird niemals untergehen, da sie an die positivsten menschlichen Erfahrungen und Werte appelliert. Die polnische Kunst wird nicht in den Untergrund gehen – und paradoxerweise wird sie aktuell im Ausland mehr geschätzt und öfter gezeigt als im Inland.

Das Museum Jerke ist das einzige Museum für moderne polnische Kunst in Deutschland und eines der wenigen dieser Art weltweit. In einem modernen Gebäude in Recklinghausen sind über 600 Werke der polnischen Avantgarde der 1920er Jahre und der polnischen Moderne ab 1960 zu sehen. Neben der Privatsammlung Jerke bietet das Museum Wechselausstellungen und Kooperationen mit Künstlerinnen und Künstlern an. Betrieben wird das Museum von der Jerke Art Foundation.

Der Sammler Dr. Werner Jerke kam 1981 aus dem oberschlesischen Pyskowice (Preiskretscham) nach Deutschland. Bereits während seines Medizinstudiums in Bonn begann er, polnische Kunst zu sammeln. Die Sammlung umfasst u. a. Werke von Władyslaw Strzemiński, Katarzyna Kobro, Wojciech Fangor, Wilhelm Sasnal und Ryszard Grzyb. Werner Jerke: »Kunstwerke gehören niemals einem allein. Sie werden vom Besitzer lediglich auf Zeit gepachtet. Ich bin froh, wenn ich sie für einen Moment halten kann. Das Entscheidende ist aber, dass sie der gesamten Gesellschaft gehören.«

http://www.museumjerke.com/

Hoffen wir, dass die Parlamentswahlen im Oktober 2023 dies ändern und die polnische Kunst wieder auf den Weg der Modernität bringen werden.[13] Denn, wie der unvergessliche Künstler und Performer Paweł Jarodzki meinte: »Nur die Kunst wird dich nicht betrügen«.

Aus dem Polnischen von Paulina Schulz-Gruner

JOANNA KILISZEK lebt als freie Kulturmanagerin und Kunstkritikerin in Berlin und Brandenburg. Studium der Kunstgeschichte, Theater-, Film- und Fernsehwissenschaften und Slavistik an den Universitäten Warschau und Köln. Kuratorin vieler Ausstellungen, u. a. der ersten Retrospektive von Neo Rauch in Polen in der Nationalgalerie Zachęta in Warschau. Direktorin des Polnischen Instituts in Leipzig (1996–2001) und des Polnischen Instituts in Berlin (2001–2007). 2008–2014 stellvertretende Direktorin des Adam-Mickiewicz-Instituts in Warschau, verantwortlich für das internationale Programm. Mitglied der Polnischen Abteilung des Internationalen Verbands der Kunstkritiker (AICA) und des Verbands Deutscher Kunsthistoriker.

---

13 Der Text entstand vor den Parlamentswahlen in Polen im Herbst 2023. Die PiS-Partei ist nicht mehr in Regierungsverantwortung, siehe auch der Beitrag von Michał Olszewski in diesem Jahrbuch.

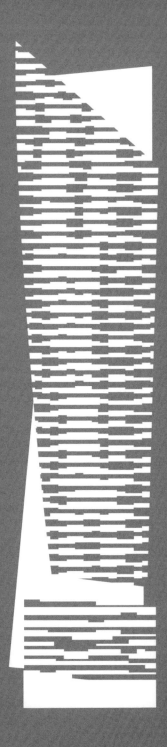

WARSZAWA
ZŁOTA 44
DANIEL LIBESKIND

Ich warte auf eine neue Architektur

Filip Springer im Gespräch mit Damian Nowicki

DAMIAN NOWICKI: Vor zehn Jahren sorgte dein Buch *Wanna z kolumnadą* [Badewanne mit Säulengang], in dem du das polnische Architekturchaos beschreibst, für Aufsehen. Wie bewertest du die Veränderungen im öffentlichen Raum im Land seit dieser Zeit?

FILIP SPRINGER: Leider muss ich sagen, dass sich insgesamt wenig zum Besseren gewandelt hat. In *Wanna z kolumnadą*[1] habe ich zunächst ganz grundlegende Dinge beschrieben, also die Probleme bei der Stadtplanung, und ich habe dann den Bogen gespannt hin zu ganz banalen Erscheinungen wie Werbeplakaten am Zaun.

Die größte Herausforderung, das Durcheinander in der Raumplanung, ist sogar noch größer geworden. Wenn man bedenkt, dass im Baurecht und im Raumplanungsrechts keine wesentlichen Änderungen vorgenommen wurden, und dazu noch neue Ideen der Behörden kamen wie das sogenannte »lex Bauherr« (Vereinfachungen bei den Genehmigungsverfahren) oder die Ausnahmeregelung bei der Raumplanung für Häuser bis zu einer Größe von 70 Quadratmetern, so sehe ich eher Rückschritte. Ähnlich verhält es sich mit entsprechenden Verordnungen zur Regelung von Plakatwerbung im öffentlichen Raum auf kommunaler Ebene, über die ich in der Neuauflage von *Wanna* ... geschrieben habe und in die ich wirklich große Hoffnungen gesetzt hatte. Mit der Zeit wurde aber deutlich, dass die Behörden kaum Interesse haben, diese Vorgaben in die Tat umzusetzen.

Bislang haben nur drei Prozent der polnischen Kommunen entsprechende Verordnungen zur Beschränkung großflächiger Werbung im öffentlichen Raum verabschiedet, wobei viele von ihnen mit juristischen Klagen und Blockaden überzogen wurden. In

---

[1] Filip Springer: Wanna z kolumnadą. Reportaże o polskiej przestrzeni [Badewanne mit Säulengang. Reportagen über den polnischen Raum], Wołowiec 2013.

Krakau z. B. hat diese Maßnahme nach ihrem Inkrafttreten und nach dem Ende des Übergangszeitraums für spürbare Besserung gesorgt. Im Internet kursieren Bilder der Stadt aus den Zeiträumen vor und nach der Regulierung, der öffentliche Raum ist weitgehend von den zahlreichen Werbeschildern und Plakaten befreit worden.

Es gibt solche Hoffnungsschimmer. Auf jeden Fall verschwinden zumindest die schlimmsten und hässlichsten Schilder. Und das betrifft sowohl die kleinen wie auch die großformatigen Plakate und Banner. Das funktioniert entweder durch diese Verordnungen oder durch die Schaffung von sogenannten »Kulturparks« in den Städten. Ich sehe auch, dass in einem ästhetisch anspruchsvoll anmutenden Raum eine gewisse Betonung der harmonischen Gestaltung vorherrscht, und zwar heute noch stärker als vor dem Erscheinen meines Buches … Ein gutes Beispiel hierfür ist das Warschauer Stadtviertel Powiśle, auf das ich jeden Tag von meinem Balkon aus schauen kann. Ob nun Friseur, Gemüseladen oder Kosmetikerin, die Schilder sind ästhetisch ansprechend und frei von kitschiger Aufdringlichkeit. Es gibt in jeder Stadt solche Viertel, in denen die dort lebende Mittelschicht gewisse Erwartungen hat und wo Handel und Gewerbe sich optisch entsprechend anpassen. Leider sind das in der Regel hochpreisige Siedlungen und Wohngebiete, was ich für besorgniserregend halte, denn so scheint es, dass sich nur die Reichen ein schönes Wohnumfeld leisten können. Wer hingegen kein Geld hat, muss weiterhin im visuellen Chaos leben.

Vor Kurzem bin ich mit dem Auto von Krakau nach Zakopane gefahren, und obwohl es nach wie vor genug Werbung am Straßenrand gibt, hat sich die Situation im Vergleich zu den letzten zehn Jahren schon deutlich verbessert. Vielleicht haben die Unternehmer dort Angst, dass ihnen in Zukunft das Aufstellen von Werbeschildern gänzlich verboten wird? In der Region Kleinpolen wurde vor einigen Jahren ein Projekt mit dem Titel *Montevideo* **(spanisch: ich sehe die Berge) eingeführt, das die Entfernung sämtlicher Werbeplakate an der Fernstraße Krakau – Zakopane im Umkreis von 200 Metern anordnete.**

Die Region Podhale ist ein autonomes Gebiet, was die Ästhetik und den Geschmack der Menschen betrifft. Deswegen habe ich es in der letzten Zeit nicht gewagt, dorthin zu fahren und irgendwie in Erscheinung zu treten. Als mich Menschen aus dem Publikum bei Lesungen fragten, welche Region in Polen wohl die schönste sei und welche die hässlichste, nun, da sagte ich ihnen, dass es eigentlich überall gleich sei, in Podhale jedoch am grässlichsten. Scherz beiseite, Podhale könnte so schön sein, doch die Schnellstraße von Krakau nach Zakopane in die bekanntesten Berge Polens, die Tatra, hat leider sehr viel zerstört. Viele Kommunen haben entsprechende Verordnungen zum Verbot von Werbung im öffentlichen Raum nach wie vor nicht verabschiedet, ich sehe trotzdem einige Verbesserungen.

Ich habe den Eindruck, im letzten Jahrzehnt haben sich im städtischen Raum zwei Haupttendenzen entwickelt. Einerseits dominieren Debatten um den Kampf gegen

den Schilderwald, die grellen und kitschigen Farben der Außenwände beziehungsweise gegen das ästhetische Chaos an sich. Auf der anderen Seite verwandelt sich jeder städtische Marktplatz in Polen unter dem Deckmantel der Revitalisierung in eine Art Betonplatte, und außerdem schießen neue Wohnsiedlungen immer noch wie Pilze aus dem Boden, die Häuser stehen dicht an dicht, die Wohnfläche ist lächerlich klein, Grünflächen fehlen.

Dieser Schnellbau und Wildwuchs ist ein dankbares Thema. Dabei muss man ehrlich anerkennen, dass sich die Situation heute etwas verbessert hat, wenn wir allgemein betrachten, was und wie in Polen vor zehn bis fünfzehn Jahren gebaut wurde, also die Berücksichtigung von Grünflächen, von Abständen zwischen den einzelnen Gebäuden und von Fahrradstellplätzen. Selbst im Niedrigpreissegment müssen die Immobilienfirmen erkennen, dass man den Menschen nicht mehr jeden beliebigen Dreck andrehen kann. Die Kundinnen und Kunden fragen schon nach den Details, also ob es wirklich einen richtigen schönen Kinderspielplatz geben wird oder ob es sich nur um so ein einsames, eingezäuntes Schaukelpferdchen handelt. Auch wenn noch viel zu tun bleibt, die Situation ist heute weitaus besser als noch vor ein paar Jahren.

Der wohl spektakulärste Aspekt in deinem Buch *Wanna* ... ist die Geschichte des Unternehmers Wacław Goźliński, der sich in Michałowice bei Warschau ein kleines Luxusareal geschaffen hat. Mal abgesehen von dem dort anklingenden Pathos und Größenwahn – sein Triumphbogen sowie sein am Wasser gelegener Palastbau sind zumindest legal, was man von einigen anderen Großbauten nicht immer sagen kann.

Goźliński hatte dort ein Grundstück, das zu kommunistischen Zeiten für die staatliche Landwirtschaft genutzt wurde, und es ist ihm dann nach der Wende gelungen, hier ganz groß sein eigenes Geschäft aufzuziehen. Grundsätzlich hat er durch seine baulichen Aktivitäten die Landschaft nicht schwerwiegend beeinträchtigt. Die Gebäude ragen nicht so hoch empor, dass sie schon von Weitem zu erkennen wären. Beim Bau wurden auch keine gemeinschaftlichen Ressourcen zerstört. Gleiches lässt sich allerdings nicht sagen über das riesige Hotel Gołębiewski in Karpacz im Riesengebirge. Dort wurde das Landschaftsbild praktisch zerstört, das Hotel fällt optisch total aus dem Rahmen. Dazu kommt noch diese absolute Frechheit, mit der der Unternehmer Tadeusz Gołębiewski sein Hotel hat bauen lassen, denn er hat den lokalen Raumordnungsplan einfach ignoriert. Im Vergleich dazu beurteile ich Goźliński wirklich mit Nachsicht. Die Begegnung mit ihm war für mich wirklich eine gute Lektion, denn er hat aus dem Nichts und völlig legal etwas erschaffen, was ihm und seiner Familie ein gutes Einkommen ermöglicht, und dabei hat er das Landschaftsbild nur unwesentlich verändert.

Und was denkst du über das Schloss in Stobnica? Steht der Bau des überdimensional großen Schlosses am Rande des Naturschutzgebiets Puszcza Notecka einfach für die heutigen Zeiten, so wie es vor einem Jahrzehnt bei Gołębiewski und Goźliński der Fall war?

Das Schloss in Stobnica ist ein etwas anderer Fall, denn hier geht es nicht nur um Ästhetik oder Architektur, sondern um die Tatsache, dass einfach in einem Naturschutzgebiet gebaut wurde, das zum EU-weit ausgewiesenen Netz Natura 2000 gehört. Für mich ist das ein Beispiel einer Entwicklung, die die Architekturgruppe Centrala als ästhetische Wende bezeichnet hat, also eine sehr schnelle und radikale Veränderung der Diskussion um Architektur unter ökologischen Gesichtspunkten. Ich gebe zu, dass mich die Ästhetik in der Architektur nicht mehr so stark interessiert. Aus diesem Grund habe ich z. B. nicht vor, eine Neuauflage meines Werkes *Księga zachwytów* [Das Buch der Faszinationen] herauszubringen, in dem ich ja ästhetisch gelungene Projekte in Polen vorgestellt habe. Für mich steht heute im Vordergrund, wie die Architektur dazu beiträgt, den Planeten zu zerstören und die Klimakrise zu verschärfen. In diesem Zusammenhang ist Stobnica ein Symptom für eine neue Sichtweise. Es wurde mehr darüber gesprochen, dass durch den Bau ein See zugeschüttet werden musste und erhebliche Eingriffe in Wälder und Ökosysteme notwendig waren, weniger hingegen über die ästhetische Komponente.

Trotzdem wollte ich dich nach positiven Beispielen polnischer Nachkriegsarchitektur fragen, die den Wandel der Zeiten unbeschadet überstanden haben.

Was mir sofort einfällt, sind die im Rahmen des Regierungsprogramms »PR-5« entstandenen Pläne für die Siedlung Białołęka Dworska in der Nähe von Warschau aus den 1970er Jahren, wo insgesamt fünf Mustersiedlungen entstehen sollten, typische Wohnungsbauprojekte für die Epoche unter Edward Gierek (1913–2001). Bevor diese grauen Wohnblöcke in beinahe jeder größeren polnischen Stadt gebaut werden sollten, wollte man untersuchen, welche architektonischen und städtebaulichen Richtlinien hier am besten zum Tragen kommen. Halina Skibniewska (1921–2011), eine der herausragenden Architektinnen der Nachkriegszeit, hatte diese Mustersiedlungen gemeinsam mit einem interdisziplinären Expertenteam entworfen; aus finanziellen, logistischen und politischen Gründen wurden sie jedoch nie gebaut. Meiner Meinung nach war das einer der größten Erfolge der Stadtplanung aus dieser Epoche, der nach 1989 in Vergessenheit geriet.

Betrachtet man die allgemeine öffentliche Debatte zu den Themen Ästhetik und Architektur, so scheint es, die allgegenwärtige Überstilisierung, im Westen als *overdesign* bezeichnet, führt zu einer Glorifizierung von Kitsch. Objekte wie das nicht mehr existierende Warenhaus Solpol in Breslau oder das Hotel Sobieski in Warschau erlebten in der Debatte eine wahre Renaissance, nach dem Motto »So hässlich, dass es schon bemerkenswert ist«, dass die Menschen wohl sogar damit begannen, dort neue Werte zu suchen.

Hier bin ich komplett anderer Meinung als du. Solpol und Sobieski würde ich nicht als Kitsch bezeichnen, auch wenn sie mir überhaupt nicht gefallen. Es ist wirklich ein

Kaufhaus Solpol in Breslau (Wrocław) galt als Beispiel für postmoderne Architektur in Polen. 1993 eröffnet, wurde es 2021 abgetragen.

Problem, dass wir ständig über Architektur in ästhetischen Kategorien diskutieren, ohne irgendwelche definierten Parameter oder klar bestimmte Prinzipien, die uns in Bezug auf Funktionalität im Raum dienen. Natürlich gibt es kein einfaches mathematisches Muster, anhand dessen wir ein Bauwerk als »ästhetisch« beschreiben könnten, dennoch sind wir in der Lage, gewisse Richtlinien für gute Projektierung festzulegen. Dazu zählen z. B. Proportionalität, Maßstab, Verhältnismäßigkeit des Gebäudes zu seiner angedachten Funktion. Wir sollten begreifen, dass ein Toilettenhäuschen nicht so groß sein kann wie ein Rathaus und umgekehrt, und dass ein Übermaß an Farben und Geräuschen im öffentlichen Raum uns eher ablenkt beziehungsweise eine Reizüberflutung darstellt.

Ein weiterer Aspekt ist der Vorwurf des angeblichen Klassismus in der Diskussion um Ästhetik im öffentlichen Raum. In den Kommentaren der sozialen Medien sowie in der Presse wird dieser sehr schnell laut, ebenso wird dort von vermeintlicher Ausgrenzung gesprochen. Das schmerzt mich persönlich sehr, denn solch eine Sichtweise schließt aus, dass man bestimmte existierende Kategorien beziehungsweise Normen anerkennt, anhand derer wir den öffentlichen Raum projektieren können. So wird der Vorwurf der Stigmatisierung laut, man mache sich lustig über den Geschmack der »einfachen

Leute«. Dass pastellfarbene Säulen pseudointellektuell sind, und diejenigen, denen sie gefallen, Pseudointellektuelle, vorzugsweise noch aus den sozialen Niederungen.

Anfang März ging beim Wojewodschaftsamt für Denkmalschutz in Warschau ein Antrag ein, wonach das Hotel Sobieski in die Liste der zu schützenden Denkmäler aufgenommen werden soll. Dieser Antrag wurde zwar abgelehnt, doch im Internet heftig diskutiert. Was denkst du darüber?

Wenn wir uns darauf einigen könnten, dass es in der Architektur Fragen gibt, die nicht von persönlichen Vorlieben oder vom Geschmack abhängen, sondern Wissen und Kompetenz betreffen, dann würden wir das Warenhaus Solpol oder das Hotel Sobieski nicht als Kitsch bezeichnen. Ihr Aussehen entspricht der Zeit und den Umständen, in denen sie gebaut wurden. Das sind Beispiele der Architektur, die uns Interessantes erzählen über einen bestimmen Zeitraum in der Geschichte, über die Art und Weise der Planung, der Projektierung und über die eingesetzten Lösungen. Es sei nur daran erinnert, dass die Auswahl der Farbtöne für das Hotel Sobieski auf der Grundlage der Farben der Warschauer Altstadt in den 1950er Jahren erfolgte.

Es ist nur eine Frage der Zeit, bis wir in einem bestimmten Objekt aufgrund der Besonderheit seines Stils einen bestimmten Wert zu sehen beginnen. In Polen gibt es kaum postmoderne Gebäude, denn diese Epoche war nur kurz, sie wurde recht schnell abgewertet und ins Lächerliche gezogen. Doch es gab sie nunmal, und durch den Abriss von Solpol oder durch die farbliche Umgestaltung des Hotels Sobieski gehen ebendiese Geschichten aus jener Zeit unumkehrbar verloren. Da keine ähnlichen Bauwerke aus jener Zeit existieren, handelt es sich meiner Meinung nach um einen unwiderruflichen Verlust. Debatten über den lediglich subjektiv verstandenen ästhetischen Wert eines Gebäudes belegen nur, wie unzureichend unsere Kompetenzen im Bereich Architektur im Allgemeinen sind.

Ich muss zugeben, auch ich finde diese Gebäude nicht gerade schön. Auch der Wohnblock Superjednostka (Supereinheit) in Kattowitz und der Bahnhof Warschau-Ost (Warszawa Wschodnia) gefallen mir nicht, weder vor der Erneuerung noch in ihrem heutigen Zustand. Doch das heißt nicht etwa, dass ich der Ansicht bin, sie sollten abgerissen werden. Ich würde sie nicht gerade vor meinem Fenster haben wollen, doch bin ich entschieden gegen einen Abriss und würde sie auch nicht als Kitsch bezeichnen.

Würdest du das Hotel Sobieski unter Denkmalschutz stellen lassen?

Ich besitze nicht die dafür notwendigen Kompetenzen. Hierfür muss zwingend die Stellungnahme eines Konservators beziehungsweise einer Kunsthistorikerin zu Rate gezogen werden. Dafür gibt es einen entsprechend definierten Prozess. Unabhängig davon, ob dieses Hotel nun denkmalgeschützt sein sollte oder nicht, die Fassade muss meiner Meinung nach auf jeden Fall erhalten bleiben.

Und würdest du dich aktiv einsetzen für »Designarchitektur«, über die heute so oft gesprochen wird?

»Designarchitektur« steht für mich vor allem für den Typ »moderne Scheune«, die als Objekt im Raum gar nicht so schlecht wirkt und ästhetisch auf jeden Fall viel besser aussieht als jedes in Polen nach 1990 erbaute Einfamilienhaus. Diese modernen Scheunen sind sparsam in der Form, in der Regel stimmen die Proportionen, es werden gute Materialien verwendet und es fehlen diese grellen Farben, denn bislang habe ich noch kein exotisches Exemplar erblickt, z. B. in Pistazienfarben oder so. Die meisten, die ich gesehen habe, waren weiß, schwarz, braun und grau. Also wenn man davon ausgeht, dass die Architektur etwas erzählen sollte über die Erde, aus der sie gewachsen ist, dann ist die Farbe von Mineralien hier passender als z. B. Rosa. Ihre negativen Auswirkungen liegen nicht in der Ästhetik, sondern darin, was sie der Landschaft antun und wie sie den Raum privatisieren. »Designarchitektur«, also diese modernen Scheunen mit ihren großen Fenstern, tauchen plötzlich auch in den Masuren und in anderen schönen, bislang kaum bewohnten Regionen auf und sie zerstören den größten Schatz dieser Landschaft, ihre malerische Schönheit.

Ich habe gerade dein neues Buch gelesen, *Mein Gott, jak pięknie* **[Mein Gott, wie schön], über die Landschaft der polnischen Westgebiete. Ich habe den Eindruck, das ist wohl dein intimstes Werk und gleichzeitig auch so eine Art ökologisches Manifest. Doch fällt hier kein einziger Satz im Imperativ, z. B. was man tun »müsste« mit der Oder, der Eisenbahn und den Stadtgrenzen, es ist eher eine Beschreibung der Eingriffe in Natur und Landschaft, die zu eindeutigen Schlussfolgerungen führt. Du beschreibst hier eine Welt aus der Vergangenheit, die heute fast verschwunden ist, deswegen muss ich fragen: Fühlst du dich wie ein Geisterjäger?**

Nein, es war der Schriftsteller Winfried Georg Sebald (1944–2001), der sich vielleicht wie ein Geisterjäger gefühlt haben mag, ich würde es nicht wagen, mich mit ihm zu vergleichen. Da ich zum Teil mit alten Karten unterwegs war, hatte ich oft das Gefühl, in die Vergangenheit zu reisen. Man könnte auch sagen, dass ich mich mit Geistern umgeben habe, denn die Menschen, mit denen ich mich beschäftigte, leben zum großen Teil nicht mehr.

Was aber die Ökologie betrifft, so halte ich *Mein Gott* ... nicht für besonders radikal. Ich erzähle ja nur von den Anfängen dessen, was wir heute als Anthropozän bezeichnen und ich halte mich dabei mit eindeutiger

Kritik noch zurück. Ich zeige gewisse Stilfiguren auf, Haltungen und Denkmuster über die außerhalb des Menschen liegende Natur, die Landschaft, die Flächen, woraus dann die Probleme entstanden sind, mit denen wir heute in weitaus größerem Maßstab konfrontiert werden.

Was du als Eingriff beziehungsweise im Falle der Oder sogar als Vergewaltigung der Landschaft bezeichnet hast, ist für andere ein Zeichen des kontinuierlichen Fortschritts und ein Beweis für die Weiterentwicklung der menschlichen Spezies.

Diese Entwicklung beziehungsweise Modernisierung, deren Ende wir nun erleben, erweist sich als Sackgasse für die Zukunft der Menschheit. Mit eigenen Augen sehen wir, dass es so nicht weiter gehen kann, dass wir dabei sind, unseren Planeten zu zerstören. Ich bin mir sicher, früher oder später wird diese klassische Interpretation von Fortschritt und Entwicklung im Sinne einer Steigerung des Bruttoinlandsprodukts, der Anhäufung von materiellem Wohlstand und wachsendem Komfort für einen beschränkten Personenkreis auf Kosten der Mehrheit verworfen werden. Gleichzeitig bin ich mir schon dessen bewusst, dass auch ich in meiner eigenen Blase lebe, mit Gleichgesinnten, die so denken wie ich. Daher rechne ich damit, dass ich mir dann bei den Autorentreffen von den Lesern schon ab und zu mal anhören muss, das sei utopisches Denken oder einfach eine düstere Kritik der modernen Welt.

Du schreibst, dass die »Landschaft, also der Berührungspunkt zwischen dem Menschlichen und der uns umgebenden Welt«, wild sein sollte, roh und nicht reguliert. Werden deiner Meinung nach die Maßnahmen gegen die sich anbahnende Klimakatastrophe, also konkret Tausende von Wärmepumpen, Windparks und Solarfeldern, die Landschaft verschandeln?

Die Natur birgt in sich eine gewisse Ambivalenz. Einerseits manifestiert sie sich in der Gestaltung der Landschaft, die sehr menschlich und in dem Bewusstsein behandelt wird, dass auch in 100 oder 200 Jahren jemand hierherkommen wird, der dann einen bestimmten Eindruck haben soll. Das ist ein eher herrschaftlicher Umgang mit der Natur, wonach der Mensch den Raum so gestalten kann und darf, wie er es für richtig hält. Auf der anderen Seite sehen wir die Preußen und später auch die Deutschen, die sich in ihrem Umgang mit Natur und Landschaft durchaus von Respekt und Bewunderung leiten ließen. Zum Beispiel die Talsperre bei Pilchowice (Bobertalsperre) im Riesengebirge. Hier wurde eine riesige Staumauer errichtet, später dann auch ein Bahnhof. Es handelt sich also um einen Ort, der einerseits einen tiefen Eingriff in die Landschaft darstellt, denn man musste den Fluss anstauen, um Strom durch Wasserkraft gewinnen zu können. Andererseits scheint dieser Bahnhof, diese Haltestelle, nur dazu da zu sein, dass jemand mit dem Zug ankommt, aussteigt, sich umschaut und ausruft: »*Mein Gott, wie ist das schön!*«

Aber wenn es um Maßnahmen gegen die Klimakrise geht, denke ich: Hätte ich lieber einen Windpark vor Augen oder das die Umwelt zerstörende Kohlekraftwerk Bełchatów?

Also, ich würde mich für Windräder entscheiden. Andere Situation: Hätte ich lieber Windräder in der Natur, das Kraftwerk Bełchatów oder keines von beiden? Dann lieber keines von beiden. Kann ich es mir aussuchen? Nein, natürlich nicht, denn wir brauchen irgendeine Quelle zur Stromerzeugung. Also werde ich mich an den Windrädern erfreuen. Auch wenn der Mensch die Landschaft als etwas Untergeordnetes angesehen hat, so war es in der Vergangenheit trotzdem möglich, den Raum und die Natur mit einem gewissen Anspruch zu gestalten. Entscheidend ist für mich, dass wir der Natur mit Respekt begegnen.

Du beschreibst in deinem Buch, wie der Mensch »einen Krieg führt gegen die Natur«. Ich kann dem nur schwer zustimmen, denn die immer häufiger auftretenden Taifune, Tornados und Erdbeben liefern den Beweis, dass unser Anthropozän eher einem Kartenhaus gleicht. Dieser Krieg gegen die Natur sieht doch so aus, dass wir gerade dabei sind, den Ast abzusägen, auf dem wir sitzen.

Du hast diesen Gedanken, den ich ja auch gemeinsam mit der Schriftstellerin Julia Fiedorczuk in der von uns gegründeten Schule der Ökopoetik zu verbreiten bestrebt bin, sehr treffend formuliert: Man kann Mensch und Natur nicht getrennt voneinander betrachten. Die Tatsache, dass unser Herz schlägt, dass wir atmen, verdauen und dass wir in den Städten nur deshalb funktionieren, weil es dort Bäume gibt, all das zeugt doch von unserer tiefen Verbundenheit mit unserer Umwelt, mit dem, was man allgemein als Natur bezeichnet. Krieg zu führen gegen die Natur bedeutet, gegen sich selbst zu kämpfen. Die Folgen dessen werden aber erst später sichtbar, denn wenn wir einen Baum fällen, so leidet zuerst der Baum, wir aber erst in einigen Jahren.

Warum bist du der Ansicht, dass es wichtig ist, die Schönheit der Landschaft verstehen und interpretieren zu können?

Ich weiß nicht, ob ich das so sehe. Ich glaube aber fest daran, dass die Welt ein besserer Ort wäre, wenn wir die Feinheiten in der Landschaft und in der Natur einfach aufmerksamer wahrnehmen würden, so wie ich auch versuche, sie zu beschreiben. Wir werden mit vielen und verschiedenen Reizen bombardiert, von Informationen bis hin zu auffälliger Ästhetik. Das wiederum beeinträchtigt unsere Fähigkeit, genau den Moment einzufangen, in dem die Landschaft sichtbar wird, wenn du aufstehst und spürst, dass jemand anderes zu dir spricht, allein durch die Art und Weise, wie die Landschaft um einen herum gestaltet wurde. Natürlich trifft das auch auf mich zu, denn auch ich funktioniere in diesem ständigen Fluss von immer neuen Informationen. Durch diese Menge an Müll, die mittlerweile unablässig auf uns einströmt, verlieren wir allmählich die Fähigkeit, bestimmte subtile Botschaften wahrzunehmen und zu spüren, sowohl in Bezug auf die Landschaft als auch auf die Poesie.

Ich habe den Eindruck, eine deiner Thesen in *Mein Gott* ... lautet, dass wir gewisse Unannehmlichkeiten in Kauf nehmen müssen, also längere Reisen eben nicht mit dem Flugzeug, sondern mit dem Zug, oder den Verzicht auf das Auto zugunsten des

Fahrrads usw., damit wir in der Lage sind, die Schönheit und die Poesie der Landschaft wahrzunehmen. Und darin liegt die wohl größte Herausforderung: Wie kann man die Menschen dazu bringen, auf Komfort zu verzichten, angefangen bei der Ästhetik, der Architektur, der Zweitwohnung und dem Häuschen im Grünen?

Ich habe absolut keine Ahnung, aber das ist wohl in der Tat die zurzeit wichtigste Aufgabe der Menschheit. Wenn ich daran denke, dass wir eigentlich nicht willens sind und nicht bereit, auch nur die geringsten Einschränkungen unseres Komforts hinzunehmen, dann wird mir schlecht. Ich habe auch keine Idee, wie man hier ästhetisch, gestalterisch, ideell oder intellektuell arbeiten sollte, wenn wir nicht in der Lage zu sein scheinen, die Menschen davon zu überzeugen, dass sie nicht mit dem Auto 300 Meter zum Einkaufen in den nächsten Supermarkt fahren. Ich selbst bin aber leider auch so ein Beispiel, erst vor vier Monaten habe ich meinen Führerschein gemacht und jetzt ertappe ich mich schon dabei, wenn ich für Recherchearbeiten quer durch Polen fahren muss, dass ich ernsthaft mit dem Gedanken spiele, doch besser mit dem Auto zu fahren, denn das wäre schneller und effektiver. Noch vor einem halben Jahr hätte ich mir diese Frage nicht gestellt, sondern wäre natürlich mit der Bahn gefahren. Wenn man aber die Wahl hat, lockt die Bequemlichkeit, zumindest theoretisch, denn nach wie vor bin ich mit der Bahn unterwegs.

So ist sogar eine eigene Kategorie entstanden: eine Art Architektur der Unbehaglichkeit, deren Ziel die Umsetzung umweltfreundlicher Lösungen in die Praxis ist. Wenn die Menschen nun nicht von sich aus auf Komfort und Bequemlichkeit verzichten wollen, auf welche Art und Weise können dann Architekten, Planer und die Verantwortungsträger in der kommunalen Verwaltung den Menschen dabei »helfen«, beziehungsweise anders gesagt, sie dazu zwingen?

Man kann zum Beispiel den Autoverkehr einschränken, die Leute dazu zwingen, zu Fuß zu gehen oder mit dem Rad zu fahren. Das mag wie eine eher kleine Einschränkung erscheinen, kann aber in größeren Dimensionen einen gewaltigen Unterschied ausmachen.

Ähnlich ist es mit der Beheizung von Wohnräumen. Ob wir das nun wollen oder nicht, wahrscheinlich werden wir in Wohnungen leben müssen, in denen die Temperatur nur in den Räumen stark nach oben oder nach unten geregelt werden kann, in denen wir uns am häufigsten aufhalten. Einfach so hochheizen auf 25 Grad, nur weil jemandem danach ist, sowas müsste verboten werden. Darüber hinaus kann es dazu kommen, dass der Zugang zu Strom und Wasser zeitlich begrenzt wird, bis hin zu einem maximalen Tagesverbrauch.

Ich denke, in einem demokratischen Prozess können solche Einschränkungen wohl eher nicht erreicht werden, deshalb sprechen zum Beispiel die kanadische Journalistin Naomi Klein und der französische Soziologe Bruno Latour (1947–2022) vom Risiko der Entstehung sogenannter »Ökoregime«. Leider wird es zu solchen Veränderungen aus edelmütigen Gründen allein nicht kommen, daher ist es durchaus möglich, dass umweltfreundliche Maßnahmen und verschiedene Formen der Freiheitsbeschränkung Hand in Hand gehen werden.

Und was hältst du von den Empfehlungen des C40-Berichts (ein globales Netzwerk von Großstädten), die in letzter Zeit für Aufruhr bei der polnischen Rechten gesorgt haben? Ich denke hier zumindest an die entsprechenden Verweise auf die Architektur.

Meiner Meinung nach sind diese Empfehlungen ein sehr moderater und ausgewogener Versuch, das zu benennen, was uns ohnehin bevorsteht, nämlich eine radikale Einschränkung von Konsum und Komfort. Das ist notwendig, um auf dem Planeten Bedingungen aufrecht zu erhalten, unter denen der Mensch leben kann. Weniger Fleisch, weniger Kleidung, weniger Kurz- und Langstreckenflüge. Und diese dadurch provozierte Hysterie, auch wenn man sie losgelöst sieht von ihrem politischen Kontext – denn schließlich ging es ja nur darum, Rafał Trzaskowski von der polnischen Bürgerplattform (Platforma Obywatelska) eins auszuwischen – ist schon eine düstere Prognose für die Zukunft.

Da ist die Makroebene. Und auf welche architektonischen Lösungen sollen nun die einfachen Leute zurückgreifen, zum Beispiel eine vierköpfige Familie, die ein Haus bauen will?

Weißt du, ich fühle mich nicht besonders wohl in dieser Rolle, wenn ich anderen vorschreiben soll, was sie zu tun und zu lassen haben. Für mich ist diese Rolle auch deshalb problematisch, weil ich eher ein Mensch bin, der die Realität betrachtet und versucht, sie zu beschreiben; ich bin ein schlechter Prophet. Wenn ich jetzt aber auf diese Frage antworten müsste, so würde ich sagen, dass allein der Bau eines einzelnen Hauses heute eine unökologische Idee ist. Schon auf dem Papier klingt das radikal und ich gehe davon aus, dass meine Äußerung Unmut hervorrufen wird, es sei so eine Art »Kommunismus«, aber ich bleibe dabei: In Anbetracht der heutigen Verhältnisse und der Erschöpfung der Ressourcen unseres Planeten wäre die Errichtung eines neuen Einfamilienhauses ein riesiger Fehler. Jedes neue Bauwerk verursacht nicht nur ökologische Kosten, sondern stellt auch einen zusätzlichen Eingriff in die Landschaft dar und beeinträchtigt letztendlich die Artenvielfalt, da Lebensräume für Pflanzen und Tiere verloren gehen.

Anstatt ein neues Haus zu errichten, wäre es besser, ein altes Haus zu renovieren, eine Ruine wieder auf Vordermann zu bringen und sich eben darin entsprechend wohnlich einzurichten. Natürlich ist das kostenintensiver und komplizierter, deshalb sollte hier der Staat eingreifen mit Steuervorteilen oder Förderprogrammen. Der polnische Staat hingegen fährt leider eine Linie, wonach er den Bürgerinnen und Bürgern erlaubt, Einfamilienhäuser sogar ohne Baugenehmigungen zu errichten, und hier kehren wir wieder an den Anfangspunkt unseres Gesprächs zurück. Vor zehn Jahren galt das noch als ein ästhetisches Problem, heute tritt immer stärker die ökologische Komponente in den Vordergrund. Es sei hinzugefügt, dass die umweltfreundlichste Lösung natürlich der Einsatz lokaler Baumaterialien wäre, doch das ist derzeit praktisch unmöglich, da viele Firmen in ihrer Lieferkette Produkte beziehungsweise Güter aus ganz Polen oder sogar aus dem Ausland beziehen.

Einverstanden. Nehmen wir an, ich erbe ein Häuschen von meiner Oma. Was sollte ich nun damit tun, damit es so »grün« wie möglich wird?

Du tätest gut daran, auf fossile Brennstoffe zu verzichten, du solltest dir eine Wärmepumpe und eine Photovoltaik-Anlage anschaffen, du solltest auch Grauwasser nutzen (Abwasser aus Bad, Küche oder von der Waschmaschine) und du solltest Regenwasser sammeln. In der Planungsphase kannst du kleinere Fenster und Installationen wie Markisen oder andere schattenspendende Vorhänge einbauen und das Haus so renovieren, dass es sich mechanisch selbst belüftet. Entsprechende Beispiele finden wir in der preußischen Architektur des 19. Jahrhunderts, sie zeigen, dass so etwas möglich ist.

Vor allem aber müsstest du dich damit abfinden, dass dir dieses Haus vielleicht nicht den Komfort bieten kann, den du dir erträumst, sondern eher so konstruiert sein wird, wie es angesichts des heutigen Zustands unseres Planeten noch vertretbar wäre. Das heißt konkret, dass es im Winter im Haus etwas kälter sein wird, sodass du Pullover, dicke Socken und einen wärmeren Jogging- oder Trainingsanzug tragen musst. Im Sommer hingegen wird es heiß werden, da kannst du nicht immer gleich die Klimaanlage anschalten, sondern musst ab und zu einfach mal durchlüften.

Und wie wird sich die Stadtplanung verändern?

Wir leben heute zumeist in Städten, die allzu sorglos mit den vorhandenen Flächen umgehen, das belegen auch Berichte des Intergovernmental Panel on Climate Change (IPCC), dieser Trend muss ein Ende finden. Wir müssen hier einfach effektiver werden und das heißt auch, dass wir viel stärker nachverdichten müssen, als dies heute der Fall ist.

Konkret bedeutet das, die Wohnfläche wird kleiner, die Straßen enger, der Blick aus dem Fenster wird nicht mehr so schön sein.

Warum?

Die Stadt ist, trotz aller Nachteile und trotz des großen ökologischen Fußabdrucks, immer noch die effizienteste Form der menschlichen Besiedlung. Auf relativ kleinem Raum ist es möglich, eine große Anzahl von Menschen unter einigermaßen

Der Grafiker Kamil Zaręba wohnt seit einigen Jahren in einem schwimmenden Haus auf der Oder im Zentrum von Breslau (Wrocław). Es war das erste Projekt dieser Art in Polen. Die aus Stahl und Styropor gefertigte Konstruktion schwimmt auf einer 170 Tonnen schweren Betoninsel, die Wohnfläche des Hauses beträgt circa 200 Quadratmeter.

annehmbaren Bedingungen unterzubringen. Wir haben heute bereits eine so große Weltbevölkerung, dass wir alles tun müssen, um die Artenvielfalt der noch nicht besiedelten Gebiete zu schützen. Überall dort, wo der Mensch auftaucht, geht diese Artenvielfalt zurück. Und dieser Rückgang bedroht auch den Menschen. Genau aus diesem Grund haben sich im Dezember 2022 die meisten Staaten der Welt auf der UN-Weltnaturkonferenz im kanadischen Montreal dazu verpflichtet, 30 Prozent ihrer Flächen unter Naturschutz zu stellen. Das soll die Zerstörung von weiteren Lebensräumen verhindern und dem entgegenwirken, was einige bereits als das sechste große Artensterben bezeichnen.

Um nochmal auf die Städte zurückzukommen, der Klimawandel zwingt uns schon jetzt zu einer stadtplanerischen Zeitenwende. Bei jeder Hitzewelle sehen wir, dass in den Medien immer wieder Kritik geäußert wird an den zubetonierten Plätzen und den breiten, baumlosen Straßen. Zum Teil sintflutartige Regenfälle und Überschwemmungen zeigen deutlich, dass wir die zunehmende Versiegelung von Flächen ernsthaft hinterfragen müssen. Auch Stadtbegrünung ist ein wichtiges Thema. In der Architekturbranche rückt man immer mehr ab vom Bau hoher, gläserner Wolkenkratzer, die energieineffizient sind, auch wenn sie zum Teil entsprechende Zertifikate besitzen. Das passt nicht zusammen, daher müssen wir damit aufhören, solche Gebäude zu planen.

In Anbetracht des Klimawandels sollten wir heute den städtischen Raum so gestalten, wie es die Griechen oder Italiener seit Jahrhunderten getan haben, enge Straßen mit viel Schatten, Häuser mit kleinen Fenstern und Beschattungssystemen wie Jalousien, Rollläden oder Markisen sowie viel Grün, wo immer es möglich ist. Und anstatt immer neue Wohnsiedlungen in den Vororten zu schaffen, wäre es besser, in den Zentren nachzuverdichten, also Lücken dort zu schließen, wo es sinnvoll erscheint. Ich wage zu behaupten, dass durch die notwendige Verdichtung in den Städten sehr ungewöhnliche Bündnisse zwischen verschiedenen Akteuren entstehen werden.

Welche?

Wenn wir bedenken, wer, mal ganz einfach gesprochen, soviel Wohnraum wie möglich aus einem Grundstück herauspressen kann, dann sind das natürlich die Bauherren. Auf der anderen Seite haben Bürgerinitiativen das größte Bewusstsein für die Gestaltung einer nachhaltigen, lebenswerten und integrativen Stadt. Hier liegt eine Zusammenarbeit beider Gruppen doch auf der Hand. Doch wer will so etwas unbedingt verhindern? Die potentiellen Käuferinnen und Käufer dieser Wohnungen. Das ist wirklich eine Herausforderung.

Wie sollte deiner Meinung in Zukunft den Studierenden ökologische Architektur vermittelt werden? Welche konkreten Elemente müssen in den Lehrplan einfließen, damit die Einflüsse auf die Umwelt tatsächlich berücksichtigt werden und es sich nicht nur auf PR und ein grünes Firmenlogo beschränkt?

Ich fürchte, viele Menschen müssen wohl die Auswirkungen dieser ökologischen Katastrophe erst am eigenen Leib erfahren, um die Notwendigkeit von Veränderungen zu begreifen. Ich bin hier in einer ganz komfortablen Lage, ich habe das begreifen können ohne irgendwelche schrecklichen Erlebnisse, ich habe einfach gelernt, die Erscheinungen des Klimawandels in der Umwelt zu erkennen, und nun beschäftige ich mich damit schon seit einigen Jahren. Andere Menschen werden ihre Haltung wohl erst dann ändern, wenn sie heftige Unwetter, Sturzfluten oder im Extremfall den Tod einer nahestehenden Person beispielsweise aufgrund einer Hitzewelle erlebt haben. Ich glaube, es gibt wohl keinen anderen Weg als die konstante Verinnerlichung der Fakten, die Erkenntnis, dass wir wirklich im Arsch sind, wenn es um die Regenerationsfähigkeit unseres Planeten geht.

In den letzten zehn Jahren hast du deinen Blick auf die Architektur völlig verändert: weg von der Suche nach interessanten ästhetischen Entwürfen hin zur Sorge um ökologisch entsprechend nachhaltige Lösungen. Gibt es denn auch etwas, was sich bei dir nicht geändert hat? Du suchst doch immer noch etwas Faszinierendes im Raum, was du einfach nur bewundern kannst.

So etwa vor fünf Jahren hat mein Interesse an Architektur stark nachgelassen. Ich hatte eher den Eindruck, dass es in der polnischen Architektur keine interessanten Entwicklungen gibt. Dieses Fachgebiet steht heute vor gewaltigen Herausforderungen. Die fundamentale Fragestellung lautete: Wie sollen Häuser, Bürogebäude, Bahnhöfe und gemeinschaftliche genutzte Räume in Zukunft geplant werden? Das war für Architekten und Architektinnen eine Herzensangelegenheit. Heute nun, im Angesicht des Klimawandels, der Bedrohung der Artenvielfalt und der Begrenztheit unserer Ressourcen, hat sich diese Frage verändert. Heute müssen wir uns fragen, ob wir überhaupt noch neu bauen sollten. Und wenn ja, welche Gebäude können wir uns leisten und welche dürfen wir nicht bauen, weil das dahinterstehende Bedürfnis angesichts der ökologischen Herausforderungen, vor denen wir stehen, einfach nicht mehr haltbar ist?

Diese Frage ist in der Tat unbequem, denn im Kapitalismus wird uns ja seit Jahren suggeriert, dass wir auf unsere Wünsche nicht verzichten sollten, denn jedes Bedürfnis verdiene es, erfüllt zu werden. Diese Zeiten gehen ihrem Ende entgegen, unabhängig davon, ob man es nun wahrhaben will oder nicht. Und gerade das macht die Architektur wieder interessant. Ich schaue mir gern die Arbeit von Architekten und Architektinnen an, viele von ihnen nehmen diese Herausforderung an und stellen tatsächlich außergewöhnliche Dinge auf die Beine. Andere stecken den Kopf in den Sand und tun so, als ob nichts wäre. Diese werden aber bald das Spielfeld räumen müssen. Diese ganze Entwicklung ist wirklich sehr interessant. Ich glaube fest, die Architektur hat seit den Zeiten der Geburt der Moderne nie einen spannenderen Moment erlebt als jetzt.

Aus dem Polnischen von Christian Prüfer

Der Text erschien in der Ausgabe 816 der Monatsschrift Znak vom Mai 2023.

© SIW ZNAK 2023

FILIP SPRINGER – Reporter und Fotograf. Er verfasste mehrere Bücher über Architektur und Raumplanung in Polen. Auf Deutsch erschienen u. a.: *Kupferberg: der verschwundene Ort*, Wien 2019; *Kopfgeburten. Architekturreportagen aus der Volksrepublik Polen*, Berlin 2015. Er schreibt regelmäßig für die Wochenzeitschrift Polityka und die Monatsschrift Znak. Seine letzte Veröffentlichung *Mein Gott, jak pięknie* [Mein Gott, wie schön] fand in Polen große Beachtung.

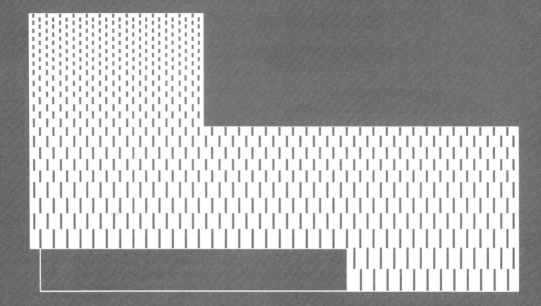

KATOWICE
SCIENTIFIC INFORMATION CENTER AND ACADEMIC LIBRARY
HS99

Das Auto im Sumpf der Stadt. Über den polnischen »Autoholismus«

Marta Żakowska im Gespräch mit Anna Diduch

ANNA DIDUCH: Was haben Sie aus der Lektüre von Jane Jacobs *Tod und Leben großer amerikanischer Städte*[1] mitgenommen und wie haben Sie Ihre Beobachtungen Jahre später beim Lesen der polnischen Übersetzung revidiert? Welche Lehren lassen sich aus einem Buch, das vor so vielen Jahren geschrieben wurde, für die polnische Realität ziehen?

MARTA ŻAKOWSKA: Auf dieses Buch bin ich zum ersten Mal zu Beginn meines Studiums gestoßen – ich fand die Originalausgabe, als ich im Zimmer meines älteren Bruders herumstöberte. Das war Mitte der 2000er Jahre. Obwohl ich damals aufgrund der Sprachbarriere wahrscheinlich wenig verstanden habe, weckte die Lektüre mein Interesse am städtischen Raum. Ich bin in den 1990er und 2000er Jahren in einer polnischen Großstadt aufgewachsen. Ich sah, wie die sich damals intensiv entwickelnde Autokultur allmählich zum wichtigsten Faktor bei der Umgestaltung meiner Stadt wurde, die vom jungen Kapitalismus **überrollt** wurde. Dank Jacobs habe ich verstanden, dass eine andere Realität als die des Autos möglich ist – dass die Kultur der Autodominanz nicht selbstverständlich ist und dass ihre Kosten unser soziales Leben und unser Wohlbefinden effektiv zerstören. In Polen, das im Zuge seines Beitritts zur Europäischen Union gerade einen lang erwarteten Auto-Tsunami erlebt hatte, war diese Perspektive einfach nicht vorhanden. Damals wurde unser Raum von Massen an Gebrauchtwagen aus dem alten Europa überflutet, und wir betrachteten dies als einen Erfolg, der unsere Freiheit und Modernität ausmachte. Jacobs ließ mich vermuten, dass etwas in diesem Prozess nicht stimmte.

---

1 Jane Jacobs: Tod und Leben großer amerikanischer Städte, Berlin 2015.

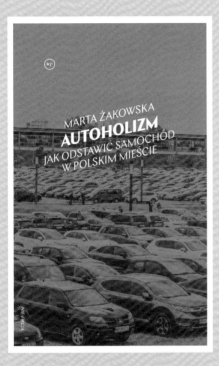

Als die erste polnische Übersetzung dieses berühmten Buches veröffentlicht wurde, war ich bereits Mitglied des »Kongresses der städtischen Bewegungen« (Kongres Ruchów Miejskich). Drei Jahre zuvor hatte ich das Stadtmagazin MAGAZYN MIASTA mitbegründet, ich war also bereits seit einiger Zeit als Redakteurin tätig und förderte Ideen, die mir am Herzen lagen. Ich wusste, dass die Kosten der Massenmotorisierung in Polen gigantisch und katastrophal waren, nicht nur in meiner Stadt. Und dass die Geschmacksprobe einer anderen Entwicklung des städtischen Raums und der Mobilität, die Jacobs mir einige Jahre zuvor gegeben hatte, für unsere Realität von großer Bedeutung war, da es sie bisher praktisch nicht gegeben hatte. Zu der Zeit war sie nur einem kleinen Milieu bekannt. Damals schien es mir, dass wir nur dieses Wissen verbreiten müssten, um die Städte und ihre Räume, die unseren Lebensstil weitgehend bestimmen, in eine gesündere, weniger autoorientierte Richtung zu entwickeln. Wie die Zeit gezeigt hat, habe ich mich geirrt. Die bestimmenden Faktoren des polnischen Autoholismus sind weiterhin mächtig und komplex.

Inwiefern haben sich Ihre Erfahrungen bei der Leitung des Stadtmagazins MAGAZYN MIASTA bei der Arbeit am *Autoholismus*-Buch ausgezahlt?

Über zehn Jahre Arbeit beim Stadtmagazin MAGAZYN MIASTA haben mir die Möglichkeit gegeben, mich eingehend mit verschiedenen städtischen Phänomenen zu befassen, viele Reisen ins Ausland zu unternehmen und mit ausländischen Expert:innen, Aktivist:innen, Architekt:innen und Beamt:innen in Kontakt zu treten. Da ich mich seit Beginn meiner beruflichen Beschäftigung mit städtischen Problemen am meisten für die Veränderung der Autokultur und, in diesem Zusammenhang, den Aufbau kultureller Grundlagen für die Entwicklung gesünderer Städte interessiere, habe ich im Ausland regelmäßig Menschen kennengelernt, die mich davon überzeugten, dass eine konsequente Arbeit an Veränderungen auf diesem Gebiet zu guten Ergebnissen führt. Gleichzeitig habe ich im Bereich der polnischen Städte gearbeitet – gemeinsam mit Aktivisten und Aktivistinnen, lokalen Behörden und Bauamtsangestellten, Architekten und Architektinnen, der Stadtentwicklung und der akademischen Gemeinschaft. Von Jahr zu Jahr schwand meine Überzeugung, dass die harte Aufklärungsarbeit – meine und die der verschiedenen Milieus – Früchte tragen und zu einer raschen Verringerung der übermäßigen Anzahl von Autos und der damit einhergehenden Mobilitätskultur führen würde. Vor einigen Jahren haben wir endlich einen Punkt erreicht, an dem das Wissen um die Schädlichkeit der übermäßigen Präsenz von Autos und der Autoinfrastruktur, die Überentwicklung der Autokultur, einfach offensichtlich ist. Und verfügbar. Auch in polnischen Städten sind bereits Lösungen bekannt, die helfen können, diesen gordischen Knoten zu lösen. Einige der weltweit bekanntesten Expertinnen und Experten auf diesem Gebiet waren bereits bei uns, Spezialistinnen und Spezialisten mit einer Erfolgsgeschichte von einzigartigen und herausfordernden Transformationen der Mobilitätskultur in verschiedenen Städten auf der ganzen Welt. Sie berieten die Repräsentant:innen der Städte und Gemeinden sowie die Bauinvestor:innen. Unzählige Entscheidungsträger:innen aus unseren Städten haben unzählige Städte auf der ganzen Welt besucht, die in der Praxis zeigen, warum die Überentwicklung der Infrastruktur und der Autokultur mörderische Auswirkungen hat und wie man diese Richtung ändern kann. Dennoch findet kein grundlegender Wandel statt. Wir haben von Jahr zu Jahr mehr Autos, und wir investieren weiterhin unverhältnismäßig viel in ihre Infrastruktur im Vergleich zu anderen Verkehrsmitteln. So begann ich zu vermuten, dass unsere Autokrise irrationale Gründe hat – und in den Registern zu stöbern, die mich zu unserem zivilisatorischen und kulturellen Autoholismus führten.

Wie hat sich Ihr Verständnis zu der Frage des Autoholismus entwickelt, seit Sie mit der Arbeit an dem Buch begonnen haben? Hat sich die ursprüngliche These bis zum Ende des Schreibens verändert?

Ja. In einem sehr frühen Stadium meiner Erfahrungssammlung im Bereich unserer Autokrise, kurz bevor ich *Autoholismus* schrieb, war ich der Realität der Gewohnheiten näher. Ich dachte, dass die verkehrstechnischen und politischen Entscheidungen, die sich auf das Auto als offensichtlichstes Fortbewegungsmittel stützen, eine Frage der Gewohnheit, des Individuums und der Gesellschaft sind, die in der polnischen Begeisterung für die Freiheit nach dem Fall des Kommunismus und dem Beitritt zur Europäischen Union zum Ausdruck kommt. Gewohnheiten, die durch äußere Bedingungen – schlechte öffentliche Verkehrssysteme, schwache Fahrradinfrastruktur, fehlende Alternativen – noch weiter verstärkt werden. Aber die Gewohnheit ist ja nicht Teil des gesamten Systems von Werten, Emotionen und psychologischen Mechanismen, von Verleugnungssystemen, die die polnische Beziehung zum Auto aufrechterhalten. Die Gewohnheit ist nicht der Schlüssel zum Verständnis der übermäßigen Entwicklung des Autoverkehrs und der Art des Lebensalltags in polnischen Städten, die er bestimmt, noch der unaufhörlichen autogerechten Entscheidungen, die Behörden trotz ihrer enormen negativen sozialen, gesundheitlichen, wirtschaftlichen und klimatischen Auswirkungen treffen. Das ist mehr als nur eine Gewohnheit. Nur der Mechanismus der Sucht – der Autoholismus und seine Verleugnungssysteme – kann für eine solche Kluft verantwortlich sein, die zwischen dem Bewusstsein für die Kosten der Autokultur und die Notwendigkeit ihrer Umgestaltung einerseits und unserer Praxis andererseits besteht.

Das Auto ist ein Symbol der Macht. Beginnt die Rückeroberung der Straßen in den Städten mit einer Neubewertung der Rollen in Familie, Arbeit, Wirtschaft und Politik? Welche kleinen Veränderungen können wir selbst in unserer unmittelbaren Umgebung vornehmen?

Veränderungen in unseren Einstellungen, unserer Erziehung, unseren Werten und Gewohnheiten. Auf der individuellen Ebene, weil davon unter anderem die kulturelle Ebene und die damit einhergehenden Ereignisse abhängen, darunter politische und haushaltstechnische Entscheidungen, die die Entwicklung einer übermäßigen Präsenz von Autos in unserem Leben unterstützen oder begrenzen. Ewa Woydyłło-Osiatyńska, eine bekannte Suchttherapeutin, die ich während des Schreibens am Buch interviewt habe, ist der Ansicht, dass sich das System der Sucht wie ein Sumpf verhält. Es zieht uns allmählich durch verschiedene, sich gegenseitig unterstützende Prozesse hindurch. Wir brauchen eine Trockenlegung des Sumpfs auf allen Ebenen, angefangen bei der Erziehung der Kinder und der Vermittlung, was in der Stadt selbstverständlich ist und was nicht, und welche Werte mit den Fortbewegungsmitteln verbunden sind, für ihre Gesundheit, für uns und für das Wohl des Planeten. Wir sollten mit dem Auto auch nur dorthin fahren, wo es unbedingt notwendig ist. Und nur diejenigen von uns, die dazu gezwungen sind, weil sie aus verschiedenen Gründen keine Alternative haben. Wir können uns für Lösungen einsetzen, die den Fußgängerverkehr, das Funktionieren eines effizienten öffentlichen Personennahverkehrs, den Radverkehr und andere Formen der Mobilität fördern, für die Entwicklung multifunktionaler Wohnviertel und einer tollen Wohnumgebung. Mein Buch ist voll von Beispielen dazu – auf der Ebene

des Privatlebens, auf der Ebene der Gesellschaft, auf der Ebene von politischen, architektonischen und Investitionsentscheidungen.

Lassen Sie uns über die versteckten Kosten – abgesehen von den sozialen Kosten – des Autoholismus sprechen. Ich denke dabei an die Herstellung von Autos als solchen, auch von Elektroautos. Was ist das letztendliche Ziel der Bekämpfung der Abhängigkeit – Verringerung der Gasemissionen, Übergang zu einer Kreislaufwirtschaft, Zugang zu Räumen, die neue soziale Verbindungen schaffen?

Der Markt, die Infrastruktur und die Kultur, die die automobile Realität ausmachen, sind die gekoppelten Elemente eines komplexen Systems. Die Kosten und der Nutzen, nach denen Sie fragen, sind also umfassend. Indem wir die Präsenz von Autos in unserem Leben reduzieren, werden wir die CO2-Emissionen und die Umweltverschmutzung verringern. Der Verkehr ist für ein Drittel der Emissionen in der Europäischen Union verantwortlich, was vor allem auf den hoch entwickelten Autoverkehr zurückzuführen ist. In diesen Statistiken sind jedoch weder die Emissionen enthalten, die mit der Herstellung und dem Transport von Fahrzeugen und ihren Einzelteilen verbunden sind, noch die Emissionen, die durch die Herstellung und den Transport von Materialien entstehen, die für den Bau der Verkehrsinfrastruktur benötigt werden. Autos verschmutzen dabei die Luft, und zwar nicht nur die Autos mit Verbrennungsmotor. Dies zeigt sich deutlich in den Luftqualitätsanalysen der verstopften Straßen. Sie verschmutzen auch andere Bereiche der Umwelt. Außerdem lässt der CO2- und Umweltfußabdruck der Produktion von Elektroauto-Batterien viel zu wünschen übrig. Aus diesem Grund

stößt beispielsweise der Abbau von Kobalt, Lithium und Nickel auf den Widerstand von Gemeinschaften, die in den Gebieten leben, in denen diese Prozesse stattfinden.

Der verringerte Bedarf an Autoinfrastruktur setzt das Flächenpotential für andere Nutzungen frei, da allein die Straßen weltweit 20–30 Prozent der Fläche von Städten und 50–90 Prozent ihrer öffentlichen Räume einnehmen. Dies könnte eine neue Art der Entwicklung von Städten, Vierteln und Siedlungen eröffnen und Investitionen in Grünanlagen, Erholungsgebiete und Verdichtung ermöglichen. Weniger betonierte Straßen und Parkplätze bedeuten auch mehr potentiell biodiverse und durchlässige Flächen, die nicht zur Umweltkrise und zum Anstieg der städtischen Temperaturen und damit zur Zunahme von Trockenheit oder Sterblichkeit während der immer häufigeren Hitzeperioden beitragen. Und schließlich gibt es mehr Platz, um sich zu bewegen und öfter im öffentlichen Raum zusammen zu sein – was heute so notwendig ist. In meinem Buch beschreibe ich diese Zusammenhänge und die entsprechenden Lösungen sehr detailliert. Ich verweise auf die städtischen und architektonischen Maßnahmen, die sich mit den Krankheiten befassen, die mit einer sitzenden Lebensweise verbunden sind, einschließlich der autogestützten städtischen Lebensweise und der Epidemie der Einsamkeit. Wir brauchen diese Lösungen – aus klimatischen, sozialen, psychologischen und gesundheitlichen Gründen.

Die Sucht ist eine Art Fremdkörper, der den geistigen Raum besetzt. Was passiert, wenn der Autoholismus verschwindet? Für welche neuen Empfindungen wird der Raum in unseren Köpfen freigegeben?

Ich hoffe vor allem auf die Bewegung und die aus ihr resultierenden Vorteile. Das Leben in einer Welt, in der wir mit dem Auto fast vom Bett ins Büro fahren, ist dem Wohlbefinden und der Gesundheit nicht förderlich, wie eine Studie nach der anderen zeigt, insbesondere die Diagnosen und Aufrufe der Weltgesundheitsorganisation. Wir brauchen uns auch gegenseitig. Denn wenn wir aneinander vorbeigehen, und sei es nur auf dem Weg zur Bushaltestelle, um in ein schnelles und zuverlässiges öffentliches Verkehrsmittel zu steigen, das nicht im Stau steht, fällt es uns leichter, einander in die Augen zu sehen. Aus der Forschung wissen wir auch, dass der Fußgängerverkehr und die städtische Infrastruktur, die ihn unterstützt, die Entwicklung des sozialen Lebens vor Ort beeinflussen. Aus diesem Grund hat Tina Saaby, die legendäre ehemalige Chefarchitektin von Kopenhagen, eine architektonische Politik des Blickkontakts eingeführt. Carlos Moreno, der Erfinder der 15-Minuten-Stadt, hat seinerseits kürzlich eine Revolution der Nähe angekündigt. Die Tradition der auf übermäßigen Autoverkehr ausgerichteten Stadtplanung ist ein verhängnisvolles Relikt. Wir brauchen eine gesündere Alternative dazu, um uns ein besseres und sichereres Leben zu ermöglichen. Und die Bewältigung unserer kulturellen und gesellschaftlichen Sucht nach dem Auto – des Autoholismus!

Aus dem Polnischen von Marta Janiak und Marta Kusińska

Das Deutsche Polen-Institut dankt der Redaktion der Monatsschrift ARCHITEKTURA & BIZNES für die freundliche Abdruckgenehmigung. Der Text erschien am 4. Juli 2023 auf der Homepage der Zeitschrift: https://www.architekturaibiznes.pl/system-grzezawiska-marta-zakowska.

© Architektura & Biznes 2023

MARTA ŻAKOWSKA ist Anthropologin und Stadtforscherin, Koordinatorin des Stadtlabors im Städtischen Museum von Warschau. Sie leitet Seminare am Institut für die Erforschung des öffentlichen Raums (*Instytut Badań Przestrzeni Publicznej*) an der Akademie der Bildenden Künste in Warschau und an der Schule der Ideen der Universität für Sozial- und Geisteswissenschaften Warschau (Uniwersytet Humanistycznospołeczny SWPS). Sie ist Mitbegründerin und Chefredakteurin des Stadtmagazins MAGAZYN MIASTA.

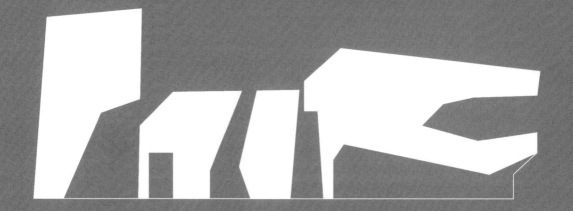

TORUŃ
CENTRUM KULTURALNO KONGRESOWE JORDANKI
MENIS ARQUITECTOS

Tomasz Szlendak

Postmoderne Gesellschaft: Die polnische Generation Z oder Im Internet schmelzende Schneeflocken

Eine kleine Geschichte zu Beginn, die von der Leiterin der Personalabteilung einer großen Wirtschaftsprüfungsgesellschaft stammt. Ich hörte sie nach einem meiner öffentlichen Vorträge, in denen ich seit einigen Jahren allen Besorgten mithilfe soziologischen Wissens zu erklären versuche, woher die Unterschiede zwischen der jungen Generation und der ihrer Eltern herrühren.

Diese Personalchefin erzählte, dass sie vor kurzem einen vielversprechenden Mittzwanziger mit gut abgeschlossenem Studium rekrutiert habe. Sie setzte ihn an einen Computer, damit er so wie die anderen Wirtschaftsprüfer Daten in kilometerlangen Tabellen überwachte. Es ist allgemein bekannt, dass die Arbeit eines Wirtschaftsprüfers nicht zu den aufregendsten gehört, obwohl sie wichtig ist und in Polen gut bezahlt wird. Es bedarf Konzentration und Leidensfähigkeit, um im Datendschungel und Dokumentendickicht Widersprüche, Probleme oder Veruntreuungen zu erfassen. Man muss dabei viele unerträgliche Stunden im Sitzen zubringen.

Nach zwei Wochen erschien der Mittzwanziger nicht zur Arbeit. Er hatte sich schlichtweg in Luft aufgelöst und war von der Bildfläche verschwunden, wobei er nicht gekündigt und niemanden darüber informiert hatte. Die Leiterin der Personalabteilung versuchte lange und ohne Erfolg, ihn zu erreichen und zu fragen, was denn passiert sei. Als es ihr schließlich gelang, bekam sie zu hören, dass ihm die Arbeit langweilig geworden sei und er keinen »Fun« mehr habe. Dabei sollte doch alles, womit er sich beschäftige, Spaß machen.

Die Eltern aus der großstädtischen Mittelschicht nahmen ihn wieder bei sich zuhause auf, wo die Tatsache, dass der Sohn nicht arbeitet und damit einhergehend kein Einkommen erwirtschaftet, kein größeres Problem darstellt. Zwischen der Generation der Eltern und ihren heranwachsenden Kindern besteht ein auf den ersten Blick verblüffendes Verhältnis. Auf der einen Seite wollen die Eltern ihre Kinder nicht aus dem Haus lassen und investieren kräftig in sie. Auf der anderen Seite jedoch können sie ihren Nachwuchs überhaupt nicht verstehen. Und so versuchen sie, das merkwürdige Verhalten ihrer Kinder mithilfe der in Polen verbreiteten Stereotype über die Generation Z zu erklären.

ABHÄNGIG, VERSTÄNDNISLOS, ÜBEREMPFINDLICH UND AUTORITÄR

Nicht Psycholog:innen, Soziolog:innen oder Ökonom:innen erfanden die Generation Z. Sie ist keine Idee der Wissenschaft, sondern wurde von Marketingabteilungen großer Unternehmen erschaffen. Diese mögen keine komplexe, vielschichtige Welt und spezialisieren sich daher in der Unterteilung ihrer Kunden in Kategorien, um diesen dann ihre Produkte und Dienstleistungen zu verkaufen – mit Erfolg. Leider griffen die Medien in Polen die Marketingkategorie einer »Generation Zet« (»Zetki«) freudig auf. Dank ihnen vervielfältigten und verbreiteten sich die Stereotype, die den Erwachsenen zur Beurteilung der heutigen Teenager und Anfang- bis Mittzwanziger dienen und Erkenntnisse aus wissenschaftlichen Untersuchungen ersetzen. Lehrerinnen und Lehrer, die jungen Leuten Bildung näherbringen, lassen sich von diesen Stereotypen leiten. Arbeitgeberinnen und Arbeitgeber dulden genau diese Stereotype nicht bei jungen Leuten. Politikerinnen und Politiker können das, was an der Generation Z stereotypenhaft ist, nicht ausstehen. Aufgrund der Stereotype wirkt die heutige Jugend so seltsam und fremd auf ihre Eltern. Was also sagen diese Stereotype aus?

Zuallererst sind die »Zetki« abhängig vom Internet und von Smartphones. Sie treten untereinander ausschließlich in Kontakt, indem sie die Tastatur bedienen. Dabei sprechen sie überhaupt nicht miteinander und treffen sich auch nicht. Ein gesellschaftliches Leben findet nicht statt. Vielmehr sitzen sie in ihren Zimmern und sind »atomisiert«. Und da die Jugendlichen sichtlich süchtig sind, muss man sie aus dieser Abhängigkeit befreien, sie heilen. Mein Bekannter, ein Jura-Professor, nahm einmal seiner Tochter ihr Handy weg, da er verärgert darüber war, dass sie nicht von diesem Ding ablassen konnte. Die Tochter kreiste daraufhin plan- und tatenlos durch das Zimmer, unfähig, sich mit irgendetwas zu beschäftigen und sich auf eine Sache zu konzentrieren. Ohne ihr Smartphone in der Hand wurde sie bald derart unerträglich, dass mein Bekannter einknickte und ihr das Handy zurückgab. Wenn also die Arbeit zur Folge hat, dass die »Zetki« ihren Verstand nicht mehr zum Scrollen auf dem Bildschirm und zum stumpfen Starren auf TikTok-Videos verwenden können, dann werfen sie die Arbeit hin. Sie sind reine Internetjunkies, süchtig und krank.

Zweitens wissen die »Zetki« nichts, sie verstehen nichts, erinnern sich an nichts, kennen sich mit nichts aus. Dazu reicht ein kleiner Test über das Alphabet aus. Bitten Sie eine »Zetka«, dass sie doch alle Buchstaben des Alphabets von A bis Z aufzählen möge. Keine wird diesen Test bestehen. *Matura to bzdura* [Abitur ist Unsinn], ein in Polen sehr populärer YouTube-Kanal, testet auf diese Weise laufend 20-Jährige auf der Straße und bringt sie damit in Verlegenheit, was bei den Zuschauern für große Lacher sorgt, weil sie nicht einmal eine dermaßen einfache Sache schaffen. Oder prüfen Sie sie auf der Landkarte und bitten Sie eine »Zetka«, dass sie im Uhrzeigersinn alle Länder aufzähle, an die Polen angrenzt. Die erste Gegenfrage von ihr würde lauten: »Was bedeutet das, im Uhrzeigersinn? In welche Richtung geht das?« Ein weiterer Beweis jugendlichen Unwissens und weitere Lachsalven, weil sie so halbgebildet und doch einfach dumm sind.

Drittens sind die »Zetki« echte Sensibelchen und überempfindlich, wenn es ihre Würde betrifft. Sie sind von sich besessen und schaffen es, ausschließlich auf sich selbst zu schauen. Und genau aufgrund dieser Überempfindlichkeit und Fokussierung auf ihre eigenen Gefühle und Wahrnehmungen sind sie so kindisch und depressiv. Wir haben in Polen geradezu eine Epidemie der Depression unter den jungen Leuten – drei Millionen junger Polinnen und Polen und zugleich drei Millionen von Depressionen betroffene Personen. Man braucht sie nur ein wenig zu kränken, schon schmelzen und schwinden sie dahin. Sie kommen mit dem Lernen nicht zurecht, mit der Arbeit, mit dem Leben. Aufgrund ihrer Angst werden sie im Grunde genommen mit gar nichts fertig. Nicht einmal zur Kasse im Supermarkt gehen sie, weil sie sich vor dem Gespräch mit dem Kassierer fürchten. Alles müssen Mama und Papa für sie erledigen, sie sind von überhaupt keinem Nutzen.

Viertens entsetzen die »Zetki« ihre Eltern und Lehrer mit ihrer Auffassung von Politik. Sie sind nämlich intolerant und anfällig für autoritäre Ideen. Sie glauben, dass es auf der Welt bessere Regierungsformen gibt als die Demokratie.

Und auch wenn die Wissenschaft nicht für diese stereotypenhafte Erzählung der Generation Z verantwortlich ist, so ist es doch Aufgabe der Wissenschaft, Stereotype jeglicher Art zu entschärfen. Die Soziologie oder die Gesellschaftspsychologie sind Disziplinen, die mithilfe von Untersuchungen prüfen, ob sich hinter Stereotypen ein Funken Wahrheit verbirgt. Bei genauerer Betrachtung zeigen die Ergebnisse der Befragungen von Teenagern und Personen in den Zwanzigern, dass die Stereotype, die sich auf die »Zetki« beziehen, allerdings einen wesentlichen Wahrheitskern besitzen (wobei ein Stereotyp niemals eine hundertprozentige Wahrheit darstellt). Viel wichtiger ist jedoch, dass man die »Zetki« nicht für das beschuldigen kann, was sie sind. Sie wurden nämlich von Faktoren geformt, auf die die »Zetki« überhaupt keinen Einfluss hatten.

LASSEN SICH ALLE JUNGEN LEUTE IN EINEN GENERATIONS-TOPF WERFEN?

Denken wir also einmal darüber nach, über wen wir tatsächlich sprechen, wenn wir die »Zetki« meinen. Das Hauptstatistikamt GUS gibt an, dass im Jahr 2021 sieben Millionen Menschen im Alter von 0–17 Jahren in Polen lebten sowie fünf Millionen zwischen 18 und 29 Jahren. Von den Menschen im Alter von 15–23 Jahren, also den »Zetki«, gibt es ungefähr drei Millionen. Von einem statistischen Standpunkt aus gesehen lässt sich schwer sagen, dass sie alle, ganze drei Millionen, die gleichen Eigenschaften teilen. Aus diesem Grund macht die Soziologie darauf aufmerksam, dass die Unterschiede innerhalb der Generation der »Zetki« größer sind als die generationsübergreifende Andersartigkeit. Das bedeutet, dass die »Zetki« sich von anderen »Zetki« stärker unterscheiden können als von ihren Eltern.

Nehmen wir nur eine Variable als Beispiel: das Geschlecht. Wir haben es in Polen mit einer Divergenz der Weltanschauungen zwischen jungen Frauen und jungen Männern zu tun. In den Jahren 2016 und 2021 stellte das Meinungsforschungsinstitut CBOS fest, dass unter weiblichen Teenagern circa ein Dutzend in Prozentzahlen eine linksliberale Partei unterstützte, während ein ähnlicher Anteil unter männlichen Teenagern seine Unterstützung für eine extrem rechte Partei wie die Konfederacja (Konföderation) deklarierte. Es lässt sich ohne große Übertreibung sagen, dass junge Polinnen sich häufiger liberal und links orientieren, wohingegen junge Polen öfter rechtsextrem eingestellt sind. Der Bericht *Debiutanci '23*[1] brachte die Erkenntnis, dass in der Gruppe der 18- bis 21-Jährigen, die 2023 zum ersten Mal wählen gehen sollten, Mädchen und Jungen in zwei verschiedenen Welten leben. Wichtig für junge Frauen sind Liebe, gute Beziehungen zu Familie und Freunden, die eigene Gesundheit und die der Nächsten, Bildung, Ruhe, ein Gefühl der Sicherheit, Toleranz und Kunst. Ihre männlichen Gleichaltrigen schätzen wiederum häufiger Werte wie Reichtum (vor allem Geld, materielle Güter und der Besitz eines eigenen Autos), Frieden, Ehre, Vaterland, Patriotismus, Prestige und Macht. Es sieht danach aus, als lebten in Polen junge Frauen und junge Männer in unterschiedlichen Welten, in völlig verschiedenen medialen und gesellschaftlichen Blasen.

Demzufolge sähe es also auch danach aus, als wären die Erzählungen von gemeinsamen Eigenschaften für alle »Zetki« nur leere Worte. Und dennoch: Irgendetwas eint sie alle. Die Sozialwissenschaften entdecken immerfort Merkmale, die jungen Menschen gemein sind und die uns anweisen, über die »Zetki« als eine Generation nachzudenken. Natürlich ist eine Generation eine Gemeinschaft von Menschen im gleichen Alter, jedoch solcher, die, während sie aufwuchsen, wichtige historische Ereignisse oder »überwältigende« Umstände miterlebten, die sie prägten. Welche Umstände waren es somit, die die »Zetki« formten?

Gegen Ende der 1920er Jahre stellte der sowjetische Psychologe Lev Vygotskij eine These auf, die sich erst jetzt als wahr erweist. Er behauptete nämlich, dass es die Technologie sei, die die Kultur und den in einer gegebenen Gesellschaft dominierenden Persönlichkeitstyp herausbilde. Die psychischen Eigenschaften von Menschen, die von radikal verschiedenen technologischen Milieus geprägt wurden, unterscheiden sich maßgeblich voneinander. Das bedeutet, dass die Persönlichkeit eines Bauern, der in einem französischen Dorf im 17. Jahrhundert aufwächst, sich völlig von der Persönlichkeit eines Menschen unterscheidet, der unter den Bedingungen des Internets und gläserner Türen, die sich per Handy öffnen lassen, groß wird. Die Sache ist nur, dass diese radikal unterschiedliche technologisch-gesellschaftliche Umwelt heute zwei

1 Vgl. https://mlodziwyborcy.pl (abgerufen am 23.11.2023).

aneinander angrenzende Generationen prägt, nämlich die »Zetki«, die von Kindesbeinen an in der Welt der neuen Kommunikationsmittel leben, sowie deren Eltern, die sich erst im Erwachsenenalter an das Smartphone gewöhnten.

Setzen wir uns also mit dem ersten Stereotyp bezüglich der »Zetki« auseinander, nämlich, dass sie abhängig vom Internet und Handy sind. Ein »Festhängen« im Netz und eine unaufhörliche Verwendung des Smartphones sind keine Abhängigkeit. Das Smartphone ist für die »Zetki« eine Verlängerung ihres Körpers und Geistes, eine Maschine zum Leben. Genauer gesagt ist das Smartphone mit Internetanschluss für junge Leute, die es seit frühester Kindheit in der Hand halten, ein Erkundungsgerüst, das darüber entscheidet, wie sie die Welt kennenlernen und erfahren. Für die Generation ihrer Eltern und Großeltern war dieses Erkundungsgerüst ein Stift sowie ein Blatt Papier, dank derer sie sich Wissen aneigneten und ihr Gedächtnis trainierten. Zu sagen, dass die »Zetki« süchtig sind nach ihrem Smartphone, ist, als würde man sagen, dass die Menschen nach ihrem eigenen Kopf, ihrer eigenen Hand oder der Luft süchtig sind. Man kann nicht süchtig nach Luft sein. Eine 20-Jährige kann nicht auf das Smartphone verzichten, ebenso wenig wie sie ihren Kopf oder ihre Hand beim Hinausgehen im Haus lassen kann. Sie wird nicht wissen, was vor sich geht. Sie wird nicht wissen, wie das Wetter draußen sein wird. Sie wird nicht in der Lage sein, Kontakt zu anderen aufzunehmen. Sie wird ohne ihr Handy keinen Fahrschein für die Straßenbahn kaufen oder keinen E-Scooter mieten können. Kurz: Sie wird schlicht nicht in der Lage sein, zu leben.

Was auf der einen Seite amüsant, auf der anderen Seite jedoch beängstigend scheint, ist die Tatsache, dass die »Zetki« dieses Stereotyp angenommen haben und sich mit ihm zu identifizieren beginnen. Sie fangen an zu denken, dass sie abhängig von ihrem Kopf sind. In Polen findet eine unerwartet hohe Anzahl junger Leute, dass sie abhängig vom Internet seien. Gemäß dem Bericht *Młodzi Cyfrowi* [Junge Digitale] aus dem Jahr 2019 (durchgeführt durch die Stiftung Dbam o Mój Zasięg sowie die Danziger Universität) bezeichnet sich ein Drittel aller polnischer Teenager als abhängig von sozialen Netzwerken.[2] So formt das Stereotyp die Welt, denn die »Zetki« beginnen, sich mit der Art und Weise, wie sie Smartphones und das Internet benutzen, zu stressen, was dann ihre psychischen und sozialen Probleme nur vergrößert.

Was auch immer die »Zetki« über das Thema denken, ob süchtig machend oder nicht – das Smartphone ist für junge Leute alles in einem. Es ist Geldbeutel, Schule, Schulhof und Treffpunkt, Kneipe, Radio, Fernseher und Buch; alles in einer Hülle. Es ist auch die Leine, an der besorgte Eltern die jungen Leute festhalten. Das Smartphone mit Internetzugang ist somit für die »Zetki« unverzichtbar, jedoch bildet es, so wie jede Technologie, einen unter ihnen dominierenden Persönlichkeitstyp aus. Anders gesagt hat das immerwährende Leben im Netz seine psychischen und sozialen Konsequenzen. Es

---

2   Vgl. https://dbamomojzasieg.pl/mlodzi-cyfrowi/ (abgerufen am 23.11.2023).

beeinflusst die Haltungen, Motivationen, Werte und Verhaltensweisen junger Leute, auch junger Polinnen und Polen. Selbstverständlich mögen einige davon der Generation ihrer Eltern nicht gefallen.

SIND SIE ANTIDEMOKRATISCH?

Nehmen wir uns eines anderen Stereotyps in Bezug auf die »Zetki« an, dem ihrer antidemokratischen Einstellungen. Diese sind ebenfalls die Folge eines Lebens mit dem Smartphone in der Hand.

Howard Gillman und Erwin Chemerinsky, zwei Juristen von der University of California in Irvine, stellten 2016 zu ihrer Verwunderung fest, dass Jura-Erstsemester bereit sind, einen der kardinalen Verfassungsgrundsätze, nämlich die Meinungsfreiheit, zu beschneiden oder ganz aufzuheben. Dies war ein Schock für die amerikanischen Dozenten, da bisher niemand in den USA, egal, ob von rechts oder von links, die Meinungsfreiheit in Frage gestellt hatte. Sie stellten jedoch schnell fest, woher eine solche Haltung bei ihren Studierenden kam. So haben diese eben in ihrer Hosentasche ein Smartphone, über das sie jeden Tag unzählige Hasskommentare zu Gesicht bekommen. Junge Menschen sind täglich grenzenlosem Hass und Internetgewalt ausgesetzt, die sich auf sie selbst bezieht oder auf alles Mögliche, was sie auf irgendeiner der sozialen Plattformen posten. Und wer mehrmals täglich diese Sprache des Hasses erfährt, wird darüber nachdenken, ob man Hatespeech im Internet nicht juristisch regulieren sollte und ob man den Leuten nicht die Möglichkeit nehmen sollte, alles auszusprechen, was ihre von Hass erfüllte Seele auszusprechen bereit ist. Junge Menschen optieren daher nicht für eine Beschränkung der Meinungsfreiheit. Sie wollen nur irgendwie den Hass und die psychische Gewalt begrenzen, die aus den sozialen Netzwerken nur so sprudelt. Sie sind überhaupt nicht gegen die Meinungsfreiheit, sondern sind eben mit einem Smartphone in der Hand groß geworden, in dem sich täglich Hass und Drohungen verstecken, die sie entsetzen.

Das Internet ist nach Meinung der »Zetki« eine Räuberhöhle. In jeder Ecke versteckt sich das Böse. Und es geht auch nicht nur darum, dass schätzungsweise eine Million »Zetki« jeden Tag bedenkliche Inhalte konsumiert. In polnischen sozialen Medien vervielfältigte sich die Anzahl junger Streamer, die für Geld, das mithilfe von Crowdfunding gesammelt wird, bereit sind, extrem abnormale Situationen zu kreieren. Die Erfahrung von Gewalt oder die überwältigende Überzeugung, dass Gewalt von überall an ihnen haftet, ist unter jungen Polinnen und Polen allgegenwärtig. Die Stiftung Dajemy Dzieciom Siłę deckte im Jahr 2020 auf, dass 57 Prozent aller Schüler im Alter von 11–17 Jahren Gewalt durch ihre Gleichaltrigen ausgesetzt sind. Ein wesentlicher Anteil dieser Gewalt beginnt im Internet oder spielt sich dort ab. Die Posener Pädagogin Iwona Chmura-Rutkowska stellte 2019 fest, dass jede dritte junge Person in Polen der Durchdringung ihrer Privatsphäre, körperlicher und psychischer Misshandlung sowie sexueller Belästigung ausgesetzt ist.

Entscheidend ist, dass die jungen Leute im Internet sich dies selbst antun. Staat, Schule und Eltern schufen in Polen überhaupt keine Strukturen oder Institutionen, die es vermocht hätten, diese Gewalt unter Gleichaltrigen einzudämmen, geschweige denn zu begrenzen. Das, was sich die Jugend gegenseitig im Netz antut, ist für die Welt der Erwachsenen unsichtbar und undurchdringlich. Mit Sicherheit ist das ein Grund dafür, dass sich junge Menschen in Polen mehrheitlich sich selbst überlassen fühlen, wie unerwünschte Hunde, die am Waldrand aus dem Auto geworfen werden.

Das Problem besteht darin, dass die Gewalt und der Hass im Internet unter den jungen Leuten das Gefühl der Sicherheit abschaffen, so dass diese sich unaufhörlich bedroht fühlen, was ihre Selbsteinschätzung radikal reduziert. Junge Menschen betreiben im Internet eine eigenartige Arbeit an sich selbst, eine Art digitales Selbstbild. TikTok, Instagram, YouTube, X, Snapchat oder Dating-Apps sind für die Jugend eigentümliche Rahmen ihres täglichen Lebens, eine Art technologisches Gerüst für ihren Lebenslauf. Die sozialen Netzwerke dienen dazu, andere mit Meldungen über sich selbst zu überfluten. Dieses Leben in Apps, deren Funktionsweise verpflichtet, immerwährend auf sich selbst zu blicken, führt dazu, dass junge Leute selbstbesessen sind. Obsessive Gedanken über die eigene Person sind unter den »Zetki« zur gesellschaftlichen Norm geworden. Und wieder sind sie nicht daran schuld. Sie müssen einfach jeden Tag durch ihr Smartphone scrollen, das voller Bewertungen ihrer Person durch andere User ist.

Folglich ist das Smartphone mit einem Zugang zum Internet eine Maschine zum Hervorrufen eines miserablen Wohlbefindens. Dort gibt es Raum für tägliche und nicht endende negative Vergleiche. Dies ist für Teenager unerträglich, die ohnehin sehr anfällig sind für Traumata, welche aus dem Spiel um Ansehen unter Gleichaltrigen herrühren. Es sind Smartphones, die zur Folge haben, dass eine »Zetka« denkt, sie sei etwas Schlechteres. Meine 20-jährige Tochter antwortet auf die Frage, warum sie denn so traurig sei: »Ich weiß es nicht, ich wache einfach traurig auf.« Natürlich wacht sie nicht einfach so auf, sondern blickt morgens durch das Auge des Smartphones ins Netz. Das Smartphone sorgt bei ihr für den anstrengenden Zwang eines wunderbaren Wohlbefindens. Zum Gebrauch der äußerlichen Welt machen die jungen Leute gute Miene und drücken »Smileys«, während sie innerlich in Tränen ausbrechen.

Das Vergleichen im Internet wird zuweilen gekrönt durch die Zurückweisung seiner selbst oder zumindest durch den fehlenden Glauben an sich selbst. Die Psychologin Dorota Wiszejko-Wierzbicka von der Warschauer Universität SWPS konstatierte, dass bei 80 Prozent aller Personen im Alter von 18–29 Jahren eine grundlegende Barriere beim Übergang in das Erwachsenenleben der fehlende Glaube an sich selbst ist sowie der Fokus auf die eigenen Defizite und Ängste. Weitere Informationen über den miserablen Zustand junger Polinnen und Polen zwischen 18 und 21 Jahren liefert der erwähnte Bericht *Debiutanci* '23. Demnach erfahren 18 Prozent aller jungen Frauen und 14 Prozent aller jungen Männer niemals Glück oder Zufriedenheit mit sich selbst und ihren sozialen Beziehungen. In solch einer Situation suchen laut Daten der Stiftung

Dajemy Dzieciom Siłę 16 Prozent aller jungen Menschen ihr Heil in der Selbstverstümmelung, und 7 Prozent unternehmen sogar Suizidversuche. Daten der polnischen Polizei verweisen von Jahr zu Jahr auf einen Anstieg des Suizidverhaltens unter jungen Menschen. 2021 versuchten 1496 Kinder und Teenager unter 18 Jahren, sich das Leben zu nehmen, 127 Versuche davon endeten mit dem Tod. Wir sehen daher, dass im Stereotyp einer polnischen Generation Z, die von einer Epidemie der Depression befallen ist, ein schmerzhafter Funken Wahrheit steckt.

IM INTERNET GIBT ES KEINE TEPPICHSTANGEN

All dies führt dazu, dass die polnischen »Zetki« um jeden Preis die Konfrontation mit Bewertungen jeglicher Art, Widrigkeiten und Unannehmlichkeiten verhindern wollen. Sie behandeln alles und jeden in den Kategorien »angenehm« – »unangenehm«. Sie hängen an allem, was ihnen angenehm ist und meiden alles Unangenehme. So ist zum Beispiel Kritik in der Schule oder am Arbeitsplatz, die darauf aufmerksam machen soll, dass sie etwas an ihrem Handeln verändern und verbessern sollten, unangenehm. Die »Zetki« meiden Bewertungen jeglicher Art, weil sie diese auf dieselbe Art und Weise empfinden wie den Hass im Internet. Jede Kritik ruiniert ihre brüchige Psyche, die von den Angriffen im Netz geprägt ist. Die »Zetki« behandeln jede Bewertung von außen als Beleidigung, als Vergehen an ihrer Würde. Genau aus diesem Grund ist es so schwer, viele von ihnen zu unterrichten oder mit vielen von ihnen zusammenzuarbeiten. Aus diesem Grund denkt man bei ihnen an Schneeflocken. Alles, was unangenehm für sie ist, führt dazu, dass sie schmelzen und vergehen.

Das unaufhörliche Verkriechen in Blasen von Freunden und einander ähnlichen Leuten führt dazu, dass das bloße Vorhandensein von abweichenden Weltanschauungen, Haltungen und Überzeugungen von den »Zetki« als unangenehm angesehen wird. Um dem zu entgehen, was unangenehm ist, versuchen die »Zetki«, nicht aus ihren Internetblasen herauszugehen, was wiederum ein Grund für die fortschreitende Dekomposition des kulturellen Kanons ist. Es geht hierbei nicht nur um den für alle Mitglieder einer Gesellschaft gemeinsamen Kanon an Literatur oder des Wissens um Kunstwerke von nationaler Bedeutung. Es geht darum, dass ein Leben in Blasen zur Folge hat, dass es keine allgemein geltenden Regeln gesellschaftlichen Zusammenlebens mehr gibt. Wenn heutzutage in einem Hörsaal 50 junge Menschen sitzen, dann kann man davon ausgehen, dass sie in sechs verschiedenen sozialen Kokons leben, die sich voneinander im Geschmack, in den Prinzipien des Savoir-vivre und in den Regeln zur Aufteilung dessen, was gut und was schlecht ist, unterscheiden.

Im Internet des Smartphone-Zeitalters gibt es für die »Zetki« keine Teppichstangen. In den 1980er und 90er Jahren war in Polen die Teppichstange einer Plattenbausiedlung eine gesellschaftliche Institution, wo sich Kinder aus verschiedenen Umfeldern, Klassen, aus verschiedenen sozialen Welten trafen und voneinander lernten. Sie lernten den Dialog mit dem Anderen. Währenddessen ist die Welt der heutigen Jugend eine Welt, die sich dem Dialog verschließt. Es ist eine Welt, in der alles, was nicht zu meiner Person gehört, was nicht zu 100 Prozent mit mir vereinbar ist, gecancelled wird. Heutzutage ist die Infrastruktur weggebrochen, die den Schlüssel zur Erziehung in einer Gesellschaft darstellt, nämlich die Teppichstange, die Bank vor dem Wohnblock, die Gegend rund um den Sportplatz in der Schule. Darüber hinaus schnitt die polnische Regierung aufgrund der Corona-Pandemie die »Zetki« für beinahe zwei Jahre vom persönlichen Kontakt mit Gleichaltrigen ab, als sie gerade in die Mittelstufe gingen. In der sozialen Welt des Smartphones und der Unterrichtsstunden, die mithilfe von Zoom oder Teams durchgeführt werden, gibt es keinen Raum, um sich in sozialen Beziehungen zu üben. Aus diesem Grund wollen die »Zetki«, konfrontiert mit anders tickenden Menschen, diese sofort blockieren und ausschließen. In einer Welt mit zahlreichen Internet-Kokons und in Anbetracht der gigantischen Vielfalt an Weltanschauungen und Meinungen geht sich die Jugend gegenseitig an die Gurgel und versucht, alles, was für sie unangenehm und »unfreundlich« ist, zu canceln. Und wenn sie jemanden nicht ausschließen können, so bemühen sie sich darum, ihn zu meiden, vor der Konfrontation zu fliehen, in ihr sicheres Revier zu verschwinden. Sie sperren sich mit ihren Gedanken, Ansichten, Gefühlen und Werten in mentale und virtuelle Ghettos ein.

Deshalb ist die leicht zu erschließende Haltung der »Zetki« gegenüber der unverständlichen Welt die Flucht, der Rückzug, die Abnabelung von der Wirklichkeit, die sie als bedrängend wahrnehmen. Dies veranschaulicht eine Reihe von Versen aus dem Lied *California* des 27-jährigen Rappers White 2115 sehr gut. Der Song wurde seit 2018 über 120 Millionen Mal auf YouTube abgespielt und 88 Millionen Mal auf Spotify gestreamt.

> Ich scheiße auf alles Materielle
> Weil, weißt du, es ist die Erinnerung, die für immer bleibt
> (…)
> Ich sehe die Sonne auf dem Wasser, gib mir noch fünf Minuten, Alter
> Na, weil ich noch nicht erwachsen geworden bin
> Ich will Bier am Strand trinken, ej
> Ich sehe die Sonne auf dem Wasser, gib mir noch fünf Minuten, Alter
> Na, weil ich noch nicht erwachsen geworden bin
> Ich will Bier am Strand trinken
> (…)
> Und lass mal die Arbeit sein
> Lass uns eine rauchen
> Auf dass die Flasche keinen Boden hat
> Und mit mir der Sonnenuntergang
> Und… California

DIE UNVERNÜNFTIGEN?

Der Stereotyp besagt, dass die »Zetki« dümmer sind als ältere Generationen. Sie verstehen nichts, wissen nichts, können sich nichts einprägen.

Die Frage ist nur, wofür sollen sie sich etwas einprägen? Wozu sollen sie wissen, wer den *Bolero* komponierte oder was der Begriff »Sisyphusarbeit« bedeutet? Weshalb sollen sie wissen, wo zum Beispiel der Buchstabe »e« im polnischen Alphabet steht, wenn sie bei ihrer Suche nach Wissen nicht zu alphabetisch geordneten Registern und Enzyklopädien greifen, sondern Wikipedia öffnen und die Antwort sofort vor sich haben? Das Erkennungsgerüst in Form des Smartphones führt dazu, dass junge Menschen nichts auswendig wissen müssen. Das Wissen steckt nämlich im Smartphone. Es muss nicht mehr im Hirn verankert werden, zumal dies mit enormer Anstrengung geschieht. Wenn die »Zetki« etwas wissen wollen, aktivieren sie ihr äußeres Gedächtnis. Dies führt selbstverständlich dazu, dass sie sich ohne einen Tipp ihres Smartphones wehrlos, fast schon nackt fühlen, wenn sie nach irgendetwas gefragt werden, zum Beispiel, wo Griechenland liegt. Die Frage ist, warum sie ohne ihr grundlegendes Werkzeug zum Leben auf irgendwelche Fragen antworten sollen. Das Smartphone ist ein neues Erkundungswerkzeug, mit welchem sie auf- und herangewachsen sind. Ein heute junger Pole oder eine heute junge Polin bekamen ihre ersten Handys, als sie acht, maximal zehn Jahre alt waren. Sie besitzen durchschnittlich drei bis vier Accounts in sozialen Netzwerken. Diese Accounts sind ihre Enzyklopädien und Nachschlagewerke. Die »Zetki« beziehen ihr Wissen von ihrer eigenen sozialen »Pinnwand«, von ihrem durch Algorithmen geformten und personalisierten »Feed« auf dem Bildschirm ihres eigenen Smartphones, auf den vor allem ihre Bekannten, ihnen ähnliche Leute, Informationen über die Welt posten. Auf diese Weise hat die Mehrheit der »Zetki« keine Ahnung, worum es im Konflikt zwischen der Hamas und Israel geht (und wer oder was überhaupt die Hamas ist und wo Israel liegt). Sie weiß nicht, worauf die D'Hondt-Methode basiert, die durch ihre Umrechnung von Wählerstimmen in Abgeordnetenmandate die polnische Demokratie steuert. Darüber informiert ihr Smartphone sie nicht.

Das Problem liegt darin, dass das Smartphone mit Internetzugang sich einer Sprache der Abkürzung, der Bilder und Memes bedient. Es spricht kurz und lauthals zu den »Zetki«, ohne Rücksicht darauf, dass es aus Sicht der Wissenschaft meist falsch und sinnfrei spricht. Die Leichtigkeit des Klickens und Scrollens hält den jungen Menschen nur das vor die Nase, was der Internetalgorithmus vorschlägt, was sie wiederum von kritischem Denken befreit. Wenn die »Zetki« dann als Studierende an die Universitäten kommen, stellt sich heraus, dass es ihnen an der Fähigkeit mangelt, kritisch zu denken, Gelesenes zu verstehen, verständliche Aussagen in schriftlicher Form zu verfassen, Fakten miteinander zu verknüpfen und auch Dinge miteinander in Verbindung zu bringen, die bis dato nicht miteinander verbunden waren (was mit Kreativität gleichzusetzen ist). Es fehlt ihnen an all diesen Eigenschaften, weil die polnische Schule diese nicht vermittelt und weil diese sich nicht von den verkürzten, oberflächlichen und auf das Wissen der nur von Bekannten geteilten Posts im Internet erlernen lassen. Die »Zetki« sind Opfer der Internetexposition. Diese beruht auf der Tatsache, dass das, was ihnen in ihrem »Feed« auf dem Smartphone erscheint, zu ihrer unkritischen Wahl wird, zum Beispiel der politischen. 30-sekündige TikTok-Videos politischer Manipulanten werden zu ihren Lebensführern. Das sind die wahren Probleme, und nicht, dass die jungen Leute aufgrund ihrer Nutzung des Smartphones nichts mehr wissen.

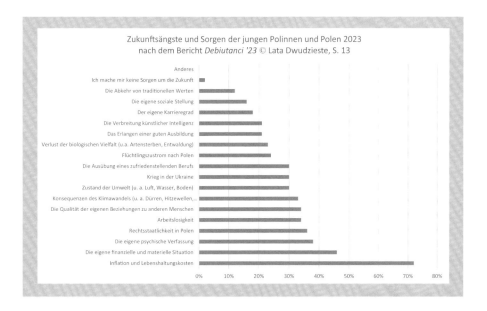

Wenn man sie darüber hinaus des Unverständnisses und Unwissens bezichtigt, berücksichtigt man nicht die Reizüberflutung, die zu ihren täglichen Erfahrungen gehört. 25 Prozent aller »Zetki« beklagen sogar die Überlastung durch den Überfluss an Informationen und Reizen im Internet. Katarzyna Krzywicka von der Forschungsagentur IQS stellte 2018 fest, dass die Hälfte aller Teenager und junger Erwachsener ihren Tag mit einem Blick auf das Smartphone beginnt und 40 Prozent während des Essens auf ihrem Bildschirm scrollen. Das bloße Essen ist langweilig. So zeichnet sich uns eine neue Definition der Langeweile ab: Langweilig ist für die jungen Leute all das, währenddessen man nicht auf dem Smartphone-Bildschirm scrollen kann. Dies betrifft auch Arbeit und Bildung.

Diese Reizüberflutung führt dazu, dass sie den Anschein erwecken, als ob sie nichts wirklich interessiert. Fragt man sie im ersten Studienjahr nach ihren Interessen, wissen sie im Allgemeinen nicht darauf zu antworten. Sie können keine klaren Angaben machen. Im Zuge dieser Reizüberflutung macht sich unter den jungen Menschen eine Haltung der Gleichgültigkeit in Bezug auf soziale Dramen und tiefergehende Kontakte breit. Es stellt sich die Frage, wie sehr der Klimawandel junge Polinnen und Polen wirklich interessiert. Sie bewegen sich ebenfalls in Richtung Gleichgültigkeit, wenn es um die Klimakatastrophe geht, was erstaunlich scheint, wenn man berücksichtigt, was alles in Bezug auf ihr Engagement zum Schutz der Natur gesagt wird. Schließlich wachsen sie unter der Flut unheilvoller Informationen zur fortschreitenden Vergiftung der Flüsse und Ozeane, zur Verschmutzung der Luft und zur Erhöhung der Durchschnittstemperatur auf dem Planeten auf. Wie also beeinflusst die tägliche Erzählung von der heranschreitenden Klimakatastrophe die Ansichten und Taten junger Menschen? In keinster Weise. Ökologie ist nur für sieben Prozent ein wichtiger Wert. Ganze 59 Prozent der polnischen »Zetki« bewerten die Luftqualität in ihren Wohnorten als sehr gut. Lediglich 14 Prozent sprechen davon, dass die Luft in ihren Städten verschmutzt ist.

Der kanadische Publizist Cory Doctorow stellte fest, dass die Internetkultur eine Kultur des *good enough* sei. Die in den sozialen Medien veröffentlichten Inhalte können gut genug sein und werden trotzdem ein Publikum bekommen. Man muss also kein ausgebildeter Drehbuchautor oder Filmschaffender sein, um mithilfe des Smartphones die eigene Katze zu filmen, wie sie aus dem Küchenschrank springt, oder sich selbst, wie man als Zwerg verkleidet vorgibt, die aktuell beliebtesten Hits zu singen. Man kann darauf setzen, bekannt zu werden, ohne viel zu können. Doctorow ist der Ansicht, dass dies gut sei, da das Prinzip des *good enough* die Hürde zum Einstieg für alle potentiellen Künstler verringere.

Auf der anderen Seite jedoch kann das Aufwachsen von Millionen junger Menschen in der Kultur des *good enough* dazu führen, dass Taten, die voller Mängel und Fehler stecken, alltäglich und normal werden. Es ist doch ausreichend, wenn das, was man tut, gut genug ist. Es muss überhaupt nicht super sein. Man muss kein großes Wissen oder herausragende Fähigkeiten besitzen, um Erfolg zu haben. Und außerdem, wenn es diesmal nicht klappt, klappt es sicherlich beim nächsten Mal. Im Internet gibt es nämlich immer ein nächstes Mal. Aus diesem Grund schneiden die »Zetki« in sozialen Situationen wie einem Bewerbungsgespräch oder einer Prüfung schlecht ab, denn der Grundsatz, der diese Situationen beherrscht, ist der des angestrengten Überschreitens der eigenen Beschränkungen. Diese sozialen Performances basieren darauf, dass man während dieser zur Hochform aufläuft. Man muss versuchen, über seinen eigenen Schatten zu springen. Die »Zetki«, die in ihren Smartphone-Umfeldern sozialisiert wurden, verstehen nicht, wozu. Dies verstärkt das Stereotyp über sie in den älteren Generationen. Sie seien nicht nur dumm, es liege ihnen auch nichts am Herzen. Dabei ist das doch nicht ihre Schuld. Es ist die Konsequenz eines Internetumfelds, in dem sie aufwachsen.

DIE INFANTILEN UND UNREIFEN?

Die Infrastruktur, die die »Zetki« umgibt, macht sie zu bequemen Kindern. Junge Polen deklarieren sogar, dass sie lieber Kinder blieben, und ihre Eltern bestätigen sie immer häufiger in dieser Entscheidung. Der Großteil der »Zetki« wird finanziell von ihren Eltern unterhalten. Die überwältigende Mehrheit wohnt bei den Eltern. Damit nicht genug: Die Eltern der »Zetki«, zumindest die der Mittelschicht, wollen diese nicht aus dem Haus lassen. 53 Prozent aller Familien mit Kindern in Polen sind Haushalte mit einem Kind. Ein polnisches Mitglied der Generation Z ist ein Einzelkind, was die elterliche Fürsorge verstärkt sowie den Widerwillen, getrennte Wege zu gehen. Diese »Einnistung«, die den für eine sehr lange Zeit nicht stattfindenden Auszug aus dem Elternhaus bedeutet, ist in Polen nicht nur Folge des Mangels an erschwinglichen Mietwohnungen und sündhaft teuren Hypotheken. Es ist auch zum Teil das »Verdienst« der Eltern, die in ihren Kindern Kumpel und Freunde fürs Leben gefunden haben. Die »Zetki« sind daher fast ununterbrochen in Gesellschaft von Mama und Papa. Sie sehen mit den Eltern die gleichen Horrorfilme und Pixar-Animationen an. Sie haben den gleichen Geschmack und das gleiche Konsumverhalten. Sie kleiden sich bei denselben Modeketten ein. Sie fahren mit Mitte Zwanzig mit den Eltern in den Urlaub, und das, indem sie von diesen chauffiert werden, da sie seltener als ältere Generationen in ihrem Alter den Führerschein machen.

Möglicherweise trägt die Tatsache, dass sich der Zeitraum des Verweilens auf dem Bildungsmarkt in Polen in den letzten 30 Jahren von 14 auf 22 Jahre verlängert hat, die Verantwortung für das Etikett des Kindischen, Infantilen und Unreifen. Heutzutage müssen junge Menschen sehr lange unerwachsen bleiben, weil ihre Eltern, und auch sie selbst, in Bildung investieren. Ein ausgedehnter Bildungszeitraum ist eine Zeit der kontinuierlichen Suche im Leben, eine Zeit, in der junge Leute versuchen, ihr wahres Ich zu finden. Wahrscheinlich kommt daher die neurotische und zwanghafte Suche nach der eigenen Identität. Die »Zetki« haben das Gefühl, dass in der heutigen vielschichtigen und bedrückenden Welt Identität nichts Auferlegtes ist, was auf der Basis eines allgemeingültigen gesellschaftlichen Vorbilds abzuarbeiten ist. Im Gegenteil, Identität ist eher etwas Fließendes und Nichtstandardisiertes, was man selbst erkunden kann. Daher bemühen sie sich unentwegt, sie zu entdecken, wobei sie oftmals von einer Identität zur nächsten springen, so auch bei der sexuellen Orientierung. Der Stiftung Wiara i Tęcza zufolge, die sich um christliche Mitglieder der LGBTQ+ Community kümmert, wächst unter den Polinnen und Polen im Alter von 14–29 Jahren die Anzahl der Coming-Outs. Darüber hinaus beträgt in dieser Alterskategorie das Niveau der nicht-heteronormativen Orientierung zehn Prozent, während es auf der gesamtpolnischen Ebene nur fünf Prozent sind.

ICH BIN MIR SELBST AM WICHTIGSTEN, BEZIEHUNGSWEISE EINE AUSWAHL ANERKANNTER WERTE

Wenn sich eine Kombination von Werten hervorheben lässt, die der Mehrheit der »Zetki« nahesteht, so lässt sie sich mit dem Konsumbereich und dem Gebrauch neuer Medien verbinden. All dies findet Platz im Motto: Fake, Fame, Kohle. Zeig dich. Es ist egal, dass du lügst, wenn du im Internet etwas über dich postest. Es ist egal, dass du etwas vorgibst, zu sein. Erringe Ruhm, auf welche Weise auch immer. Und mache Kohle, weil dein Geld und damit dein Erfolg doch am wichtigsten sind.

Die Folge des ständigen Aufenthalts der »Zetki« im Internet ist ihr Wille, berühmt und ausgezeichnet zu sein. Auf die Frage, was sie in Zukunft einmal werden wollen, antworten viele »Influencer oder YouTuber«, schlicht, ein Star des Internets. Dies ist der Traumberuf. Nur verlangt er etwas, das unsere Aufmerksamkeit fesselt, ein einzigartiges Talent, besondere Fähigkeiten, zumindest jedoch Kompetenzen, die durch Erfahrungen gewonnen wurden. Teenager besitzen diese Erfahrungen jedoch meistens nicht. Wann sollten sie denn, wenn sie im Teenageralter sind, diese Fähigkeiten und Kompetenzen erlernt haben? Und da man im Netz immer weitere Meldungen über sich posten muss, um dort zu existieren, man gleichzeitig jedoch der Welt nichts mitzuteilen hat, weil in einem nichts Außergewöhnliches steckt, greift man zur Täuschung. 20 Prozent aller Mitglieder der Generation Z geben zu, im Internet Unwahrheiten über sich zu verbreiten.

Die polnischen »Zetki« wachsen in einer allgemeinen, kulturellen und politischen Atmosphäre des Laissez Faire, eines negativen Liberalismus, heran, welche bewirkt, dass die Jugend nur an sich denkt und sich nur um sich selbst kümmert. In der Folge schätzen junge Polen aufgrund des Aufwachsens in solch einem ideellen Smog vor allem individuelle, auf sich bezogene Werte, die sie von anderen Leuten abgrenzen, die nicht im engeren Kreis ihrer Familie und Freunde bleiben. Besonders wichtig, vor allem für junge Männer, ist Geld. Sorgen machen sich die »Zetki« vor allem um die eigene Gesundheit und die eigene materielle Lage. Die Inflation und steigende Lebenshaltungskosten lösen bei ihnen Stress aus. Neben Geld schätzt eine eindeutige Mehrheit aller »Zetki« (75 Prozent) die Liebe. Andere Werte an der Spitze, die von mehr oder weniger der Hälfte aller »Zetki« geschätzt werden, sind Sicherheit, Gesundheit, Wertschätzung, Freundschaft, Ruhe, Freiheit, ein angenehmes Leben sowie Komfort. Obwohl unter den polnischen »Zetki« eine größere Toleranz für Individualität, Andersartigkeit und Minderheitenrechte als in früheren Generationen sichtbar ist, ist die bloße Toleranz kein besonders geschätzter Wert. Sie ist nur für 27 Prozent aller 18- bis 21-Jährigen wichtig.

SIE LEBEN IN EINEM LAND, DAS VON ALTEINGESESSENEN REGIERT WIRD, DIE VON ALTEINGESESSENEN GEWÄHLT WERDEN

Polnische 20-Jährige haben das Gefühl, dass das Land, in dem sie leben, ein Land ist, das von unterdrückenden Großvätern regiert wird, die kein offenes Ohr und nichts für sie anzubieten haben. Deswegen nimmt für gewöhnlich lediglich die Hälfte des jungen Elektorats an den Wahlen teil. Wenn Meinungsforschungsinstitute ihre politischen Präferenzen untersuchen, so ist das Ergebnis für die stärkste Partei die »Schwer-zu-sagen-Partei«. Der größte Anteil junger Menschen, 64 Prozent, antwortet auf die Frage, wen sie denn wählen, mit »Weiß ich nicht« oder »Schwer zu sagen«.

Dies geschieht womöglich deshalb, weil sich keine der bestehenden Parteien für die Bedürfnisse junger Menschen verantwortlich fühlt. Für die Analyse *Debiutanci '23* wurden daher Polinnen und Polen Anfang zwanzig gefragt, welche Vorschläge eine aus ihrer Perspektive ideale Partei haben sollte. Die Antworten verweisen auf fast alle Probleme, Defizite und Ängste der »Zetki«. 53 Prozent von ihnen gaben an, dass eine ideale Partei Steuersenkungen anstreben sollte. 43 Prozent sagten, dass sie den Zugang zu psychischer und psychiatrischer Hilfe für Kinder und Jugendliche verbessern sollte. 41 Prozent meinten, dass sie das aktuell in Polen bestehende erzkonservative Abtreibungsrecht entschärfen sollte. 35 Prozent waren der Ansicht, dass diese ideale Partei auf die Entwicklung eines günstigen und zugänglichen öffentlichen Personennahverkehrs setzen sollte. 32 Prozent aller »Zetki« wünschten sich, dass sie den Mindestlohn wesentlich anheben sollte. Und 28 Prozent forderten, dass eine ideale Partei endlich eine erfolgreiche Trennung zwischen Staat und Kirche durchführen sollte.

Wenn nur Teenager wählen würden, wäre ein grundlegender Umbau der polnischen politischen Szene die Folge. Die »Zetki« würden dem regierenden politischen Lager, das für die Atmosphäre der Angst, in der sie leben müssen, verantwortlich ist, die

POSTMODERNE GESELLSCHAFT: DIE POLNISCHE GENERATION Z

Quelle: Państwowa Komisja Wyborcza

Rote Karte zeigen. Im Herbst 2023 wurden in zehn Mittelschulen in Krakau Vorwahlen abgehalten.[3] Deren Aufgabe war die Schaffung eines Bürgerbewusstseins. In der Summe gaben fast 3000 Schülerinnen und Schüler ihre Stimme ab. Der Favorit für die anstehenden echten Wahlen war die damalige Regierungspartei – Prawo i Sprawiedliwość (Recht und Gerechtigkeit, PiS). Unter den jungen Menschen aus Krakau gewann jedoch die oppositionelle Koalicja Obywatelska (Bürgerkoalition) mit 34,8 Prozent der Stimmen. Den zweiten Platz belegte die Nowa Lewica (Neue Linke) mit einem Ergebnis von 15,5 Prozent. Die Krakauer Schülerinnen und Schüler hätten noch die ultraliberale Konfederacja, für die 13,5 Prozent von ihnen gestimmt hatten, in das Parlament gewählt. Für die PiS stimmten lediglich 5,6 Prozent.

Aus dem Polnischen von David Swierzy

TOMASZ SZLENDAK ist Soziologieprofessor an der Nikolaus-Kopernikus-Universität in Thorn (Toruń) und Direktor der dortigen Doktorandenschule der Sozialwissenschaften. Er veröffentlicht Beiträge in vielen polnischen Medien.

---

3 Der Text entstand vor den polnischen Parlamentswahlen im Oktober 2023. Die zitierten Ergebnisse beziehen sich auf eine Testwahl. Die wirklichen Wahlergebnisse der jungen Wählerinnen und Wähler in Polen 2023 zeigt die im Text eingefügte Grafik.

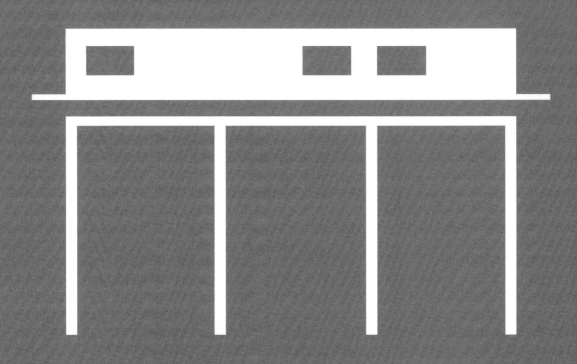

Ich bin ein Z-Boomer. Irgendwas dazwischen

Bartosz Bielenia im Gespräch mit Magdalena Dubrowska

MAGDALENA DUBROWSKA: »Man kann im Leben mehr sein als nur eine Sache«, hast du eben gerade zum WYBORCZA-Fotografen gesagt, der beim Anblick eines sonnenbadenden Mannes im Hof des Nowy Teatr geseufzt hat, er würde gern so leben, könne es aber nicht, weil er dann keine Fotos machen würde.

BARTOSZ BIELENIA: Ich wollte damit sagen, wir müssen uns nicht über eine Sache, eine Arbeit, einen Stil definieren. Man kann gut kochen und gleichzeitig Schauspieler sein, Holz schnitzen und reisen, Fotograf sein und mit freiem Oberkörper im Hof des Nowy Teatr sitzen. Ich habe mich viele Jahre in erster Linie auf meine Arbeit konzentriert, während ich jetzt meinen Leidenschaften abseits der Bühne nachgehe.

Zum Beispiel?

Ich habe in einem Do-it-yourself-Workshop mein eigenes Messer geschmiedet. Ich koche viel. Ich lerne Sprachen. Kürzlich hat mir eine Garderobiere aus unserem Theater gezeigt, wie man näht.

Lässt sich diese Vielseitigkeit auch auf das schauspielerische Handwerk übertragen – schließlich spielst du sowohl in Filmen als auch im Theater?

Nein, das ist die gleiche Leidenschaft, nur mit unterschiedlichen Mitteln.

Dein Theaterrepertoire ist jedoch viel größer als das Repertoire deiner Filmrollen.

Leider ist das polnische Kino nicht so experimentierfreudig wie das polnische Theater – zumindest nicht wie das Theater, in dem ich seit vielen Jahren Ensemblemitglied bin. Ich träume davon, dass sich irgendwann auch der polnische Film durch dieses

Niveau an Fantasie, Risiko und Vorstellungskraft auszeichnet. Natürlich lastet auf uns im Theater nicht so eine große Verantwortung, dass sich etwas verkaufen muss. Es kann sich beim Film um eine sechsstündige Meditation über Entropie oder eine verrückte Camp-Variation zum Thema Franz Kafka handeln, das Problem ist nur, dass kaum jemand dafür ins Kino gehen würde – vielleicht mit Ausnahme von mir. Im polnischen Kino liebe ich die Filme von Xawery Żuławski, wegen ihres Mutes und ihrer Fantasie.

Im Nowy Teatr feiert in Kürze *Die Verwandlung* nach der gleichnamigen Erzählung von Franz Kafka Premiere, in der du die Hauptrolle spielst. Hast du in deinem Leben schon einmal eine tiefgreifende Verwandlung erlebt? Auch wenn diese wahrscheinlich nicht ganz so einschneidend war wie bei Gregor Samsa.

Das Spektakuläre an Gregors Metamorphose besteht vor allem darin, dass er sich über Nacht in einen Käfer verwandelt. Hätte Gregor sich jeden Tag ein Stückchen mehr an einen Käfer angeglichen, wäre es wahrscheinlich gar nicht groß aufgefallen und spürbar gewesen. Ein Kind bemerkt nicht, dass es wächst. Solche fundamentalen Veränderungen haben in meinem Leben sicherlich stattgefunden, allerdings waren dies eher langsame Prozesse, wie bei einem Stalaktiten in einer Tropfsteinhöhle, als radikale Wechsel der eigenen Weltanschauung oder des Lebensstils von heute auf morgen. Selbst mein Umzug von Krakau nach Warschau schien ein natürlicher Schritt zu sein und war kein tiefgreifender Einschnitt.

Hast du Angst vor Veränderungen?

Früher habe ich allergisch auf Veränderungen reagiert, selbst wenn es um den Austausch der Briefkästen im Treppenhaus ging. Ich mag keinen abrupten Wandel der Szenerie, es sei denn, ich bin auf Reisen. Ich hasse es, wenn alte Bäume gefällt, Neubauten aus dem Boden gestampft oder alte Häuser aus Versicherungsgründen niedergebrannt werden. Solche Veränderungen sind meiner Meinung nach stets Verschlechterungen.

Doch Veränderungen in meinem Leben, Umgebungswechsel und neue Einflüsse haben eine sehr inspirierende Wirkung auf mich.

Wie kommst du mit dem ständigen Wandel in unserer Zeit, mit den klimatischen, technologischen und gesellschaftlichen Veränderungen, zurecht?

Ganz unterschiedlich. Die radikale Veränderung während der Pandemie war für mich zum Beispiel fantastisch. Es war der reinste Glücksfall, dass die Welt plötzlich stillstand und man einfach nur sein konnte. Ich weiß, dass es für viele Menschen eine sehr schwierige Zeit war, aber ich war gerade an einem Punkt in meinem Leben, dass ich mich sicher und glücklich fühlte.

Mich fasziniert die künstliche Intelligenz und die Möglichkeiten, die sich dadurch eröffnen, obwohl mir das andererseits auch ein wenig Angst macht.

Die politischen Änderungen lassen einem das Blut in den Adern gefrieren. Besonders wenn man die Geschichte ein wenig zurückverfolgt und sich den zyklischen Charakter bestimmter Tendenzen und Ereignisse vor Augen hält. Es ist klar, in was für Zeiten wir leben, und es fällt schwer, deswegen nicht besorgt zu sein. Andererseits kann man daraus den Schluss ziehen, dass man sich überlegen muss, wie man das eigene Leben und die Welt zum Besseren verändert. Schließlich hängt es von uns ab, von unseren Entscheidungen, unserer Einbildungskraft und unseren Träumen, wie wir den Lauf der Zeit lenken. Wenn wir alle in Ängstlichkeit verharren, wird dies unseren Ängsten zusätzlich Nahrung verleihen und sie werden dadurch nur noch stärker.

Über welche Veränderung in Polen würdest du dich momentan besonders freuen?

Es würde mich ungemein freuen, wenn es uns als Gesellschaft gelänge, die aktuelle Mehrheitsregierung zu demontieren. Natürlich haben wir unterschiedliche

Vorstellungen davon, wie die gesellschaftliche Wirklichkeit aussehen sollte, aber es muss in ihr Platz für alle geben; jede Person, die hier lebt, verdient unseren Respekt. Es wäre also super, würden wir einen Modus Vivendi finden.

Und im Zusammenhang mit meiner Arbeit und meinem Leben würde es mich freuen, wenn wir die Kunst mehr wertschätzten, stolz auf sie wären und sie subventionierten. Ich glaube fest daran, dass das Erzählen von Geschichten eine Kraft ist, die die Wirklichkeit verändern kann. Je mehr Aufmerksamkeit, Zeit und Geld wir ihr widmen, desto vorteilhafter wird sich die Wirklichkeit um uns herum verändern.

Momentan scheinen sich die sozialen Bindungen eher zu lockern, nicht zuletzt aufgrund unserer intensiven Präsenz in den sozialen Medien. Du hingegen bist nicht besonders aktiv in den sozialen Medien. Du hast nicht einmal ein Selfie online gestellt, das dich mit der Crew von *Corpus Christi* bei der Oscar-Verleihung auf dem roten Teppich des Dolby Theatre zeigt!

Ich habe ein Bild vom Klo gepostet! Das fand ich lustig. Ich betrachte meinen Instagram-Account als kleines Tagebuch. Man kann dort sehen, was mir gerade ins Auge fällt. Seit längerem sind es vor allem Tiere.

Verspürst du nicht den Druck, dass du als Schauspieler nur existierst, wenn du in den sozialen Medien präsent bist?

Natürlich spüre ich diesen Druck. Was nicht ohne Folgen für mein Berufsleben bleibt. Ich habe schon gehört, dass ich nicht die Reichweite habe, mit der ich rechnen könnte, wenn ich eine Million Follower hätte. Aber dann erinnere ich mich wieder daran, dass ich diesen Beruf nicht wegen der Zahlen ausübe. Und ich will auch nicht mit Leuten zu tun haben, die hauptsächlich deswegen mit mir arbeiten wollen. Ich habe das Glück, dass ich nicht auf die Unterstützung der sozialen Medien angewiesen bin, um meine Sichtbarkeit zu verbessern, ich kann mich auf meine schauspielerische Arbeit konzentrieren. Die Präsenz vor der Kamera und auf der Bühne scheint mir stark genug zu sein, sodass ich mich nicht jeden Tag in den sozialen Medien in Erinnerung bringen muss. Außerdem finde ich das sehr ermüdend.

Wenn ich mit Leuten spreche, für die die Nutzung sozialer Medien zum Alltag gehört, sehe ich, wie sehr das an den Kräften zehrt. Man kann nicht einfach die Tür zum Probenraum hinter sich schließen und sein eigenes Leben weiterleben, man ist vielmehr ständig dabei, Content zu produzieren. Ich finde es erschreckend, dass man gezwungen ist, fortwährend etwas hochzuladen, und nonstop online sein muss.

Was nichts daran ändert, dass ich unglaublich viel soziale Medien konsumiere. Ich gehe total auf in TikTok.

Lädst du eigene Filme hoch oder siehst du dir an, was andere hochladen?

Ich bin ein TikTok-Voyeur. Ich selbst stelle nichts online, aber ich beobachte wie in einer Peepshow durchs Schlüsselloch das menschliche Leben, Meinungen, Ängste.

Scrollst du nach dem Zufallsprinzip?

Voll! Ich folge vielen seltsamen Sachen, ich spiele mit dem Algorithmus, ich dressiere ihn, oder er mich – ganz klar ist das nicht, wer hier wen dressiert. Ich betrachte mich wie in einem kleinen Spiegel, in dem unser Zwangsverhalten zu sehen ist. Es wäre also falsch zu behaupten, ich sei nicht in den sozialen Medien unterwegs und würde mich dafür nicht interessieren. Ich glaube, es ist ein Werkzeug, das uns zur Verfügung gestellt wird, dessen Gebrauch wir aber erst erlernen müssen, wenn wir es sinnvoll nutzen wollen. Andernfalls wird es uns benutzen. Es gab Momente, in denen ich mich völlig ausgesaugt fühlte, zusammen mit Millionen Followern das glückliche Leben anderer Menschen zu beobachten, und mich gefragt habe, was mit mir nicht in Ordnung ist, dass ich es seit drei Wochen nicht schaffe, meine Wohnung aufzuräumen, und nicht einmal ein Konto habe, auf dem ich diesen Feed hochladen könnte.

Aber dafür muss man in der Lage sein, seine Persönlichkeit zu zeigen, eine Narration zu konstruieren. Ich dagegen verstecke meine Persönlichkeit hinter den Figuren, die ich spiele. Es würde mir schwerfallen, aus der Deckung herauszukommen und zu sagen »Hey, ich bin's, der Bartosz«, und zu warten, ob das jemandem gefällt oder nicht. Ich will nicht, dass jemand mein Leben beobachtet. Es ist nur für die, die mir nahestehen.

Mir scheint, dass mein Erwachsenwerden in eine Zeit fiel, in der man entweder als Digital Native aufwuchs oder tief in seinem Herzen ein Boomer blieb, und ich bin wahrscheinlich so ein »Z-Boomer«.

Das gefällt mir! Gibt es einen solchen Begriff oder hast du ihn dir gerade ausgedacht?

Ist mir gerade so gekommen. Ich bin eigentlich ein Millennial, also weder Boomer noch Generation Z. Irgendwas dazwischen.

Du hast von Erschöpfung gesprochen. Ich habe vor kurzem einen Artikel im GUARDIAN gelesen, wonach der Zustand der Übermüdung inzwischen so verbreitet und permanent ist, dass es nicht mehr genügt, »Ich bin müde« zu sagen, man muss diesen Satz vielmehr präzisieren, z. B. »Ich bin existenziell müde« oder »Wie dumm von mir, dass ich müde bin«. Bist du müde?

Und wie. Deshalb verstehe ich auch Gregor Samsas Entscheidung, ein Käfer zu werden. Manchmal möchte man dieser Welt entfliehen, einfach seine Mistkugel vor sich her rollen und damit glücklich sein. Das ist aber sehr schwierig. Umso schwieriger, je mehr

Möglichkeiten sich einem bieten. Schon das Fernsehen war ein Sprachrohr der Angst und des Schreckens, und jetzt kommen noch die Blasen in den sozialen Medien dazu, die sich von unserem Hass, unserer Selbstzufriedenheit und unserer Angst ernähren.

Es ist schwer, dem zu widerstehen. Während der Pandemie habe ich zwanghaft die Nachrichten verfolgt, weil ich fasziniert war von der Apokalypse. Menschen in Masken, die Armee auf der Straße, wow! Meine Partnerin und ich saßen in einem Haus auf dem Land, kochten auf einem Küchenofen Risotto, und ich hing Untergangsvisionen wie aus Katastrophenfilmen nach. Genauso war es beim Krieg in der Ukraine. Der Vietnamkrieg war der erste Krieg, der im Fernsehen übertragen wurde, doch dank der sozialen Medien können wir den Krieg nun in den Schützengräben – auf beiden Seiten – aus nächster Nähe miterleben. Und uns ständig fragen, ob das, was wir sehen, Wahrheit oder Fiktion ist.

Ich habe das Gefühl, dass in den ersten beiden Jahren der Pandemie alles langsamer wurde, während es nun plötzlich wieder beschleunigt, als ob die Menschen die verlorene Zeit aufholen wollten. Das macht auch sehr müde, denn als Einzelkind leide ich an FOMO, der Angst, etwas zu verpassen, und will immer erst als Letzter nach Hause gehen.

Wieso?

Weil ich das Gefühl habe, dass unglaublich viel passiert und alle irgendwas machen, während ich einerseits auch sechs Dinge gleichzeitig machen, andererseits ruhig leben und mich an dem erfreuen möchte, was ich habe.

Darüber hinaus bin ich der Ungewissheit müde. Die Wirklichkeit ist derart merkwürdig, dass man nichts planen kann. Mir kommt es so vor, als lebten wir in einer Zeit, in der die Ordnung für die nächsten Jahrzehnte festgelegt wird.

Gregor Samsa kommt eines Tages nicht zur Arbeit. Er ist der Versorger der Familie, auf seinen Schultern lastet eine große Verantwortung, aber irgendwann sagt er: »Nein danke!« Der Regisseur Grzegorz Jaremko wies zu Beginn der Proben darauf hin, dass Gregor in Kafkas Erzählung aufwacht und feststellt, dass er ein Käfer ist. Dies ist eine sehr aktive Geste, die darauf beruht, sich radikal kleiner zu machen, wobei er sich für ein unwichtiges und Ekel erregendes Lebewesen entscheidet. Gregor verwandelt sich nicht in einen Löwen, der den Zugang zu seiner Höhle mit Zähnen und Klauen verteidigt, er kauert vielmehr in einer Ecke, wo er eher übersehen und zertrampelt wird.

Aber angeblich werden nur Kakerlaken die nukleare Vernichtung überleben.

Aus dem Polnischen von Andreas Volk

Der Text erschien in der GAZETA WYBORCZA (Warschauer Lokalteil Co jest grane? [Was wird gespielt?]) vom 2.6.2023, S. 22.

© AGORA S.A., 2023

BARTOSZ BIELENIA einer der bekanntesten und angesehensten Schauspieler der jungen Generation, obwohl er in keiner Serie spielt und die sozialen Medien meidet. Popularität erlangte Bielenia durch die Rolle eines Jugendlichen aus einem Erziehungsheim, der sich als Priester ausgibt, in Jan Komasas Oscar-nominierten Film *Corpus Christi*. Diese originelle Figur, die den Zuschauer in seinen Bann schlägt, brachte ihm zahlreiche Auszeichnungen ein, u. a.: Zbyszek-Cybulski-Preis, *Paszport* der Wochenzeitung POLITYKA und *European Shooting Star*. Seit 2018 ist Bielenia Ensemblemitglied des Nowy Teatr in Warschau. Zuletzt spielte er Gregor Samsa, der sich in einen Käfer verwandelt, im Stück *Die Verwandlung*, inspiriert durch die gleichnamige Erzählung von Franz Kafka.

Essay zum Schluss

KATOWICE

NATIONAL POLISH RADIO SYMPHONY ORCHESTRA
KONIOR STUDIO

Olga Drenda

Cyberpolska on Real[1]

Im Jahr 2010 geriet das in der Wojewodschaft Kleinpolen gelegene Dorf Jeżówka in die landesweiten Schlagzeilen, als die renommierte Wochenzeitschrift POLITYKA in einer Reportage über einen mehr als zweiwöchigen Stromausfall und dessen Auswirkungen berichtete. Ein außergewöhnlich kalter und schneereicher Winter hatte dazu geführt, dass weite Teile des Landkreises Olkusz für einen längeren Zeitraum von der Stromversorgung abgeschnitten worden waren. Schulen mussten schließen, Pumpen der örtlichen Wasserversorgung funktionierten nicht mehr. Rettungsdienste und Krisenstäbe bemühten sich nach Kräften, doch die betroffenen Menschen mussten sich in erster Linie selbst helfen. Sie besorgten sich Notstromaggregate und griffen auf Autobatterien zurück, so konnten einige Geschäfte für Kunden geöffnet bleiben und die Landwirte mussten ihre Melkmaschinen nicht abstellen. Glück im Unglück hatten diejenigen, die zuhause noch einen Kohleofen beziehungsweise einen Kohleherd hatten. Im Gespräch mit dem Journalisten Cezary Łazarewicz, der sich in das eingeschneite Gebiet aufgemacht hatte, erzählten die Leute aus dem Dorf, nach drei Tagen hätten sie die wichtigsten Dinge mehr oder weniger im Griff gehabt und die größte Herausforderung sei die Langeweile gewesen. Von nicht zu unterschätzender Bedeutung war damals sicherlich die Tatsache, dass der Alltag der meisten Betroffenen sich in einem weitgehend analog geprägten Umfeld abspielte. Die ältesten Dorfbewohner und -bewohnerinnen konnten sich noch an die Zeit erinnern, als Petroleumlampen Licht spendeten und lediglich Brunnen die Wasserversorgung gesichert hatten. Obwohl Polen 2010 schon seit sechs Jahren Mitglied der Europäischen Union war, steckte die Digitalisierung des Landes noch in den Kinderschuhen. Zu diesem Zeitpunkt nutzte nur die Hälfte aller Polinnen und Polen regelmäßig das Internet beziehungsweise ein Mobiltelefon.

Knapp zehn Jahre später hat sich das Projekt *Cyfrowa Polska* [Digitales Polen] als eine der größten Erfolgsgeschichten bei der Modernisierung des Landes erwiesen. Mittlerweile haben die meisten Polen und Polinnen Zugang zum Internet und besitzen ein Handy. Schulen und Behörden nutzen die Digitalisierung ebenso wie Bibliotheken. Immer mehr Menschen bezahlen ihre Einkäufe bargeldlos. Sogar auf dem Dorf ist

---

[1] Der Titel bezieht sich auf das bekannte Warschauer Designstudio Cyber Kids on Real.

Kartenzahlung in vielen Geschäften mittlerweile normal, gleiches gilt für Ticketautomaten in Straßenbahnen und Bussen. Selbst auf den Wochenmärkten können Kunden heute per Handy zahlen, sie nutzen dafür das von den meisten polnischen Banken unterstützte Zahlungssystem BLIK. Auch wenn in anderen Bereichen der Infrastruktur unter technologischen Gesichtspunkten immer noch großer Modernisierungsbedarf besteht, beim Thema Digitalisierung hat Polen schnell und weitgehend reibungslos einen Riesenschritt nach vorn gemacht.

Doch diese neue Qualität bei institutionellen Vorgängen sowie die mit dem Internet verbundene Bequemlichkeit im alltäglichen Leben geriet Einwohnerinnen und Einwohnern des in den Beskiden gelegenen Kurortes Szczawnica plötzlich zum Verhängnis, als 2019 im Ort für einige Stunden sowohl das Mobilfunknetz als auch das Internet komplett ausfielen. Bei Bauarbeiten an einer Gasleitung war versehentlich ein Glasfaserkabel beschädigt worden. Dadurch wurden die Menschen im Ort (einschließlich der Touristinnen und Touristen) im Handumdrehen zwangsweise aus der digitalen Welt ausgeloggt. Auch wenn die Havarie in Szczawnica bei weitem nicht so lang andauerte wie 2010 im eingeschneiten Jeżówka, erwiesen sich die Auswirkungen als gravierender.

So war es auf einmal unmöglich, in Geschäften oder an der Tankstelle mit Karte zu bezahlen oder an Geldautomaten Bargeld abzuheben. Wer also keine Münzen oder Scheine verfügbar hatte, stand vor großen Problemen. Pensionsgäste konnten nun ihren Aufenthalt nicht bezahlen, Patientinnen und Patienten keine Arzttermine mehr vereinbaren, da der Nachweis einer gültigen Krankenversicherung elektronisch über das System eWuś erfolgt. Auch die traditionelle »Schneckenpost« funktionierte ohne das Internet nicht mehr, denn jede Sendung muss dort mittlerweile online registriert werden. Auch wenn der Netzausfall schnell behoben werden konnte, hatte er die Menschen in Szczawnica Nerven und Geld gekostet. Vor allem ist durch dieses Ereignis deutlich geworden, wie schnell und in welch großem Ausmaß wir uns in eine weitgehend digitale Gesellschaft verwandelt haben, und das in jeglicher Hinsicht, denn diese Veränderung führt zu einer sehr großen Abhängigkeit. Ein kurzer Rückblick zeigt, dass wir heute in einer völlig anderen Welt leben, was sich natürlich in unseren kollektiven Gewohnheiten und Erwartungen widerspiegelt.

Eine technologisch eher rückständige Gesellschaft kann bei vielen Menschen den Eindruck hervorrufen, die Welt verändere sich kaum. Also denkt man, die Straße werde in ein oder zwei Jahren sicher noch genauso aussehen wie heute, Dinge können zwar kaputtgehen oder nicht mehr funktionieren, doch im Notfall ist immer klar, wen man fragen kann und was zu tun ist. So ein Zustand ist oft ärgerlich und frustrierend, er erzeugt eine tiefe Sehnsucht nach einer »normal funktionierenden« Welt, die sich natürlich immer irgendwo anders befindet als man selbst. Gleichzeitig jedoch entwickeln die Menschen eine gewisse Achtsamkeit und Voraussicht im Umgang mit

den Widrigkeiten des Alltags, sie richten sich darauf ein. So weiß man dann, dass für den Winter festes Schuhwerk gekauft werden muss, dass der Bus, in der Regel ein altes Modell der Marke Autosan, nicht immer fährt, dass manchmal der Strom ausfällt, Streichhölzer und Kerzen aber immer griffbereit liegen. In der polnischen Umgangssprache hat sich dafür eine sehr treffende, wenn auch vulgäre Redewendung entwickelt: »ch…wo, ale stabilnie« (auf Deutsch in etwa: »beschissen, aber stabil«) – damit wollten die Menschen auf ihre Art ausdrücken, dass sie im Leben trotz aller Widrigkeiten auch noch positive Seiten sehen.

Mittlerweile jedoch gehört diese vertraute, unvollkommene Welt der Vergangenheit an. Innerhalb weniger Jahre haben wir uns weit entfernt von den Realien des Winters in Jeżówka. Damit meine ich nicht etwa nur den Klimawandel, dessen Auswirkungen auch in Polen zu spüren sind. Jedes Jahr aufs Neue werden die Autofahrer und -fahrerinnen wieder vom Wintereinbruch überrascht, doch seit 2013 sind schwere Schneefälle und harte Fröste im Land ausgeblieben. Der Trend geht eindeutig zu einer allgemeinen

Erwärmung, gefrierendem Nieselregen und schnell vorüberziehenden Schneestürmen. Die Rede ist hier vor allem von Verbesserungen in Lebensbereichen, die die Polen und Polinnen jahrelang zum Schimpfen und Fluchen brachten. Die verschlungenen Wege im Labyrinth behördlicher Verfahren, die den Menschen in der Regel alles abverlangten bei der Erledigung jeglicher Angelegenheit, die Abhängigkeit von der Gnade und Gunst der Beamten, die verschnörkelte bürokratische Sprache, eine wahre Qual und schon in der Volksrepublik Polen Ausgangspunkt zahlreicher Witze, all das ist nun unerwartet schnell zur Erinnerung geworden. Mittlerweile können die einzelnen Behörden untereinander Dokumente austauschen. Selbst die polnische Sozialversicherungsanstalt ZUS, für viele Polen der Inbegriff der Bürokratie, bekannt für ihre postmodernistischen, palastähnlichen Verwaltungszentralen, hat nun im Rahmen der landesweiten Digitalisierung eine eigene Benutzerplattform eingeführt, die zwar nicht gerade intuitiv ist, den Geschäftsalltag für Buchhalter und Kleinunternehmer jedoch trotzdem erheblich erleichtert. Natürlich lösen diese Plattformen und Apps keine strukturellen Probleme in Polen, wie zum Beispiel die fehlende wohnortnahe Anbindung an den öffentlichen Nahverkehr, unter der viele Bürger und Bürgerinnen leiden. Manchmal wirken sie eher wie eine kurzfristige Maßnahme gegen sehr langwierige Missstände, aber sie helfen den Menschen dabei, bei der Bewältigung alltäglicher Angelegenheiten Zeit und Aufwand einzusparen.

Gehen wir für einen Moment zurück ins Jahr 2010. Jemand aus Stettin (Szczecin) möchte seinen ständigen Wohnsitz nach Lublin verlagern, dafür muss er höchstpersönlich die Ämter in beiden Städten aufsuchen, die circa 700 Kilometer voneinander entfernt liegen. Erst vor einem Jahr wurden in den polnischen Behörden Prozesse und Vorgänge entsprechend umgestellt und vereinfacht, sodass man nun zum Beispiel ein Gewerbe mithilfe eines einzigen Formulars anmelden kann, vorher hatte man dafür vier separate Vordrucke ausfüllen und jedes in einem anderen Amt abgeben müssen. Die Leute waren daran gewöhnt, für Behördengänge extra einen Tag Urlaub zu nehmen, um dann in langen Schlangen warten zu müssen, bis sie ihr Anliegen vortragen konnten. Lediglich drei Prozent aller Zugtickets wurden über das Internet verkauft. Es existierte zwar bereits eine Plattform für die öffentliche Verwaltung (ePUAP), wo sich die Menschen mit einer Art elektronischer Unterschrift authentifizieren konnten, doch hatte das System regelmäßig mit technischen Problemen und Ausfällen zu kämpfen. Weiterhin musste jeder Bürger sein elektronisches Zertifikat persönlich in Anwesenheit eines Beamten bestätigen lassen, was die ganze Sache etwas umständlich gestaltete. Vieles deutete darauf hin, dass sich die Modernisierung der polnischen Institutionen in ihrer Entropie verlieren würde, so ähnlich, wie man das in Polen aus den Kultfilmen des Regisseurs Stanisław Bareja (1929–1987) kennt. Die Anpassung an die neuen Technologien ist jedoch rasant vorangeschritten, so als ob die Menschen geradezu darauf gewartet hätten wie auf ein perfektes Produkt, das ihnen mehr Komfort und eine Vereinfachung des Lebens verspricht, aber auch eine ständige Verbesserung und weitere Lösungen erfordert. Auf diese Weise haben wir das Stadium von

Blik (Zahlungsmethode), IKP (elektronische Patientenakte) und mObywatel (ein digitales Bürgerportal) erreicht.

Auch wenn sich die Polen und Polinnen selbst zuweilen eher als konservativ sehen (was nicht unbedingt mit der Realität übereinstimmen muss), so haben sie keineswegs Angst vor dem Umgang mit neuen Technologien. Technologische Innovationen werden im Alltag in der Regel rasch übernommen und das führt auch dazu, dass alte Gewohnheiten weichen und sich die Sicht der Menschen auf das Leben ändert. Der Schriftsteller Wiesław Myśliwski hat einmal beschrieben, wie sich die Entwicklung und Verbreitung des Fernsehgerätes auf die Dorfkultur ausgewirkt haben. Dieser sprechende Apparat hat die Menschen zum Schweigen gebracht. Anstatt wie früher mit Familie und Nachbarn zusammenzusitzen und einander Geschichten zu erzählen oder zur Radiomusik mitzusingen, saßen sie nun passiv nebeneinander und starrten auf den Bildschirm. So ist die auf dem gesprochenen Wort basierende traditionelle bäuerliche Kultur fast über Nacht verstummt. Was sich im Verhalten der Menschen, in den Sitten und Bräuchen, durch die Digitalisierung alles verändert hat, müssen entsprechende Untersuchungen herausarbeiten. Dennoch möchte ich hier eine mutige These aufstellen, dass sich die Gesellschaft durch die Digitalisierung etwas emanzipiert hat in dem Sinne, dass Normen und Standards plötzlich hinterfragt werden und die Menschen ein größeres Selbstbewusstsein an den Tag legen im Umgang mit der öffentlichen Hand.

Damals, im symbolischen Jahr 2010, waren wir daran gewöhnt, dass die Dinge sowieso nicht funktionierten, dass man Regeln und Vorschriften nicht vertrauen konnte; im Gegenteil, um Dinge zu erledigen, musste man zwangsläufig improvisieren und sich irgendwie durchmogeln. Im Umgang mit staatlichen Behörden schien es angebracht, einen Streit zu riskieren, sich auf einen gemeinsamen Bekannten zu berufen oder sich einfach darauf einzustellen, dass man eben abfällig und wie ein Bittsteller behandelt werden würde. Man kam sich fast vor wie Bugs Bunny oder Daffy Duck in einem absurden Zeichentrickfilm. Ungleiche Machtverhältnisse am Arbeitsplatz oder in den für die Bürger und Bürgerinnen geschaffenen Institutionen wurden durch die damaligen wirtschaftlichen und sozialen Umstände begünstigt: hohe Arbeitslosigkeit, niedrige Löhne, ein unzureichender Schutz der Arbeitnehmerrechte und eine daraus resultierende schwache Verhandlungsposition. Das alles führte dazu, dass die Menschen ihre eigenen Bewältigungsstrategien entwickelten. Wenn man dazu noch in einer eher ärmlichen Region lebte, dann waren diese Fähigkeiten, die die Menschen in den Zeiten des ständigen Mangels im kommunistischen Polen entwickelt haben, wirklich Gold wert: Weitsicht, Einfallsreichtum und die Fähigkeit, etwas aus dem Nichts zu schaffen. Man kann wohl ohne Übertreibung sagen, dass damals für viele Polinnen und Polen dieser Krisenmodus zu einer Art Dauerzustand und Lebensgefühl geworden war, sodass Momente der Stabilität als angenehme Überraschungen wahrgenommen wurden.

Heute erwarten die Bürgerinnen und Bürger von einer Behörde, dass sie respektvoll behandelt werden und dort Dinge erledigen können, möglichst schnell und ohne große Umstände. Mit der fortschreitenden Entwicklung der Digitalisierung einer ging die Arbeitserfahrung vieler Polinnen und Polen in anderen EU-Ländern, wo die Beschäftigungsstandards zumeist besser waren, der Zufluss umfangreicher EU-Subventionen ins Land, die Förderung von Selbstständigen und Kleinunternehmen unter der Regierung der wirtschaftsliberalen Bürgerplattform (Platforma Obywatelska, PO) 2007–2015 und die Angleichung des Lebensstandards durch erhöhte Sozialtransfers unter der nachfolgenden Regierung der Partei Recht und Gerechtigkeit (Prawo i Sprawiedliwość, PiS). Viele Bürgerinnen und Bürger konnten von all diesen Faktoren profitieren. Unterstützung durch das System stärkt jedoch nicht unbedingt immer die Loyalität der Menschen gegenüber einer bestimmten politischen Partei, sondern führt eher zu einer größeren Autonomie. Neben technologischen Verbesserungen existieren in der Regel strukturelle Probleme, deren Lösung oft noch mehrere Jahre dauern kann. Auf dem Wohnungsmarkt ist die Lage schwierig, sowohl die Mieten als auch die Kaufpreise für Wohnungen steigen nicht nur in den Großstädten. Die von den lokalen Behörden favorisierten Bauunternehmen sorgen zwar für die Schaffung von neuem Wohnraum, die neuen Wohnungen werden jedoch vorwiegend von vermögenden Privatanlegern als Kapitalanlage gekauft. Das schafft Anreize, aus der Stadt wegzuziehen, dorthin, wo man ohne zusätzliche behördliche Genehmigung ein kleines Häuschen mit einer Fläche von bis zu 70 Quadratmetern bauen kann, ideal für Selbstständige und für die Arbeit im Home-Office. Auch Eltern, die dem staatlichen Schulsystem kritisch gegenüberstehen, nutzen gern die Vorteile der Digitalisierung. Homeschooling im Rahmen des Projekts *Schule in der Cloud* stößt nicht nur bei den Eltern sensibler oder neurodiverser Kinder auf Interesse, sondern auch bei allen, die dem Staat generell misstrauen, vor allem den ideologisch geprägten Vorhaben des umstrittenen Bildungsministers Przemysław Czarnek von der PiS-Partei.

Selbst zurechtkommen zu müssen kann zu einem gesellschaftlich akzeptierten Lebensstil werden, ja sogar zu einer bewussten Entscheidung. Eine der politischen Parteien in Polen hat diesen Trend rechtzeitig erkannt. Als der Wahlkampf im Sommer 2023 in seine heiße Phase ging, galt die rechtspopulistische Partei Konföderation (Konfederacja Wolność i Niepodległość) als Zünglein an der Waage. Das Bündnis von Nationalist:innen, Systemgegner:innen und Libertären war ursprünglich gegründet worden vom Politikveteranen und ehemaligen EU-Abgeordneten Janusz Korwin-Mikke, der bekannt ist für seine oft zugespitzten öffentlichen Aussagen und Provokationen. Das Erfolgsrezept der Konfederacja besteht darin, die umstrittenen Führungsfiguren der Partei vorübergehend in den Hintergrund treten zu lassen und sich darauf zu konzentrieren, die Bedürfnisse junger Unternehmer:innen und derjenigen Menschen anzusprechen, die Selbstständigkeit und Autonomie anstreben. Der Slogan »Ein Haus, zwei Autos, ein Grill und Gras« (die Mehrdeutigkeit letzteren Begriffs war natürlich beabsichtigt) sollte potentielle Wählerinnen und Wähler ansprechen, die damit ihren Lebensstandard definieren. Manchmal ging so eine Kampagne einher mit staats- oder gesellschaftskritischen Tendenzen. Doch das zwischenzeitliche Stimmungshoch brachte der Partei am Wahltag keinen Erfolg, unter anderem auch deshalb, weil einige ältere Parteimitglieder mit provokanten Äußerungen die Bemühungen ihrer jüngeren Kolleginnen und Kollegen zunichte gemacht hatten. Es lohnt sich jedoch, genauer auf die Entwicklung der Wünsche und Bedürfnisse innerhalb der Gesellschaft zu schauen. Gäbe es in Zukunft wieder so eine Katastrophe wie in Jeżówka oder Szczawnica, dann würden die Bürgerinnen und Bürger eines digitalen Polens wohl schnell zu verstehen geben, was ihnen wichtig ist bei der Wahlentscheidung für einen geeigneten Kandidaten oder eine geeignete Kandidatin.

Gut möglich, dass sich das Volk dann für einen agilen, schneidigen Vertreter einer kleinen NGO entscheiden würde, wenn dieser allen einen schnellen Internetzugang über das Satellitennetzwerk Starlink verspräche.

Aus dem Polnischen von Christian Prüfer

OLGA DRENDA studierte Kulturanthropologie und Ethnologie an der Jagiellonen-Universität in Krakau. Sie arbeitet als freie Autorin, Essayistin und Übersetzerin in Warschau. Sie publiziert in vielen polnischen Medien, u. a. in der GAZETA WYBORCZA, im TYGODNIK POWSZECHNY und in der Monatsschrift ZNAK. Siehe auch die Beiträge der Autorin im JAHRBUCH POLEN 2022 Widersprüche und im JAHRBUCH POLEN 2023 Osten.

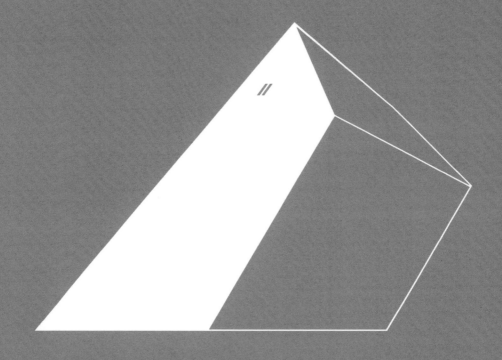

GDAŃSK
MUSEUM OF WORLD WAR II
KWADRAT

Anhang

IKONEN DER POLNISCHEN MODERNEN ARCHITEKTUR VON RAFAŁ STEFANOWSKI IN DER JAHRBUCH-GALERIE

In der Galerie des JAHRBUCHS zeigen wir minimalistische Entwürfe moderner Bauten in Polen, ausgeführt von dem Warschauer Grafiker und Architekten Rafał Stefanowski. Die Texte bearbeiteten Andrzej Kaluza und Timo Klama.

Warszawa – Cosmopolitan

Bauphase: 2010–2013 / Architekt: Helmut Jahn

Die Hauptnutzung des Warszawa Cosmopolitan liegt in der Bereitstellung exklusiven Wohnraums. Es trägt die unverkennbare Handschrift von Helmut Jahn, der für seine zeitgenössische und innovative Architektursprache bekannt ist. Der Architekturstil zeichnet sich durch klare Linien, innovative Formen und eine kühne Ästhetik aus. Im Einklang mit Jahns internationalem Ruf und seinem Beitrag zur modernen Architektur spiegelt es eine gelungene Kombination aus Funktionalität und visueller Ästhetik wider.

Das Projekt wurde mit einer symbolischen Grundsteinlegung im Jahr 2010 durch Helmut Jahn persönlich eingeleitet. Es wurde 2013 fertiggestellt.

https://www.apartamentycosmopolitan.pl/pl/architekt/

Mława – Trading House

Bauphase: 1958/59 / Architekt: Stanisław Kolendo

Das Mława Trading House, ein dreistöckiges modernistisches Kaufhaus, repräsentiert ein bemerkenswertes Beispiel der Nachkriegsmoderne in der polnischen Architektur. Es diente einst als staatliches Kaufhaus, ist heutzutage in privater Hand und wird als Kegelbahn genutzt. Seine Architektur reflektiert den Internationalen Stil und weist charakteristische Merkmale auf, die mit Le Corbusiers fünf Punkten der modernen Architektur in Verbindung stehen. Die Gestaltung des Gebäudes ist geprägt von einer frei geformten Fassade, einem offenen Innenraum, großen Fensterbänden, einem Flachdach und einer Pfostenkonstruktion. Diese Elemente manifestieren die architektonischen Prinzipien der Nachkriegsmoderne und resultieren in einer zeitlosen Ästhetik.

Das Design des Gebäudes wurde 1956 von dem Architekten Stanisław Kolendo entworfen, zu der Zeit stellvertretender Leiter des Lehrstuhls für Industriebau an der Technischen Universität Krakau. Die Realisierung des Projekts erfolgte 1958/59, die Eröffnung fand im März 1963 statt.

Im Jahr 2018 wurde das Gebäude in das Denkmalregister aufgenommen, 2019 erfolgte die Revitalisierung des umliegenden öffentlichen Raumes. Aktuelle Pläne sehen eine umfassende Modernisierung und Restaurierung des historischen Kaufhauses vor, um seine architektonische Integrität zu bewahren und seine Bedeutung für kommende Generationen zu sichern.

https://www.bartponikiewski.pl/dom-handlowy

Kalisz – Church of Divine Mercy

Bauphase: 1977–1993 / Architekten: Jerzy Kuźmienko, Andrzej Fajans

Die Kirche der Göttlichen Barmherzigkeit ist ein herausragendes Beispiel für modernistische Architektur. Mit einer Höhe von 45 Metern und einer Dachfläche von 1.000 Quadratmetern aus Beton stellt sie ein beeindruckendes Zeugnis der künstlerischen Freiheit dar, die Ende der 1950er Jahre wieder möglich war. Die Struktur des Gebäudes, insbesondere die charakteristischen Wellen im Dach, wurde durch die innovative Seil- und Stahlbetontechnik von Wacław Zalewski möglich gemacht, einem Pionier auf dem Gebiet dieser modernen Bautechnologien.

Die Idee zum Bau der Kirche in Kalisz wurde erstmals 1957 geboren. Die Architekten Jerzy Kuźmienko und Andrzej Fajans zeichneten für das Projekt verantwortlich. Die Umsetzung des Projekts verzögerte sich aufgrund administrativer Hürden, denn erst im Jahr 1974 erhielt die katholische Gemeinde die Erlaubnis zum Bau einer Kirche. Formal abgeschlossen wurden die Bauarbeiten erst 1993, als diese einzigartige Kirche eingeweiht und zum Heiligtum der Göttlichen Barmherzigkeit der Diözese Kalisz erklärt wurde.

https://www.whitemad.pl/symbol-modernizmu-kosciol-pw-milosierdzia-bozego-w-kaliszu/

ANHANG

Warszawa – Prosta Tower

Bauphase: 2008–2011 / Architekten: Kuryłowicz & Associates

Der Prosta Tower ist ein Bürohochhaus mit innovativem Design und ein Musterbeispiel für raffinierte Funktionalität. Das Gebäude wurde auf einem kleinen und anspruchsvollen Grundstück errichtet, wobei zwei Hauptziele verfolgt wurden: die Maximierung der Nutzfläche und die Schaffung von Büroflächen mit einem exklusiven Charakter für Unternehmen, die einen einzigartigen Firmensitz suchen. Die sanft gewellte rautenförmige Stahlbetonstruktur erzeugt ein Spiel von Licht und Schatten, reduziert die Sonneneinstrahlung und verleiht dem Gebäude ästhetischen und strukturellen Wert.

Die Realisierung dieser Investition begann 2008 und wurde 2011 fertiggestellt. Der Entwurf stammt von dem Architektenbüro Kuryłowicz & Associates und verfolgt laut eigenen Angaben die Idee, eine Form zu schaffen, die stark genug ist, um ein Gegengewicht zur räumlichen Unübersichtlichkeit und architektonischen Fadheit der Umgebung zu bilden.

https://prostatower.pl/

Bydgoszcz – BRE Bank

Bauphase: 1997/98 / Architekten: Bulanda & Mucha

Das BRE Bank-Gebäude in Bromberg (Bydgoszcz) ist Niederlassung einer polnischen Bank (2013 wurde die BRE Bank zu mBank) und besteht aus zwei Teilen, die durch einen gemeinsamen Kommunikations- und Installationsschacht miteinander verbunden sind. Ein unterirdischer Gang verbindet es zudem mit dem historischen Lloyd's Palast.

Das Gebäude wurde 1997/98 nach den Entwürfen der Architekten Andrzej Bulanda und Włodzimierz Mucha realisiert. Das Projekt entstand als Versuch, einen einfachen gestalterischen Ansatz zu finden, der als Impuls für die Revitalisierung der Uferpromenade der Brda im historischen Zentrum von Bydgoszcz dienen sollte. Der architektonische Stil des BRE Bank-Gebäudes ist von historischen Getreidespeichern inspiriert und harmoniert perfekt mit seiner Umgebung. Die Architekten strebten danach, die Geschichte zu respektieren und das städtische Erscheinungsbild zu bewahren.

https://kip.waw.pl/siedziba-banku-bre-w-bydgoszczy/

Warszawa – Avenarius House

Bauphase: 1930–1938 / Architekten: Stanisław Barylski, Bohdan Lachert, Józef Szanajca

Das Avenarius House wurde 1930 von dem führenden polnischen Architekten Stanisław Barylski entworfen und 1938 von Bohdan Lachert und Józef Szanajca umgestaltet. Es befindet sich in einem Villenviertel im Warschauer Stadtteil Saska Kępa und stellt ein Wohnhaus dar, zu dessen Bewohnern u. a. der polnische Architekt Lech Niemojewski gehörten.

Die charakteristische verglaste Treppe entstand während des Umbaus und ist das erste Beispiel in Polen für die Verwendung des »Béton brut«. Béton brut ist eine Art der Verwendung von Beton, bei welcher dieser gegossen wird und unbearbeitet bleibt. Daher sind die durch die Schalung entstandenen eingeprägten Muster und Fugen sichtbar und verleihen dem Gebäude durch die unebene Oberfläche einen individuellen Charakter.

Bydgoszcz – Marina Bydgoszcz

Bauphase: 2010–2012 / Architekten: APA Rokiccy

Die Mühleninsel (Wyspa Młyńska) in Bromberg (Bydgoszcz), die über viele Jahre hinweg vernachlässigt wurde, erlebte vor einigen Jahren einen mehrstufigen Prozess der Revitalisierung. Ein zentraler Aspekt dieser Entwicklung ist der 2012 fertiggestellte Yachthafen, ein Projekt des renommierten APA-Büros Rokiccy. Die Gesamtinvestition beläuft sich auf 20 Millionen PLN, wobei der Stadtrat von Bydgoszcz Mittel aus dem Europäischen Fonds für regionale Entwicklung bereitstellte.

Der Yachthafen erfüllt nicht nur die Funktion eines Stützpunkts für Wassersport, sondern bietet auch einen Trainingsbereich, einen Hangar und Lagerflächen. Darüber hinaus beherbergt das Gebäude ein Hotel sowie Räumlichkeiten für ein Restaurant und Büros. Die durchdachte Integration der Gebäudeformen mit der umliegenden Terrasse und den Piers schafft einen angenehmen öffentlichen Raum, der nicht nur den Yachthafen, sondern auch die gesamte Mühleninsel aufwertet.

https://sztuka-architektury.pl/article/4005/nie-tylko-dla-wodniakow-2

ANHANG

Warszawa – Lachert Villa

Bauphase: 1928/29 / Architekten: Bohdan Lachert, Józef Szanajca

Die als Lachert-Haus bekannte Villa ist ein modulares Gebäude, das in drei separate Wohnsegmente unterteilt ist. Jedes dieser Module, von denen eines von Bohdan Lachert selbst bewohnt wurde, erstreckt sich über 150 Quadratmeter. Die Wohnungen umfassen zentrale zweistöckige Wohnzimmer und kleine Gärten, wodurch ein flexibles und gleichzeitig gemeinschaftliches Wohnkonzept umgesetzt wird. Die Villa Lachert repräsentiert die Umsetzung von Le Corbusiers Prinzipien der modernen Architektur. Mit einem flachen Dach, schmalen Fensterbändern und einer großzügigen Terrasse zeigt das Gebäude eine klare Verbindung zu den Idealen des Schweizer Modernisten. Die ornamentlose Fassade und die überdachten Gartenbereiche, verbunden durch riesige verglaste Fenster, unterstreichen den avantgardistischen Charakter des Bauwerks.

Das Lachert-Haus wurde 1929 in der Katowicka-Straße in Warschau fertiggestellt. Die Villa war auch das erste Bauwerk in Polen, das aus Leichtbeton, bekannt als Cellolith, errichtet wurde. Dieses innovative Material, 1926 von dem Dänen Christian Nielsen erfunden, erwies sich als kostengünstige Alternative zu herkömmlichem Ziegelstein.

https://culture.pl/pl/tworca/bohdan-lachert

Warszawa – Central Station

Bauphase: 1972–1975 / Architekten: Arseniusz Romanowicz, Piotr Szymaniak

Warszawa Centralna ist der Hauptbahnhof Warschaus. Die Haupthalle des Bahnhofs hat eine Höhe von 20 Metern, während das gesamte Gebäude auf einem rechteckigen Grundriss von 120 x 84 Metern basiert. Im Untergeschoss des Bahnhofs befinden sich neben einer Einkaufsgalerie 8 Bahnsteige mit einer Länge von jeweils 400 Metern. Die feierliche Eröffnung fand am 5. Dezember 1975 statt.

Nach dem Zweiten Weltkrieg hatte der Bau eines Hauptbahnhofs in Warschau Priorität. Dies geht aus der Tatsache hervor, dass bereits 1946 der Polnische Architektenverband den Wettbewerb Nr. 135 für den Entwurf des Warschauer Hauptbahnhofs ausschrieb. Dieser Wettbewerb wurde von Arseniusz Romanowicz zusammen mit Piotr Szymaniak gewonnen. Der Bahnhof sollte die Macht des Staates demonstrieren, sich daher durch Monumentalität auszeichnen und gleichzeitig das modernste Gebäude im ganzen Land sein. Doch der Bau von Warszawa Centralna begann erst 1972, fast ein

Vierteljahrhundert später, während des Wirtschaftsbooms der 1970er Jahre. Die Investition erfordert eine enorme Mobilisierung von Kräften und Ressourcen und stieß auf erhebliche Probleme, die zum Teil das Ergebnis eines übereilten Zeitplans waren, da der Eröffnungstermin mit dem Besuch des sowjetischen Parteichefs Leonid Breschnew 1975 in Warschau zusammenfallen sollte. Daher wurden die Arbeiter in der letzten Phase des Baus von der Armee unterstützt. Die Planungs- und Konstruktionsprobleme machten sofortige Reparaturen erforderlich, die bis in die 1980er Jahre andauern sollten.

http://cargocollective.com/powojennymodernizm/Dworzec-Centralny-Linia-srednicowa
https://stacjamuzeum.pl/45-lat-dworca-centralnego-w-warszawie/

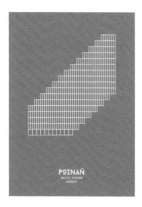

Poznań – Baltic Tower

Bauphase: 2014–2017 / Architekten: MVRDV

Die Innenräume des Baltic Towers werden vorrangig von Unternehmen aus den Finanz- und Technologiebranchen genutzt. Der gemeinsame Hof, Przystań Sztuki [Kunst-Kai], verbindet den Baltic Tower mit dem historischen Concordia Design-Gebäude, um einen Raum zu schaffen, der Geschäftsflächen, Design, Kunst und Unterhaltung vereint. Das Ziel ist es, einen demokratischen und einzigartigen Stadtraum zu schaffen, der die Einwohnerschaft von Posen (Poznań) und Tourist:innen gleichermaßen anspricht.

Das innovative Bürogebäude, entworfen von MVRDV, einem renommierten Designstudio aus den Niederlanden, wurde zwischen 2014 und 2016 erbaut. Das 16-stöckige Gebäude, dessen Form sich je nach Blickwinkel verändert, erstreckt sich auf über 25.000 Quadratmetern.

https://www.mvrdv.com/projects/51/baltyk

Krakow – Cricoteka Museum of Tadeusz Kantor

Bauphase: 2014 / Architekten: Wizja + NS Moonstudio

Das Cricoteka Museum und Zentrum zur Dokumentation der Kunst von Tadeusz Kantor, dem polnischen Theaterregisseur und Maler, ist ein vielseitiger Raum, der nicht nur als Ausstellungsort dient, sondern auch als lebendiger Treffpunkt für kulturelle Aktivitäten. Im Inneren bietet die Cricoteka Raum für eine Dauerausstellung von Kantors Werken, ein modernes Ausstellungszentrum, einen Theater- und Konferenzkomplex,

ANHANG   181

einen Lesesaal, eine Bibliothek, eine Buchhandlung sowie ein Zentrum zur Dokumentation der Theatergeschichte und bildenden Kunst.

Die Form des Gebäudes ist eine Hommage an Tadeusz Kantor und verbindet ein altes, revitalisiertes Kraftwerk mit einer modernen, fast abstrakten Struktur. Dieses außergewöhnliche Bauwerk, entworfen von nsMoonStudio und dem Architekturbüro Wizja, trägt zur Wiederbelebung des Krakauer Stadtteils Stare Podgórze bei und schafft einen inspirierenden Raum für zeitgenössische Kunst und kulturellen Austausch. Die Architekten betonen, dass das Museum nicht nur für statische Präsentationen, sondern vor allem für Veranstaltungen und kontinuierliches künstlerisches »Happening« konzipiert ist.

https://www.cricoteka.pl/

Warszawa – Złota 44

Bauphase: 2008–2017 / Architekt: Daniel Libeskind

Der Wolkenkratzer Złota 44 in Warschau mit 52 Stockwerken galt bei seiner Fertigstellung 2017 als Europas höchstes Wohnhochhaus.

Zlota 44 wurde von Daniel Libeskind entworfen, einem aus Lodz (Łódź) stammenden amerikanischen Architekten der Extraklasse, und begann im März 2008 Gestalt anzunehmen. Der Bauprozess wurde jedoch aufgrund rechtlicher Probleme im März 2009 nach dem Bau von 17 Etagen vorübergehend gestoppt. Erst im Januar 2011 wurden die Arbeiten wieder aufgenommen, und das Gebäude konnte schließlich nach mehreren Verzögerungen seine Vollendung finden. Die offizielle Eröffnung erfolgte am 13. März 2017.

Die Architektur von Zlota 44 trägt die unverkennbare Handschrift von Daniel Libeskind und ist eine Hommage an die Geschichte Warschaus. Inspiriert von der Zerstörung und dem realsozialistischen Wiederaufbau nach dem Krieg, stellt das Hochhaus eine innovative Form dar, die bewusst einen Bruch mit der bisherigen Unternehmensarchitektur der Stadt symbolisiert.

Ein auffälliges Merkmal ist die flügelförmige Fassade, die sich von den Flügeln des polnischen Adlers ableitet. Diese Struktur ist nicht nur ästhetisch und symbolisch begründet, sondern auch funktional. Sie wurde so gestaltet, dass sie das einfallende Tageslicht optimal nutzt.

https://libeskind.com/work/zlota44/

Katowice – Scientific Information Center and Academic Library

Bauphase: 2009–2012 / Architekten: HS99

Die Bibliothek in der Woiwodschaftsstadt Kattowitz (Katowice) wurde als ein neuer Lernraum für Studierende konzipiert und erfüllt diese Funktion seit der Eröffnung im Jahr 2012. Die inneren Bereiche der Bibliothek sind bewusst introvertiert gestaltet, um die Aufmerksamkeit auf die Bücher zu lenken und eine ruhige Lernumgebung zu schaffen. Diese Konzentration beeinflusst nicht nur die Atmosphäre im Inneren positiv, sondern erzeugt auch einen Raum, der zeitlich vom Puls der umgebenden Stadt entkoppelt ist. Die Daten zu Bauprojekt und -umfang sind beeindruckend: Mit einer Fläche von 12,27 Quadratmetern und einem Volumen von 62,56 Kubikmetern bietet die Bibliothek Platz für eine beeindruckende Menge an Büchern, mit einer maximalen Lagerkapazität von 2 Millionen Exemplaren. Dies unterstreicht nicht nur die architektonische Eleganz des Gebäudes, sondern auch seine Funktion als bedeutende Wissensressource für die Studierenden und Forschenden in der oberschlesischen Metropole.

Die Entstehung des Wissenschaftlichen Informationszentrums und der Akademischen Bibliothek (CINiBA) in Katowice reicht bis zum Jahr 2003 zurück, als das Koszaliner Architekturstudio HS99 den Wettbewerb für das Gebäude gewann. Der lang ersehnte Bau, der schließlich am 1. Oktober 2012 eröffnet wurde, war eine Gemeinschaftsanstrengung der Schlesischen Universität und der Wirtschaftsuniversität Katowice. Die Gestaltung des Gebäudes durch die Architekten verleiht ihm eine imposante Erscheinung: Zwei kubische Strukturen, von denen der erste größer und niedriger ist als der andere, schaffen eine ästhetische Dynamik. Der Zugang zu diesem architektonischen Meisterwerk erfolgt durch längliche Glaselemente, die in zwei gegenüberliegenden Gebäudeecken positioniert sind.

https://10lat.ciniba.edu.pl/projekt-ciniba/

Toruń – Centrum Kulturalno Kongresowe Jordanki

Bauphase: 2015 / Architekten: Menis Arquitectos

Das Kultur- und Kongresszentrum Jordanki besteht aus vier Modulen mit einem Konzertsaal für 880 Sitzplätze und einem Kammersaal für 300 Sitzplätze. Die Anlage verfügt über mehrere Konferenzräume, ein Café, Büros sowie eine zweistöckige Tiefgarage.

Das Zentrum wurde durch das spanische Architekturstudio unter Fernando Menis geschaffen. Der internationale Architekturwettbewerb, der 2008 abgeschlossen wurde, zeichnete

Menis' Vision als herausragend aus, insbesondere für die gelungene Einbindung in die städtische Umgebung und die beeindruckende Innenarchitektur mit ihrer Multifunktionalität. Die äußere Verkleidung aus hellem Beton, teilweise »gerissen«, um den Innenraum in Ziegelfarben freizugeben, verleiht dem Gebäude eine einzigartige Ästhetik. Die Nutzung einer Picado-Verkleidung, die sich auf die gotische Architektur von Toruń bezieht, zeigt einen respektvollen Dialog zwischen Moderne und Tradition.

https://jordanki.torun.pl/

Bytom – Bolko Loft

Bauphase: 2002/03 / Architekt: Przemo Łukasik (Medusa Group)

Das Bytom Bolko Loft, ein Architekturprojekt von Przemo Łukasik, ist eine Umwandlung einer verlassenen Lampenhalle der Bergbau- und Hüttenwerke Orzeł Biały [Weißer Adler] zu einem Loft und stellt einen architektonischen Ansatz zur Umgestaltung postindustrieller Landschaften dar. Es ist das Domizil Łukasiks und seiner Familie. Mit einer Gesamtfläche von 198 Quadratmetern (178 Quadratmeter Nutzfläche) wird das Loft von etwa 8 Meter hohen Stahlbetonpfeilern getragen und ist auf allen Seiten von einem schmalen Balkon umgeben. Um ins Innere des Hauses zu gelangen, muss man circa 40 Treppenstufen überwinden, die sich in einem externen Treppenhaus befinden.

Der Architekt Przemo Łukasik kehrte nach Studienaufenthalten in Paris und Praktika u. a. in Berlin nach Polen zurück und wollte sich mit seiner Familie in seiner Heimatstadt Beuthen (Bytom) niederlassen. Wie er in einem Interview erklärte, war er schon lange auf der Suche nach einem geeigneten Haus, und seine Wahl fiel ganz unerwartet auf das postindustrielle Gebäude, das in den 1990er Jahren aufgegeben worden war. Łukasik erwarb das abzureißende Areal für 50.000 PLN und erarbeitete 2001/02 ein komplettes Projekt für dessen Revitalisierung und Modernisierung. Die architektonische Umgestaltung bewahrte bewusst die ursprüngliche Anordnung des Lampenraums sowie die Betondecken, während Installationen im Inneren des Gebäudes freigelegt wurden. Durch den bewussten Einsatz kostengünstiger Industriematerialien wie Ziegel, geriebenem Beton, Faserplatten und Stahl sowie preiswerter Garagenlampen für die Beleuchtung entstand ein Gebäude, welches als Hommage an die oberschlesische Industriegeschichte verstanden werden soll.

https://architectu.pl/aktualnosci/Bolko-Loft

Karpacz – High Mountain Meteorological Observatory on Śnieżka

Bauphase: 1966–1974 / Architekten: Waldemar Wawrzyniak, Witold Lipiński

Das Meteorologische Hochgebirgsobservatorium auf der Schneekoppe (Śnieżka), dem höchsten Berg des Riesengebirges, fungiert als bedeutende Forschungseinrichtung des Instituts für Meteorologie. Die Architektur, einst ein futuristisches Statement, hat im Laufe der Jahre Anpassungen erfahren, die nicht immer im Einklang mit dem ursprünglichen modernistischen Konzept standen.

Das Observatorium entstand zwischen 1966 und 1974 als herausragendes Beispiel moderner Architektur. Das markante Bauwerk wurde unter der Leitung der Architekten Witold Lipiński und Waldemar Wawrzyniak von der Technischen Universität Wrocław konzipiert. Die charakteristische Form aus drei miteinander verbundenen, scheibenförmigen Gebilden ist eine architektonische Manifestation der Faszination der Architekten für gekrümmte Linien und kugelförmige Räume, inspiriert durch die Diskussionen über UFOs in den 1950er Jahren. Die Gestaltung des Observatoriums aus Stahlbeton, Stahl, Aluminium und Glas führte zu einem futuristischen Meisterwerk, das 1974 fertiggestellt wurde. Im Laufe der Jahre aber mussten die geplanten Visionen der beiden Architekten sich der Realität beugen: So erfolgten nach der Eröffnung bauliche Veränderungen, darunter eine unplanmäßige Verkleidung des Gebäudes mit schwarzer Teerpappe, da das verwendete Aluminium Risse aufwies und man auf eine kostspielige Verkleidung durch Edelstahl verzichten musste. Die Eintragung des Gebäudes in das Denkmalregister im Juni 2020 unterstreicht dennoch seine historische und architektonische Bedeutung.

https://architectuul.com/architecture/sniezka-meteorological-observatory

Katowice – National Polish Radio Symphony Orchestra

Bauphase 2012–2014 / Architekten: Konior Studios

Das NOSPR-Gebäude (Nationales Symphonie-Orchester des Polnischen Radios) in Kattowitz (Katowice) ist ein lebendiger Ort der Kultur und beherbergt über 400 Räume, darunter Büros, Garderoben, Tonstudios, ein Restaurant sowie Freizeiträume. Das Herzstück des Gebäudes ist der Konzertsaal mit 1800 Plätzen, der von Yasuhisa Toyota von Nagata Acoustics entworfen wurde. Die herausragende Akustik ermöglicht eine eindrucksvolle kammermusikalische Atmosphäre.

Das NOSPR-Gebäude repräsentiert einen bedeutenden Schritt in der kulturellen Wiederbelebung der postindustriellen Region Oberschlesien, die einst vom Bergbau geprägt war.

Der Architekturwettbewerb im Jahr 2008 führte zur Auswahl des Entwurfs von Tomasz Konior, einem renommierten Kattowitzer Architekten. Die Bauarbeiten begannen 2012 und wurden 2014 abgeschlossen. Das Gebäude wurde auf einem ehemaligen Kohlegrubengelände im Zentrum der Stadt (Kulturmeile Strefa Kultury) errichtet und zeichnet sich durch eine monumentale, aber schlichte Form aus. Die Fassade, mit handgebrannten Ziegeln verkleidet, erinnert an die traditionellen Backsteinhäuser in oberschlesischen Arbeitersiedlungen. Die roten Fensterrahmen, inspiriert von der regionalen Architektur, verleihen dem Gebäude einen Bezug zur Region Katowice.

https://nospr.org.pl/

Gdańsk – Museum of World War II

Bauphase: 2012–2017 / Architekten: Kwadrat

Das Museum des Zweiten Weltkriegs in Danzig (Gdańsk) veranschaulicht das Schicksal der Polen, aber auch die Erfahrungen anderer Völker während des Zweiten Weltkriegs. Darüber hinaus ist das Gebäude ein Bildungs-, Kultur- und Forschungszentrum. Es befindet sich am Ufer des Radunia-Kanals, der mit dem nahe gelegenen Fluss Motława verbunden ist. Der Standort ist bewusst gewählt, da sich in der unmittelbaren Nähe das polnische Postamt und die Halbinsel Westerplatte befinden, wo der Zweite Weltkrieg am 1. September 1939 begann.

Den Architekturwettbewerb gewann das Architekturstudio Kwadrat aus Gdynia. Der renommierte polnisch-amerikanische Architekt Daniel Libeskind äußert sich als Mitglied der Jury zum Entwurf folgendermaßen: »Die dynamisch emporstrebende Form ist das Wahrzeichen des darunter befindlichen Museums. Es bildet eine breite, spektakuläre Öffnung der Vergangenheit der Stadt auf ihre Zukunft. Indem das Gebäude an das ikonische Panorama von Danzig mit seinen Werftkränen und Kirchtürmen anknüpft, verbindet es die herkömmlichen Räume der Stadt, ihre Skalen, Materialien und Farben mit einem Museum des 21. Jahrhunderts.«

https://muzeum1939.pl/de/gebaeude/60.html

RAFAŁ STEFANOWSKI – Architekt, Grafikdesigner und Absolvent der Fakultät für Architektur an der Schlesischen Technischen Universität in Gleiwitz (Gliwice). Seit 20 Jahren ist er beruflich mit Warschau verbunden, wo er mit den besten polnischen Architekturbüros zusammenarbeitet. Vor einigen Jahren hat er eine Serie von minimalistischen Plakaten zu architektonischen Themen gestaltet, die seitdem fortgesetzt wird und bereits 50 Plakate umfasst. Die Plakate zeigen die spektakulärsten zeitgenössischen Realisierungen polnischer und internationaler Architektur. Sein Leben bringt er in Einklang mit seiner Familie und seiner anderen großen Leidenschaft – dem Klettern.

ÜBERSETZER:INNEN

ULRICH HEISSE ist Übersetzer und Sozialpädagoge. Er lebt und arbeitet in Berlin.

MARTA JANIAK studiert Allgemeine und vergleichende Literaturwissenschaft und Anglistik an der Goethe-Universität in Frankfurt am Main. 2023 war sie Praktikantin am Deutschen Polen-Institut.

MARKUS KRZOSKA ist Historiker und Übersetzer, Privatdozent an der Justus-Liebig-Universität Gießen. Er ist Vorsitzender der Kommission für die Geschichte der Deutschen in Polen e. V.

MARTA KUSIŃSKA studiert Mathematik und Psychologie an der Universität Warschau und Heidelberg. 2023 war sie Praktikantin am Deutschen Polen-Institut.

GERO LIETZ studierte Skandinavistik und Deutsch als Fremdsprache an der Universität Greifswald. Er ist Mitarbeiter des Zentrums für Interdisziplinäre Polenstudien der Europa-Universität Viadrina. Außerdem ist er freiberuflich als Übersetzer, Dozent und Lektor tätig.

CHRISTIAN PRÜFER studierte an der Universität Leipzig Westslawistik und Anglistik. Er übersetzt geisteswissenschaftliche Fachliteratur aus dem Polnischen und Englischen.

PAULINA SCHULZ-GRUNER studierte Prosa, Film, Dramatik und als Hauptfach Literarisches Übersetzen am Deutschen Literaturinstitut in Leipzig. Sie arbeitet als Autorin, Übersetzerin und Dozentin. 2014 erhielt sie das Albrecht-Lempp-Stipendium.

DAVID SWIERZY absolviert zurzeit sein Masterstudium im Bereich Internationale Beziehungen an der Katholischen Universität Eichstätt-Ingolstadt. Zuvor hat er Kulturwissenschaft in Passau und Osteuropastudien in Regensburg und Krakau studiert. 2021 war er Praktikant am Deutschen Polen-Institut.

DOROTHEA TRAUPE studierte Politikwissenschaft, Englische und Polnische Literaturwissenschaft in Passau, Sheffield, Lublin und München. Sie arbeitet als Trainerin, Moderatorin und Übersetzerin für Englisch, Polnisch und Leichte Sprache und beschäftigt sich intensiv mit inklusiver Kommunikation und Barrierefreiheit.

BENJAMIN VOELKEL studierte in Berlin und Moskau Polonistik, Russistik sowie Ost- und südosteuropäische Geschichte. Er ist freiberuflicher Lektor und Übersetzer und lebt in der Nähe von Berlin.

ANDREAS VOLK studierte Slawistik und Vergleichende Ostmitteleuropastudien. Er lebt als freiberuflicher Übersetzer in Warschau.

BILDNACHWEIS

Umschlag, Ikonen in der Jahrbuch-Galerie und Foto auf S. 5 stammen von Rafał Stefanowski

Ceramika Paradyż	101
cyberpunk.net	33
Jerke Art Foundation	115
Andrzej Kaluza	121
Krytyka Polityczna	134
Grzegorz Lityński (Schlesisches Kaleidoskop)	129
Ministerstwo Spraw Zagranicznych	82
Andrzej Mleczko	16
Narodowe Archiwum Cyfrowe NAC	71, 73, 75
Polityka.pl	47
Volodymyr Romaniuk	169
Jakub Szafrański / Krytyka Polityczna	136, 137, 138, 139
thewitcher.com	32
Uniwersytet SWPS	102
Wydawnictwo Karakter	123
Wydawnictwo Czarne	36
VZÓR	98
zacheta.art.pl	109
Dawid Żuchowicz	159

Jahrbuch Polen
Herausgegeben vom Deutschen Polen-Institut Darmstadt

Erscheinungsweise/Frequency
Jährlich/Annually
Je/each ca. 200 Seiten/pages, br/pb
Format 170x240 mm

Versandkosten pro Exemplar/Postage per copy
Inland/domestic: € 3,– (D)
Ausland/foreign (EU): € 15,– (D)
Ausland/foreign (non EU): € 22,– (D)

ISSN 1863-0278
eISSN 2749-9197

Schwerpunktthemen:
Band 17 (2006) · Frauen € 19,80 (D)
Band 18 (2007) · Stadt € 11,80 (D)
Band 19 (2008) · Jugend € 11,80 (D)
Band 20 (2009) · Religion € 11,80 (D)
Band 21 (2010) · Migration € 11,80 (D)
Band 22 (2011) · Kultur € 11,80 (D)
Band 23 (2012) · Regionen € 11,80 (D)
Band 24 (2013) · Arbeitswelt € 11,80 (D)
Band 25 (2014) · Männer € 11,90 (D)
Band 26 (2015) · Umwelt € 11,90 (D)
Band 27 (2016) · Minderheiten € 11,90 (D)
Fortsetzungspreis: je/each € 9,– (D)

Band 28 (2017) · Politik € 15,– (D)
Band 29 (2018) · Mythen € 15,– (D)
Band 30 (2019) · Nachbarn € 15,– (D)
Band 31 (2020) · Polnische Wirtschaft € 15,– (D)
Band 32 (2021) · Oberschlesien € 15,– (D)
Fortsetzungspreis: je/each € 13,50 (D)

Band 33 (2022) · Widersprüche € 19,90 (D)
Band 34 (2023) · Osten € 19,90 (D)
Band 35 (2024) · Modern(e) € 19,90 (D)
Fortsetzungspreis: € 18,– (D)

Bände/Volumes 27–35 (2016–2024) auch als E-Book erhältlich

Seit 2006 erscheint das Jahrbuch des Deutschen Polen-Instituts (früher unter dem Titel „Ansichten") mit veränderter inhaltlicher Konzeption und einem neuen Layout als Jahrbuch Polen. Ein jährlich wechselnder Themenschwerpunkt wird durch Essays und literarische Beiträge polnischer Schriftsteller – vor allem Leseproben aus noch nicht ins Deutsche übersetzten Werken – vorgestellt. Neue politische und gesellschaftliche Entwicklungen in Polen werden im Kapitel Tendenzen analysiert. Eine Chronik der politischen und kulturellen Ereignisse sowie der deutsch-polnischen Beziehungen rundet das Profil der Publikation ab. Die in Ansichten veröffentlichten Bibliografien werden online fortgeführt.

Jahrbuch Polen 34 (2023) Osten

Mit der Frage nach dem „Osten" – aktualisiert noch durch den Krieg, den Russland in der Ukraine führt – verortet die Jahrbuch-Redaktion Polens politische und gesellschaftliche Lage auf der heutigen Karte Europas. Seit dem demokratischen Umbruch 1989 reflektieren polnische außenpolitische und ideengeschichtliche Diskurse diese Frage, die sich geopolitisch erst einmal paradox darstellt: 1945 wurden Polens Grenzen gen Westen verschoben, dennoch verlagerte sich das Land auf der europäischen *mental map* mehr denn je Richtung „Osten". Es wurde zum Teil des Ostblocks, zum Satellitenstaat der Sowjetunion – verbunden mit in Polen als barbarisch wahrgenommenen Attributen. Nach 1989 orientierte sich das Land nach „Westen" und versuchte seine neu definierten östlichen Nachbarn wie Ukraine, Belarus oder Georgien darin zu unterstützen, sich aus der postsowjetischen, russischen Einflusssphäre zu emanzipieren.

Seit den 2000er Jahren wogten in Polen Debatten, die den Osten und Polens Rolle dort neu definierten, etwa in Bezug auf die Versklavung ukrainischer Bauernschaft, die Diskriminierung von Minderheiten oder die allgemeine gesellschaftliche, kulturelle und technologische Entwicklung. In letzter Zeit ist dagegen viel Kritik zu hören an westlichem Verständnis für die „russische Seele", verbunden mit Forderungen, die außenpolitischen Gegebenheiten und Maximen der mitteleuropäischen Staaten stärker zu respektieren.

ISBN 978-3-927941-54-0 250 EDITION

WWW.WIRKUSPRIES.COM

EIN KÜNSTLERISCHES FORSCHUNGSPROJEKT ÜBER
HELENA SYRKUS UND DIE EUROPÄISCHE MODERNE

WE ARE MILLENIUM STARS

WIRKUSPRIES

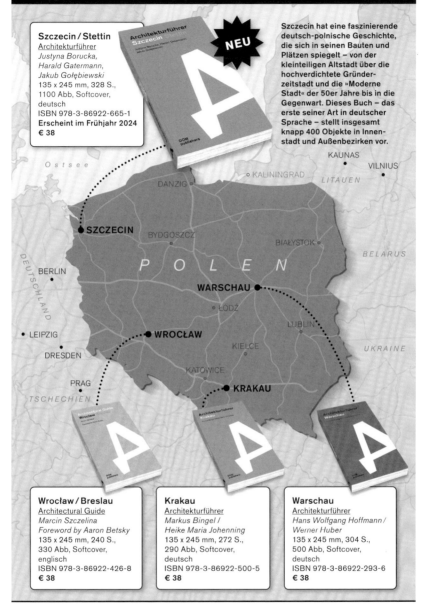

NO WODKA.

ART & DESIGN

Online-Shop
& Berliner Showroom
für Design 'made in Poland'

WWW.NOWODKA.COM